中国校本教研与校本课程数字出版平台
中国校本教研网 www.schooledu.com.cn
◎特别推荐◎

科技部教育部『中小学科学探究学习与创新人才培养机制实验研究』项目研究成果

创新人才培养

化学探究活动开发与指导

王 磊◎主编

组编单位 科技部教育部『中小学科学探究学习与创新人才培养机制实验研究』项目组

江苏教育出版社

图书在版编目（CIP）数据

创新人才培养：化学探究活动开发与指导／王磊主编．
—南京：江苏教育出版社，2013.3

ISBN 978-7-5499-2523-0

Ⅰ．①化… Ⅱ．①王… Ⅲ．①中学化学课—教学研究
Ⅳ．① G633.82

中国版本图书馆 CIP 数据核字（2012）第 292704 号

书　　名	创新人才培养：化学探究活动开发与指导
主　　编	王　磊
责任编辑	丁金芳　马春霞
出版发行	凤凰出版传媒股份有限公司 江苏教育出版社（南京市湖南路 1 号 A 楼　邮编 210009）
苏教网址	http://www.1088.com.cn
照　　排	吕　龙
印　　刷	九洲财鑫印刷有限公司
厂　　址	河北省三河市灵山大口
开　　本	787 毫米 ×1092 毫米　1/16
印　　张	17
字　　数	280 千字
版　　次	2013 年 3 月第 1 版　2013 年 3 月第 1 次印刷
书　　号	ISBN 978-7-5499-2523-0
定　　价	30.00 元
网店地址	http://jsfhjy.taobao.com/
邮购电话	025-85406265，85400774　短信　02585420909
E - mail	jsep@vip.163.com
盗版举报	025-83658579

《创新人才培养系列》

编委会名单

序 言

在中国，人们对创新人才的期盼，从来没有像今天这样强烈。1999 年，《中共中央国务院关于深化教育改革全面推进素质教育的决定》（中发〔1999〕9 号）中就指出要转变教育观念，改革人才培养模式，积极实行启发式和讨论式教学，激发学生独立思考和创新的意识，切实提高教学质量，培养学生的科学精神和创新思维习惯。2001 年，《国务院关于基础教育改革与发展的决定》（国发〔2001〕21 号）及教育部颁布的《基础教育课程改革纲要（试行）》（教基〔2001〕17 号）中，都进一步强调要重视培养学生的创新精神和实践能力，为学生的全面发展和终身发展奠定基础。

在《国家中长期教育改革和发展规划纲要（2010—2020 年）》中，对“创新人才培养”论述更加深刻、全面。该文件指出，创新人才培养是一个系统工程，要努力发挥各学段、各环节、各要素在创新人才培养方面的积极作用；要做好小学、中学、大学有机衔接，教学、科研、实践紧密结合，学校、家庭、社会密切配合；大力推进教育教学改革，探索多种培养方式。

为贯彻中共中央、国务院关于创新人才培养的重要指示与精神，从 2009 年起，我们积极承担了科技部“创新方法工作专项”中的重要课题“中小学科学探究学习与创新人才培养机制实验研究”（项目编号：2009IM010300），并成立了“中小学科学探究学习与创新人才培养机制实验研究”项目组，着重探索、研究在基础教育领域推进科学探究学习与创新人才培养的工作机制与模式。

在科技部条件财务司、教育部基础教育二司和 21 世纪议程管理中心的指导下，我们遴选当前基础教育领域的知名专家成立了项目专家指导工作组，并在全国建立起三大实验区和125所项目试点学校。经过近三年的研究、实践，该项目带动了试点校整体办学水平的提高，特别是促进了基于学科的科学探究活动的广泛开展和推广。各试点校呈现出中小学生主动参与科学探究活动，学习兴趣浓厚，积极思考、乐于交流的良好风气，有力地促进了中小学生的自主与个性发展，培养了他们积极健康的科学态度和科学精神。而且，很多学校还形成了有代表性的人才培养模式。

为更好地传播、推广项目研究成果，使更多中小学校师生受益，我们选编了部分项目研究成果，希望在更大范围内深入推进我国中小学校的科学探究学习与创新人才培养工作。

中小学科学探究学习与创新人才培养机制实验研究项目组

2012年12月6日

目 录

CONTENTS

上篇　化学探究教学主题资源研究的基础

中篇　对已有化学探究教学主题资源的研究

下篇　项目学校探究教学主题案例研究

上 篇

化学探究教学主题资源研究的基础

本篇主要阐述了化学探究教学主题资源研究的基础，分别从化学探究教学主题资源研究概述、化学探究教学研究与实践现状、探究教学与发展高级思维和创造力的关系三方面进行了论述。在主题资源研究概述部分，作者说明了研究背景，并对国内外相关文献进行了综述，提出了研究目的和任务，界定了核心概念。在研究与实践现状部分，作者从化学课程标准的规定、化学教材的体现、教育研究者的思考与解读、化学教师的实践与理解及学生的科学探究能力发展现状等方面展示了化学探究教学的发展现状，并指出了现行科学探究教学中的常见困惑与问题。在分析探究教学与发展高级思维和创造力的关系的部分，作者分别辨析了探究过程与高级思维、探究过程与发展创造力的关系。本篇为研究的进一步开展奠定理论基础。

第一章　化学探究教学主题资源研究概述

教育部基础教育课程教材发展中心承担了科技部设立的创新方法工作专项“中小学科学探究学习与创新人才培养实验研究项目”课题，该课题属国家级重大项目，“创新人才培养：化学探究活动开发与指导”是该项目的子课题之一，旨在通过研究丰富化学探究教学的相关理论，开发促进学生探究学习的有效教学资源，推动探究教学的实践与发展。

一、研究背景

随着现代科学技术的迅速发展，传统的以讲授科学知识为主的教学方式已经不能满足培养科技创新人才的需要，科学探究已逐渐成为国际科学教育领域研究的焦点。自20世纪80年代以来，欧美各国先后掀起了科学教育改革的热潮，1995年12月，美国国家研究理事会发布的《国家科学教育标准》指出：“科学探究是科学与科学学习的核心。”2001年，我国也开始实行基础教育课程改革，“倡导以科学探究为主的多样化教学和学习方式”。义务教育和高中阶段各学科的课程标准都从科学探究的角度规定了学生学习和发展的目标要求，并围绕核心知识内容设计了丰富的探究与活动内容。

《国家中长期教育改革和发展规划纲要（2011—2020）》指出，要提高基础教育的质量，着力培养学生的学习能力、创新能力和实践能力。联合国教科文组织国际21世纪教育委员会在报告《教育：财富蕴藏其中》中指出，“教育的任务是毫无例外地使所有人的创造才能和创造潜力都能结出丰硕的成果”[1]。日本对创新人才的培养也非常重视，在其临时教育审议会第一次、第二次审议报告中都明确指出，创新能力是人才素质的重要内容。中国台湾于2000年发表了《创造力教育白皮书》，指出就科学教学与学习而言，创造力教育强调的重点在于以“科学探究”为学习活动、以“问题解决”为学习核心及以“创造力”的培养为目的等

[1] 联合国教科文组织国际21世纪教育委员会．教育：财富蕴藏其中［M］．北京：教育科学出版社，1996.

三个向度。

在科学教育中，利用科学探究教学实现创新能力的培养成为当前科学教育的一个重要目标。化学教育作为科学教育的一个重要组成部分，应该承担相应的责任。

近十年来，我国的科学探究教学实践已经取得了很大进展：研究及实践界对于探究教学的主要特征、基本要素已经形成共识；基于观摩课的探究教学实践已经普遍；探究教学的类型已经比较丰富；探究教学的方法和手段已经多样；探究教学的实施策略已有研究和实践；基于实验的探究和基于真实应用背景的探究都有较多实践；与元素化合物知识有关的探究教学比较成熟。从发展高级思维和创新能力培养的需要看，化学探究教学的实践和研究的现状尚存在以下问题和局限：较多注重表面活动，较少关注高级思维过程；较多总结归纳，较少解释论证，更少批判质疑；较多假设检验，较少假设创造，更少主动提出问题；较多一次性探究，较少生成性和多轮次探究；较多统一限定的探究，较少开放发散的探究；较多基于知识解析的探究，较少促进认识能力发展的探究；较多强调一般探究环节，较少体现学科观念和思路方法；较多基于元素化合物知识的探究，较少有关概念原理知识的探究。

二、国内外相关研究综述

1. 关于科学探究及探究式教学的研究进展

人们对探究式教学的特征及模式的研究经历了不同的发展阶段，例如，20世纪50年代和60年代，“科学——过程取向”强调科学探究的过程本质，着重培养14项过程技能，后来认为这种探究取向缺少完整的知识概念结构，“动手做”的活动缺少让学生在理解基础上的学习。20世纪90年代，探究式教学的内涵发生改变，强调“调查和分析科学问题的活动”“作为论证和解释的科学”及“将想法和结论与同伴公开交流”，其核心在于“探索”“解释”与“交流”，而不强调“演示和证明科学内容活动”“作为实验和探究的科学”以及“将想法和结论告诉老师”。

人们对于探究及其教学的理解在不断丰富和分化，例如，相对于假设——检验取向的探究式教学，人们提出了发现和创设假设取向的创造性探究式教学；相对于去情境的探究式教学，人们认为基于丰富复杂情境的探究式教学更有价值；相对于直接指向知识结论及其解析的探究教学，人们关注基于所谓后逻辑实证科学主义哲学观融入的探究式教学，强调使学生在科学史的情境下学习到合宜的科学过程技能，了解科学知识建构的整个过程，并进而建立富批判力和思考力的科学探究模式。

2010 年，美国在其《州共同核心课程标准》中将科学探究扩展到科学实践，认为科学不仅仅是表征当前对自然事物理解的知识实体，也是知识得以建立、扩展、精致和修改的实践。知识的要素和实践都是必需的。在学习科学时，学习者必须既懂得知识本体也了解知识是如何建立、扩展、精致和修改的。知识本体包括专门的事实，得到检验、通过调查得到论据支持的理论。反过来，理论也可解释数据和预测调查研究的结果，是一个学科得以发展的工具。科学实践用于发展科学理论，形成新的研究领域，但是所有的科学家分享的是问题解决和探究的策略，其中最主要的是证据和数据。与数据和理论有关的争论和分析也是非常基本的。它包括评价数据质量、构建模型和从理论中发展新的可检验的问题，包括修正理论。

这一共同课程框架将实践描述为科学家用于研究和建立关于自然界的模型和理论的活动。他们用实践代替“技能”这一术语，以强调科学探究同时需要知识和技能，避免将技能理解为机械的掌握活动或过程。这里的实践其实就是以前文件中所说的探究，由于人们对探究的理解经常产生歧义，例如，会将探究等同于学生做实验或动手做的活动等，所以在共同标准中采用“科学实践”这一术语代替“科学探究”，以便能够既包括探究过程中的认知性的实践活动，也包括物理性的实践活动等。具体的科学实践包括：提出问题（Asking Questions），构建模型（Modeling），变换可检验的假设（Devising Testable Hypothesis），收集、分析和处理数据（Collecting，Analyzing and Interpreting Data），形成和评判争论（Constructing and Critiquing Arguments），交流和理解科学和技术的文本（Communicating and Interpreting Scientific and Technical Texts），应用知识（Applying and Using Scientific Knowledge）等。

2. 关于以科学推理为核心的高级科学思维及其与科学探究的关系的研究进展

科学思维能力是能力的核心，是创造力的基础，研究青少年科学思维能力的发展与培养对创新人才的培养具有重大意义，而科学推理是人类的一种高级科学思维形式，在人类认知世界的过程中起着重要作用。皮亚杰在其认知发展理论中首次提出了科学推理（Scientific Reasoning）的概念。在皮亚杰看来，科学推理是认知发展进行到形式操作阶段之后儿童或成人具有的推理类型。Kwen 在对科学进行定义的基础上对科学推理作了如下定义：科学推理包含有归纳推理和演绎推理，它既包含对自然现象进行归纳形成概念、原理、概括、理论、模型等的归纳过程，又包含通过使用这些基本的概念、概括、原理、理论或模型对自然现象作出假设的演绎过程。Lederman 定义科学推理为归纳思维（概念获得、概念形成、概念图式）和演绎思维（基于创造力、观察、模型建构以及根据经验证据的评价）。Stuessy 认为科学推理是个体在科学探究过程中用以说明所观察到的现象之间的关系，设计检验所提出的关系的实验并决定所有可供选择的方法与结果，考虑现象出现的概率并预言逻辑推论、权衡证据及使用一定量的证据来证明一个特定结论的合理性的内在逻辑思维形式。Klahr 和 Dunbar 则把科学推理视为问题解决。综上所述，尽管不同的研究者对科学推理的概念界定还存在一定的分歧，但中外研究者对科学推理的基本内涵的看法还是大致相同的。人们基本认同：科学推理是个体思维能力发展到一定高度之后具有的推理类型；个体在进行科学推理时一般采用的推理类型是归纳推理和演绎推理；个体应用科学推理进行假设检验或问题解决。

根据以往的观点，科学推理是一个检验假设的过程，学习者系统地检验每一种可能的假设。系统的假设是皮亚杰形式运算理论的核心所在，是认知发展的最高水平，它包括利用抽象的符号进行思考的能力，也包括同时思考各种变量和维度的能力，其中的每一种能力都是解决科学问题所需的关键部分。依据概念转变理论可提出第二种类型的科学推理，即假设创造。当假设穷尽时，需要用一种新的方式去看待问题，产生新的假设。当学习者否定了基于问题中的某一概念而提出的所有假设时，假设创造就出现了。科学发现有两种取向：寻求验证假设的取向——激活观；寻求解释差异的取向——抑制观。

科学教育工作者通常会遇到两种不同的科学探究观：作为系统的假设检验的科学推理和作为假设创造的科学推理。尽管皮亚杰学派的有关形式运算的研究强调假设检验策略的普遍性，但有关概念转变的研究则强调科学发现具有领域具体性（Carey，1986；West&Pines，1985）。根据系统的假设——检验观点，应该训练学生如何系统地检验其假设，其中包括训练他们如何控制无关变量。简言之，必须克服不系统的、不合逻辑的假设检验的倾向性。根据概念转变的观点，学生需要学习如何抓住矛盾和差异，并将其视为有待解释的有趣现象，寻求能够更合理地解释所得资料的不同理论观点。换句话说，他们需要克服这样一种倾向性：寻找证据来证实其观点而忽略矛盾现象。学生通常将科学实验的目的看作产生某一现象或结果，而不是提供证据来否定目前的构想或支持相反的某种构想。Lawson & Snitgen（1982）研究发现，通过精心设计的探究式科学课程教学能够教授学生进行科学推理。越来越多的研究表明教学能够有效地改善学生的科学思维能力，强调科学推理的本质是一种创造的过程。

3. 关于创新能力及其与探究教学关系的研究进展

创新能力（创造力）即指能敏锐地洞察到问题、知识的不足、缺漏、遗失及不一致；确认困难、寻求解答、做猜测，或者形成假说并可能修正且检验它们；交流结果（Torrence，1967）。这一对创造力的描述与科学探究和问题解决过程之间的相似性是值得注意的，他们很可能是同义且相同的。如果是这样，教师应为学生提供机会使其透过探究活动去产生并检验自己的想法，那么思考智能，探究能力、获得概念性知识的能力以及创造力将是可以培养的（洪振方，2003）。

创造性问题解决（CPS）的沿革可以说来自 Osborn 等人在美国水牛城 40 多年来努力的成果。1926 年，他提出创造过程四阶段说，后变为七个阶段。后 Parnes 于 1966 年提出五阶段：发现事实、发现问题、激发想法、发现解答、寻求接受，其最大的特色是每一个阶段都先进行发散思考，以免遗漏任何可能的答案，再进行熟练思考，以从诸多可能的解答中找出最佳者（汤伟君、邱美虹，1999）。Treffinger 把 CPS 的六个阶段组合成三阶段，分为了解问题、激发想法、计划行动等。在每个阶段的开始和结束之前，个体主要的思考方式分别是发散思考和收敛思考，发散思考的运用规则是“延缓判断”，收敛思考的运用规则是“肯定判断”。Treffinger，Isaksen，Dorval 等人于 1994 年提出了 CPS 的循环模式。

问题解决更强调正确答案的获得，而科学探究更重视解释和预测。所以有必要发展针对培养学生的问题探究、创造思考以及问题解决等能力的科学探究模式。Dorval（1994）提出“创造性探究模式”（Creative Inquiry Model，简称CIM）。台湾的洪振方教授2003年进一步优化了创造性探究模式（CIM），该模式包括探索、解释、交流、评价四大成分以及7项运作策略，这7项策略具体包括：（1）利用多阶段方式循序达到创意探究之目的；（2）每一阶段都是用收敛思考（批判思考）和发散思考（创造思考）；（3）每一阶段皆始于发散思考，再行收敛思考，后者评价、澄清及聚焦前者生成之结果，并为下一阶段的探究与思考做准备；（4）可适用于小组，也可适用于个人探究；（5）可以只使用局部的阶段；（6）各阶段不必依固定程序进行；（7）各步骤不必依线性程序进行，可以螺旋式地交互呈现。

4. 已有探究教学实践的反思

近十年来，我国的科学探究教学实践已经取得了非常大的进展，但也存在着下面一些比较突出的问题：

（1）忽视对科学探究活动的思维过程的研究与教学实践。科学探究的过程是思维与操作的统一体，只有这样的探究过程才是科学的、真实的，但在真实的教学过程中，探究式教学常常出现缺少过程的现象：有的教师在探究式教学中只注重学生的实验活动，认为只要动手就是探究，没有认识到探究的内在思维过程；有的教师在探究式教学中既让学生做实验，同时也让学生思考问题，学生虽有思维却欠缺高级科学思维。

笔者发现，在现阶段的探究式教学与探究性学习实践中，只注重活动而不重视过程、只注重表面操作过程而不重视思维过程、只注重简单动脑而不重视科学探究本质的现象十分普遍。如何让科学探究活动更好地体现过程性，如何让科学探究活动不仅体现操作的过程性，更能体现问题解决思维的过程性，是应着重探讨和解决的问题。

（2）忽视学生科学探究实践与核心科学概念之间的相互融合和相互促进的关系。在现阶段的探究式教学与探究性学习实践中，大多是关于元素化合物性质及其应用的探究式教学，对于概念原理很少运用探究式教学，即使使用也多为简单归纳或单一变量控制探究，而缺少针对核心概念的本质结构及体现核心概念功能价值的探究。人们找不到核心科学概念的本原性认识问题，认识不到核心科学概念背后的认识论和方法论功能，体会不到核心科学概念对于认识和解决其他问题的迁移价值，从而导致探究教学与核心科学概念总是处于分离割裂的状态。

（3）忽视探究式教学对高级思维能力和创造力的培养作用。从课程设计层面到理论研究，再到教学实践，研究者比较重视科学探究的环节和要素，但是对高级思维能力关注不够，缺乏对探究式教学与高级思维能力培养之间的关系的研究。同时，虽然研究者非常强调创新能力的培养，却总是找不到切入点，尚未明确和体现探究式教学在高级思维能力和创造力培养方面的价值。

三、研究目的和任务

本研究提出，应以科学探究活动作为高级科学思维的培养和评价手段，以发展高级思维作为培养创新能力的核心，以科学概念的理解与认识作为高级思维的对象和内容，实现科学探究、知识理解、科学思维、创新能力四者之间的整体协同培养。

具体的研究问题和任务有：

（1）对目前化学探究教学的实践和研究现状进行较为全面的梳理，对中学生化学探究能力的发展现状进行调研，比较分析多个国家、地区的课程标准，对探究能力的要素内涵进行研究；从理论上阐释探究教学过程各环节对于促进理解知识、发展科学思维、培养创新能力的价值。

（2）构建化学探究活动主题的系统要素模型和分类编码框架。本研究在综合分析大量有关研究文献和现有的探究教学主题案例的基础上，结合高级思维和创造性探究的要求，提出了化学探究活动主题的系统要素模型和分类编码框架，共包括 5 大类 9 细类要素，每一大类要素又分别含有若干编码选项。通过确定和明确这些要素维度和具体编码选项，可以分析清楚已有的探究教学主题资源的属性和特点，并且可以帮助研究者设计和开发新的探究教学主题资源。

（3）评析现行高中化学教材、中考和高考试题以及主要化学教育期刊中发表的有关探究教学的主题资源，分析探究教学主题资源各构成要素的类型分布、定位取向、资源特点等，运用模型和框架分析、评估现行化学教材中的探究活动主题资源。

（4）设计和实施各类化学探究主题资源和教学案例，探索创造性探究教学模式能否应用于初、高中的元素化合物知识和概念原理的具体教学中，发挥探究教学在促进学生知识理解、发展学生高级思维、培养学生创新能力方面的价值。

四、核心概念的界定及重要理论基础

1. 科学探究及探究式教学

美国国家研究理事会在《国家科学教育标准》中提出，“科学探究指的是科学家用来研究自然界并根据研究所获事实证据做出解释的各种不同途径”，同时，“科学探究也指学生构建知识、形成科学观念、领悟科学研究方法的各种活动”。我国《全日制义务教育化学课程标准（2011 年版）》的内容标准中对发展学生的科学探究能力提出了三方面的要求，即“增进对科学探究的理解”“发展科学探究能力”和“学习基本的实验技能”。

探究式教学则指符合学生进行探究性学习的基本特征和要素，并对学生进行探究性学习具有明显支持和促进作用的教学活动和过程。从科学探究过程角度看，探究式教学包括提出问题、假设猜想、设计方案、进行实验、收集证据、解释推论、反思评价、表达交流等环节。提出问题环节包括根据已有知识和经验发现问题、清楚地表述所发现的问题、从发现的问题中筛选出适当的课题进行科学探究；假设猜想环节是指对提出的假设进行质疑，依据已有的知识和经验对猜想或假设作初步论证，在有关背景知识支持下确定要探究的内容、起点和方向；设计方案是指能明确探究目标，提出可操作的实验步骤和测量变量的方法，考虑影响探究结果的因素，合理控制实验条件的过程；进行实验指顺利地完成实验操作，在实验操作中注意观察和思考相结合，能对实验事实或数据进行描述和解释并形成结论；收集证据指运用多种方式对物质及其变化进行观察，对观察和测量的结果进行如实记录，并运用图表等形式加以表述，能运用调查、资料查阅等方式收集解决问题所需要的证据；解释推论环节包括初步判断事实证据与假设之间的关系，对所获得的事实与证据进行选择，应用相关的科学知识解释，得出正确的结论，通过比较、分类、推理、归纳、概括等方法认识知识之间的联系，形成合理的认知结构等思维活动。

2. 创造性探究模式

创造性探究模式（Creative Inquiry Model，简称 CIM）由高雄师范大学洪振方教授建立。这一模式的诞生有两大理论基础：探究式教学理论（Science as Inquiry）以及创造性问题解决理论（Creative Problem Solving，简称 CPS）。

创造性探究模式（CIM）主体由探索、解释、交流、评价四个部分组成，四部分间形成循环模式，交互呈现。创造性问题解决模式（CPS）实质上是创造性探究模式（CIM）所应用的思维程序。CPS 模式是经过大量的研究演变而来的一种比较完善的思维模式，这一模式最大的特点就是其循环性，了解问题、激发想法和行动计划三者循环，交互影响，同时有贯穿始终的任务评价环节，对于问题解决的整体过程起到监督、排查的作用。当这一先进的思维模式被应用到探究式教学中，即发展出了创造性探究模式（CIM）。基于 CPS 模式的 CIM 模式，能够实现学生探究过程的循环化，使得探究的过程更加贴近现实的科学研究，同时也在很大程度上帮助学生建构起探索未知事物的最重要的思维模式，着力培养学生的科学素养。

创造性探究活动的特点有：要探究的问题对学生而言是陌生、间接和复杂的，通过探究过程来填补经验空白和解决认知冲突；创造性探究过程需要学生一方面进行发散性思考、积极的联想和灵活的思维，另一方面也需要系统性思考、整体性和精细化的思维。在创造性探究教学过程中，学生畅所欲言，愿意想象，敢于质疑和批判，学生被鼓励提出新颖的具有独创性的观点、方法或结果。学生具有创新的动机、情感。

3. 高级思维与科学推理

高级思维能力既包含联系、比较、鉴别、分类、分析、综合、归纳、演绎、推论、解释、论证、概括、设计、评估、批判等思维能力要素，又包含问题解决、科学探究、科学推理等程序性的思维过程。

科学思维能力是能力的核心，是创造力的基础，而科学推理是一种高级科学思维形式，在人类认识世界的过程中起着重要作用。科学推理的概念是皮亚杰在其认知发展理论中首次提出的，在皮亚杰看来，科学推理是认知发展进行到形式操作阶段之后儿童或成人具有的推理类型。Kwen 对科学推理作了如下定义：科学推理包含归纳推理和演绎推理，它既包含对自然现象进行归纳形成概念、原理、概括、理论、模型等的归纳过程，又包含通过使用这些基本的概念、概括、原理、理论或模型对自然现象作出假设的演绎过程。Lederman 定义科学推理为归纳思维（概念获得、概念形成、概念图式）和演绎思维（基于创造力、观察、模型建构以及根据经验证据的评价）。

新的研究观点认为科学推理包括假设检验与假设创造两类过程。一类科学推理即系统的假设，它是认知发展的最高水平，包括利用抽象的符号的形式进行思考的能力，也包括同时思考各种变量和维度的能力，其中的每一种能力都是进行科学探究和解决科学问题的关键。另一类型的科学推理是假设创造。当你的假设穷尽时，需要用一种新的方式去看待问题，产生新的假设。当学习者否定了基于问题中的某一个概念而提出的所有假设时，假设创造就出现了。科学探究和发现活动有两种取向，寻求验证假设的取向和寻求解释差异的取向，分别对应上述两种科学推理的高级思维活动。

4. 化学探究教学的主题资源

化学探究教学主题资源是能够支持学生开展探究性学习的化学教学活动主题及具体实施和开展探究式教学的相关资源。我们认为，一套探究主题资源应该包括以下几个基本要素：① 探究活动的知识内容；② 探究活动的化学问题；③探究活动的思维发展功能；④探究活动的过程和环节；⑤ 探究活动的实施；⑥ 探究活动主题的来源。

本研究提出如下化学探究教学主题资源构成要素的系统模型：

（1）探究问题要素

① 物质性质探究；② 物质分离探究；③ 物质检验探究；④ 物质反应规律探究；⑤ 物质组成与结构探究；⑥ 描述探究（是什么）——关系探究（怎么样）——因果探究（为什么）——开发探究（怎么做）。

（2）探究过程要素

① 提出问题；② 形成假设；③ 设计方案；④ 进行实验；⑤ 收集证据；⑥ 解释结论；⑦ 交流表达；⑧ 反思评价。

（3）探究思维要素

① 假设创造——系统假设——化学预测与猜测；② 假设检验——变量控制——方案设计与实施；③ 分析综合——抽象概括——归纳推论；④ 演绎推

理——模型建构——理论解释；⑤ 反思论证——批判质疑——优化改进。

（4）探究水平要素

① 执行——解释——选择——评价——创新水平；② 定性探究——定量探究；③ 实验探究——其他形式的探究；④ 局部探究——完整探究。

（5）探究背景要素

① 生产、生活实际；② 科技动态信息；③ 实验现象事实；④ 习题性问题。

（6）探究知识的技能基础要素

① 元素化合物知识；② 概念原理知识；③ 过程方法。

（7）探究教学目的要素

① 获得知识和方法；② 应用知识和方法。

（8）探究物质条件要素

① 实验条件（装置、仪器设备、实验条件、操作步骤）；② 其他条件。

（9）探究教学的环境要素

① 课堂内探究——课堂外探究——课内外结合探究；② 实验探究——其他探究；③ 纸面探究——实做探究——数字模拟探究。

根据上述系统模型，本研究提出促进学生高级思维发展和创新能力培养的化学探究活动的设计开发模型：

（1）探究活动的教学内容分类

① 必修课化学概念原理的探究学习；② 必修课元素化合物知识的探究学习；③ 选修课化学概念原理的探究学习；④ 选修课元素化合物知识的探究学习；⑤ 与化学相关的研究性学习活动。

（2）探究活动的化学问题分类

① 探究物质性质的活动；② 探究物质分离或检验的活动；③ 探究物质变化规律的活动；④ 探究物质制备与合成的活动；⑤ 探究物质组成与结构的活动。

（3）探究活动的思维发展功能分类

① 侧重发现问题和假设预测的探究活动；② 侧重实验方案设计的探究活动；③ 侧重解释推论和概括结论的探究活动；④ 侧重质疑和批判的探究活动；⑤ 侧重协作交流的探究活动；⑥ 侧重认识科学本质、培养创造情感的探究活动。

（4）探究活动的教学实施分类

①局部探究活动；②完整探究活动；③同一探究教学内容的同课异构。

（5）探究活动的开发途径

①基于课程标准开发；②基于教材内容开发；③基于生产、生活实际开发；④基于科技发展动态开发；⑤基于中、高考试卷中化学实验探究题为内容开发。

本研究力图抓住高级思维能力这一核心作为突破点，既体现对一般探究教学实践及研究只关注过程和环节的突破，又体现对创新能力本质的聚焦，避免将创新能力停留在表面空洞的强调上，并将探究教学与创新能力培养通过高级思维能力建立起本质的联系，将科学探究教学与创新能力培养落到实处。为此，本研究提出，应以科学探究活动作为高级思维的培养和评价手段，以发展高级思维作为培养创新能力的核心，以对科学知识的理解与认识作为高级思维的对象和内容，实现科学探究——知识理解——高级思维——创新能力四者之间的整体协同培养。本研究基于这种理念构建探究主题资源，构成要素模型，并分析和评估现有资源，开发和设计新的探究主题，以指导教学实践。

第二章 化学探究教学研究与实践现状

中学化学新课程实施十多年来，“科学探究”成为关键词。“科学探究”出现在课程标准中，显示了科学探究在化学教学中的重要地位及价值。各版本教材无不设计与科学探究有关的教学栏目，蕴含科学探究思想和科学探究要素的内容显性或隐性地出现在教材中。教师们纷纷进行探究教学实践，教学形式异彩纷呈，不断发展，越来越多的教师认同探究教学理念，将探究教学作为一种常规教学方式。不过，教师们面对探究教学时的困惑和问题依然还有，且逐渐变化着，这有待我们在日后的教学实践和研究中去解决完善。

一、中学化学课程标准对科学探究的规定

课程标准是课程实践的纲领性文件，课程标准的有关规定决定了课程内容的定位和教学要求。我国《义务教育化学课程标准（2011 年版）》和《普通高中化学课程标准（实验）》都将科学探究作为课程理念提出，而且都有相应的内容标准和实施建议，保证其有效实施。

1. 课程标准对科学探究教学的总体要求

《义务教育化学课程标准（2011 年版）》提出，“义务教育阶段的化学教育要……引导学生体验科学探究的过程，启迪学生的科学思维，培养学生的实践能力”。三条课程性质中有两条提到科学探究：“化学是一门以实验为基础的学科，在教学中创设以实验为主的科学探究活动，有助于激发学生对科学的兴趣，引导学生在观察、实验和交流讨论中学习化学知识，提高学生的探究能力。”“逐步树立科学发展观，领悟科学探究的方法，增强对自然和社会的责任感，在实践中不断培养学生的创新意识。”课程的基本理念中也特别提出“激励学生积极探究化学变化的奥秘，增强学生学习化学的兴趣和学好化学的信心”，“让学生有更多的机会主动地体验科学探究的过程，在知识的形成、相互联系和应用过程中养成科学的态度，学习科学方法，在‘做科学’的探究实践中培养学生的创新精神和实践能力”。

《普通高中化学课程标准（实验）》在课程性质中也着重提出，高中化学课程应“有利于学生体验科学探究的过程，学习科学研究的基本方法，加深对科学本质的认识，发展创新精神和实践能力”。高中化学课程标准在基本理念中提出：“通过以化学实验为主的多种探究活动，使学生体验科学研究的过程，激发学习化学的兴趣，强化科学探究的意识，促进学习方式的改变，在实践中培养学生的创新精神和实践能力。”

从上述文字中我们可以看出，首先，无论是初中还是高中的化学课程，科学探究是中学化学课程的一种重要的学习方式，这种学习方式“突出学生的实践活动，使学生积极主动地获取化学知识，培养创新精神和实践能力”。因此课程标准在课程内容的学习主题中都设置了“活动与探究建议”，指导师生选择合适的探究活动完成化学学习任务。在中学的探究活动中，“实验是科学探究的重要途径”，除此之外，“资料收集、阅读、讨论和辩论等也都是积极的学习方式”。其次，科学探究是中学化学课程的重要内容，“在义务教育化学课程内容中单独设立主题，明确地提出了发展科学探究能力所包含的内容及要求”。高中必修模块“注重学生科学探究能力的培养”，设立“化学实验基础”主题，让学生体验探究过程、学习实验方法、发展实验能力。高中设立“实验化学”选修模块帮助学生更深刻地认识实验在化学科学中的地位，掌握基本的化学实验方法和技能，培养学生的创新精神和实践能力。第三，科学探究能力的提升对学生的发展具有重要意义，是激发学生化学学习兴趣，帮助学生体会知识的形成、发展和应用，促进学生理解科学的本质，提高学生的实践能力和创新精神，全面提升学生科学素养的不可替代的途径。化学课程是科学教育的重要组成部分，学生通过课程学习在面对和处理社会问题时有能力做出更理智、更科学的思考和判断是化学课程的天然使命，因此，科学探究是化学课程的必然选择。第四，初、高中化学课程对科学探究的要求是一贯的、发展的。《义务教育化学课程标准（2011 版）》在课程目标中规定“义务教育阶段的化学课程以提高学生的科学素养为主旨，激发学生学习化学的兴趣，帮助学生了解科学探究的基本过程和方法，发展科学探究能力，获得进一步学习和发展所需要的化学基础知识和基本技能”，“涉及提出问题、猜想与假设、制订计划、进行实验、收集证据、解释与结论、反思与评价、表达与交流等要素”，学生要“学习科学探究的基本方法”，“初步形成科学探究能力”。

《普通高中化学课程标准（实验）》在课程性质中提出，“普通高中化学课程是与九年义务教育阶段化学或科学相衔接的基础教育课程”，其课程目标中的过程与方法目标要求学生“经历对化学物质及其变化进行探究的过程，进一步理解科学探究的意义，学习科学探究的基本方法，提高科学探究能力”；“具有较强的问题意识，能够发现和提出有探究价值的化学问题，敢于质疑，勤于思索，逐步形成独立思考的能力，善于与人合作，具有团队精神”；“在化学学习中，学会运用观察、实验、查阅资料等多种手段获取信息，并运用比较、分类、归纳、概括等方法对信息进行加工”。课程目标的情感态度与价值观目标提出，引导学生“发展学习化学的兴趣，乐于探究物质变化的奥秘，体验科学探究的艰辛和喜悦，感受化学世界的奇妙与和谐”。

可见，高中化学课程是在初中化学课程让学生理解科学探究、体验科学探究、初步形成科学探究能力的基础上，引导学生在理解科学探究、发展探究能力以及体验科学探究等方面得到进一步发展。

2. 课程标准对不同学段科学探究教学的具体规定

义务教育阶段的化学课程从四个方面对学生的科学探究能力发展提出要求：“增进对科学探究的理解”，“发展科学探究能力”，“学习基本的实验技能”，“完成基础的学生实验”。在义务教育阶段，学生除了要通过科学探究激发学习兴趣、获得化学知识、体验科学过程、理解科学方法外，更重要的是要形成初步的科学探究能力，理解科学探究的重大意义和基本内涵。义务教育阶段的化学课程要求学生“体验科学探究是人们获取科学知识、认识客观世界的重要途径”，“意识到提出问题和做出猜想对科学探究的重要性”，知道“猜想与假设必须用事实来验证”，且可以通过实验、观察等手段获得证据，明确观察和实验、推理和判断都是科学探究必不可少的内容。在义务教育阶段，学生应熟悉科学探究的八个要素，并将这八个要素发展为解决问题的一种思维方式或思考习惯；同时学生应重点发展实验能力，通过动手实验理解实验过程、提升实验技能，为高中科学探究能力的进一步发展打下基础。

高中化学课程实行分模块教学，每一个模块对科学探究都有独特的发展作用，每个模块对科学探究发展的贡献体现在《普通高中化学课程标准（实验）》各模块介绍部分和内容标准中，各模块发展科学探究能力的途径则体现在活动与探究建议中。

必修模块是以初中化学课程为基础、面向全体高中生的化学课程，高中化学教学要充分利用必修课程来发展全体学生的科学探究能力，同时为选修课程发展学生的科学探究能力打下基础。因此，课程标准提出，“必修课程的设计，注重学生科学探究能力的培养”，学生在必修阶段要“学习必要的化学实验技能，体验和了解化学科学研究的一般过程和方法，认识实验在化学学习和研究中的重要作用”。必修课程有“化学实验基础”主题，这一主题的内容标准规定，要引导学生“体验科学探究的过程，学习运用以实验为基础的实证研究方法”，该主题的内容标准还规定，要让学生“初步认识实验方案设计、条件控制、数据处理等方法在化学科学研究中的应用”。

高中化学选修课程是在必修课程的基础上为满足学生的不同学习需要而设置的，每门选修课的侧重角度不同，但课标规定，每门选修课程的宗旨都是“引导学生运用实验探究、调查访问、查阅资料、交流讨论等方式，进一步学习化学科学的基础知识、基本技能和研究方法……”。不同选修模块的课程内容不同，课程目标不同，对科学探究能力发展的角度也不同。“化学与生活”“化学与技术”模块分别通过对生活中及工农业生产中的化学问题的探究，丰富学生的探究主题，增强学生的探究体验，培养学生的探究意识。“有机化学基础”模块主要发展学生对有机物的探究能力，引导学生“认识实验在有机化合物研究中的重要作用，了解有机化合物研究的基本方法，掌握有关实验的基本技能”。

“物质结构与性质”模块将学生的探究对象发展到微观世界，让学生“从科学家探索物质构成奥秘的史实中体会科学探究的过程和方法”，进一步理解科学假设与证据检验对科学发展的重要价值。通过本模块的学习，学生还要“了解人类探索物质结构的价值，认同‘物质结构的探索是无止境的’的观点”，“在理论分析和实验探究过程中学习辩证唯物主义的方法论，逐步形成科学的价值观”。

“化学反应原理”模块在必修学习的基础上引导学生应用科学探究方法“探索化学反应的规律及其应用”，使学生“增强探索化学反应原理的兴趣，树立学习和研究化学的志向”。在这一模块中，学生需要充分应用科学探究方法完成对反应原理的学习。这一模块的内容标准中就有明确的科学探究任务，如“体验化学能与电能相互转化的探究过程”，“通过实验探究防止金属腐蚀的措施”，“通过实验测定某些化学反应速率”，“通过实验探究温度、浓度、压强和催化剂对化学反应速率的影响，认识其一般规律”，“通过实验探究温度、浓度和压强对化学平衡的影响”等，可见，对于“化学反应原理”模块，科学探究是最基本的学习方式。

“实验化学”模块分为两大主题：化学实验基础和化学实验探究。化学实验基础主题发展了学生设计实验、实施实验、从实验中收集证据的能力，是探究能力发展的基础。化学实验探究主题则从提出问题、猜想与假设、制订计划、进行实验、收集证据、解释与结论、反思与评价、表达与交流等方面更为全面、系统地发展学生的实验探究能力，所以该模块的内容标准提出，通过本主题的学习，学生“能发现学习和生产、生活中有意义的化学问题，并进行实验探究”；“能根据具体情况设计解决化学问题的实验方案，并予以评价和优化”；“能通过化学实验收集有关数据，并科学地加以处理”；“能对实验现象作出合理的解释，运用比较、归纳、分析、综合等方法初步解释化学变化的规律”。“实验化学”模块是学生在高中阶段实验探究能力发展的最高水平。

二、中学化学教材对科学探究教学的体现

科学探究在中学化学教学中占据重要地位，初、高中各版本化学教材对此都有充分的体现。

1. 教材都设计了与科学探究有关的活动栏目

依据课程标准编定的各版本实验教材中都有专门的栏目引导师生在课堂中开展科学探究活动。在义务教育段的化学教材中，人民教育出版社教材有“活动与探究”栏目，组织学生完成相对完整的探究活动，让学生经历探究过程，还有“实验”和“家庭小实验”，发展学生的实验观察、操作、设计能力；上海教育出版社教材也有“活动与探究”栏目，作为主要的发展探究能力的栏目，鼓励学生亲自动手完成实验探究活动，而“观察与思考”栏目，以教师演示实验为主，引导学生观察、提取现象，建立现象与结论间的联系；山东教育出版社教材以“实验探究”和“活动天地”承载科学探究活动，其中“实验探究”引导学生经历探究过程、获取化学知识，而“活动天地”则指导学生理解探究程序，提升实验操作、现象观察记录等方面的能力。

高中各学段的化学教材也有科学探究的相应栏目。人民教育出版社高中教材

的相应栏目是“科学探究”和“实验”，引导学生经历探究活动和实验过程，前一栏目更侧重问题解决和方案设计，后一栏目更侧重实验现象的观察和实验结论的获得。山东科技出版社“新世纪”版教材设置“观察·思考”栏目，教师演示实验，要求学生认真观察、记录实验现象，分析现象产生的原因，旨在提高学生的观察能力和思维能力；设置“活动·探究”栏目，以学生活动为主，通过实验探究或其他形式的探究活动揭示化学科学的奥秘。江苏教育出版社教材设置的“活动与探究”栏目，重在让学生在做中学，鼓励学生自主探究，而“观察与思考”栏目则通过分析实验、模型、图表中蕴含的化学道理，促进学生化学思维能力的提升。

2. 教材中的科学探究活动承载不同的教学功能

教材中的科学探究活动丰富多彩，每个探究活动承载的功能也大不相同。有的探究活动是为了获得具体的知识、信息，如各版本的义务教育段教材都有探究活动“物质发生化学反应前后总质量是否发生改变，”探究活动的核心目的是通过对多个化学反应发生前后质量关系的测量，得到质量守恒的初步结论。有的探究活动是为了发展学生的实验探究技能，如义务教育段的人教版教材安排了“观察和描述——对蜡烛及其燃烧的探究”，就是为了训练学生细心观察实验、准确描述现象，培养学生实验观察能力和描述能力。还有的探究活动是为了帮助学生理解和形成科学方法，如“影响蜡烛燃烧时间的因素”的探究活动，就是为了启发学生体会控制变量方法的应用和对比实验，为日后学生自主设计实验、开展科学探究活动打下基础。还有的科学探究活动重点培养学生对实验过程和现象进行科学推理的能力，旨在促进学生科学思维能力的发展，提升学生的科学探究意识和能力，如探究“二氧化碳与水是否发生化学反应”的实验就是要求学生依据实验过程和现象经过一系列严格推理获得二氧化碳与水发生化学反应的证据。

3. 不同版本教材对同一探究活动的设计呈现多样性

初、高中化学课程标准在内容标准部分都有活动与探究建议，指导教师在教学中开展适宜的探究活动。各版本教材对此也都积极落实和体现，但是基于不同教材编写者对教材逻辑结构及探究活动功能的不同理解，同一探究活动在不同版本的教材中可能会设计出不同探究目的、不同探究问题和不同探究水平的活动，这显示出教学设计的多样化。

如各版本教材在必修 1 中都安排了铁及其化合物的学习，也都把不同价态的铁元素之间的转化关系作为教学重点，并安排了科学探究活动，但是由于各版本教材编写思路不同，所以教材中安排的铁及其化合物的探究活动的探究目的就会有差异，探究内容和探究水平要求也会不同。

人教版教材将铁及其化合物放在“金属及其化合物”单元的教学中，主要是对物质性质的研究，因此教材中的探究活动主题是“铁盐和亚铁盐的一些性质”，探究活动的目的是了解 Fe^{3+} 和 Fe^{2+} 性质，其中以 Fe^{3+} 的性质研究为主。教材给出了具体的实验方案，学生的任务是完成实验、观察现象、得出结论，不需要猜想假设、实验设计等活动，实验结果就是探究结论，是三个探究活动中对学生探究水平要求最低的一个。

北师大“新世纪”版教材将铁及其化合物放在“氧化还原反应”单元的教学中，教学目的是以铁及其化合物的转化关系为例，引导学生学习如何研究物质的氧化性和还原性。因此探究活动的主题是“铁及其化合物的氧化性和还原性”，探究活动目的是预测铁的不同价态的氧化性和还原性，并通过实验证实预测结果。在探究活动中，学生要利用前面学习的关于氧化还原的理论知识对铁及其化合物的性质进行预测，独立设计实验方案，完成实验，收集证据，形成结论。在这个探究活动中，实验结果只说明了某个反应是否发生，而学生需要获得的结论是含有不同价态铁元素的化合物具有氧化性还是还原性，需要多个实验证据和推理转换才能从实验现象形成探究结论。因此这个探究活动由教材提出问题，学生负责从猜想假设到方案设计再到实施实验、收集证据，最后进行结论解释、归纳总结，需要完成几乎所有的探究步骤，是三个探究活动中开放度最大、探究水平要求最高的活动。为了帮助学生完成这一活动，教材设计了“方法导引”栏目引导学生进行实验设计证明物质的氧化性、还原性，这个“方法导引”也是学生今后进行此类活动的基本思路，是学生后续学习的工具。

苏教版教材铁及其化合物所处教学单元为“铁、铜及其化合物的应用”，铁及其化合物部分的教学目的是了解含不同价态铁元素物质间的转化关系，以便在生活、生产、科学研究中加以应用。其相应探究活动的主题是“Fe^{2+} 和 Fe^{3+} 间的转化条件”，探究活动的目的是要求学生从氧化还原角度理解 Fe^{2+} 和 Fe^{3+} 间的转化关系，是对氧化还原反应的应用。在这个探究活动中，学生也需要预测假设、设计实验、完成实验、归纳总结、形成结论，也经历了除提出问题外的所有探究要素。这个探究活动的实验现象与实验结论之间需要一定的转换，在实验过程中，与铁的化合物发生反应的是具体物质，而探究结论要求的是转化条件，即发生反应的物质是氧化剂还是还原剂。

三、教育研究者对探究教学的思考与解读

我国教育研究者对探究教学的思考是伴随着第八次基础教育课程改革的推进而不断深入的。以“探究教学”为篇名关键词，在中国知网跨库检索发现：1980 ~ 1989 年间，相关文献共 28 篇，其中硕士、博士论文 0 篇；1990 ~ 1999 年间，相关文献共 266 篇，其中硕士、博士论文 0 篇；2000 ~ 2009 年间，相关文献 14833 篇，其中硕士、博士论文 5 篇；仅 2011 年一年时间，相关文献就有 6310 篇。

从以上数据可以看出，近十年来，研究者对科学探究教学的关注度大幅提升，研究成果呈井喷式出现，研究呈现出从形式到内涵、从理论到实践的多角度、多层次的特征。从研究内容来看，对科学探究教学的研究可以大致划分为对科学探究教学教育思想渊源的追溯、对科学探究教学基本特征的探讨、对科学探究教学模式的研究、对科学探究教学实施策略的研究等几个领域。

1. 科学探究教学思想渊源追溯

很多研究者认为探究教学的思想早在我国的孔子以及古希腊的苏格拉底的教育思想中就已出现。而 17 世纪的夸美纽斯、18 世纪的卢梭、19 世纪的赫尔巴特等认为学生的思想源于经验，倡导学生通过主动调查和实验学习，强调学生自己发现的学习过程，这些思想无疑是探究教学理论发展的基础。

斯宾塞是探究教学思想发展史上的重要人物，他提出了理科课程体系，强调实证主义，认为只有到了实证阶段，人们才达到更为纯粹的理解，相信可证实、可测量的现象。

杜威强调教育实用主义，认为教育带给学生的不是“真理”，而是不断改造的经验，因此，“做中学”是非常必要的，“做”就是探究，这一观点将教育的焦点从关注知识引向关注过程方法。杜威认为科学的本质是认识自然世界的工具，

它具有双重意义：第一，生产物质的工具，它被转化为技术应用于物质生活领域；第二，是生产思想的工具，它被作为一种实验探索的方法、一套科学家在实验室中表现出来的程序。杜威认为，科学方法是可以用来了解我们的日常经验的意义的唯一可靠的方法，科学教育一定要重视科学方法。杜威强调学生要“经历”科学活动，但这些经历不是被动性的，而是实验性的，是主动运用科学方法获得知识的过程。[1] 他强调学生在“行动”中获得经验，与情境互动以及对科学方法的重视，这些思想对我们今天的理科教育改革仍具有重要的影响。

建构主义学习理论是当代科学课程的重要理论基础，也是科学探究教学的重要心理学依据。建构主义认为，知识不是通过教师传授得到的，而是学习者在一定的情境下，借助他人（包括教师和学习伙伴）的帮助，利用必要的学习资料，通过意义建构的方式而获得的，因此学生是学习的主体，亲历知识建构过程的学习才是有效的学习方式。探究学习恰能满足建构主义学习理论的要求，学生与团队成员一起，经历知识的生成过程，操作目标知识，通过交流、合作，说明、论证自己的观点，倾听、质疑他人的观点，从而实现个人观点的发展和改变，使个人的观点更有价值，使个人更有效地获得知识。[2]

20 世纪五六十年代，“探究学习”才真正成为一种重要的教学方式。施瓦布是公认的首要倡导者。施瓦布认为科学认识的过程就是逻辑实证的过程，即事实→定律→理论的过程，科学理论来自对某种现象的特定例证的大量观察；科学知识是从经验出发，通过分析和演绎得出的规律性认识。他认为科学教学必须引导学生经历科学知识的探究过程。他提出了“作为探究的理科教学”的观念，认为传统的课程对科学进行了静态的、结论式的描述，这恰恰掩盖了科学知识是试探性的、不断发展的真相，因此，他极力主张要积极引导学生像科学家那样对世界进行探究。[3]

一些研究者还梳理了认知心理学、人本主义心理学对探究教学的影响以及科学家群体对探究教学的支持[4]，在此不赘述。

---

[1] 约翰·杜威 著．姜文闵 译．我们怎样思维·经验与教育（第 2 版）[M]．北京：人民教育出版社，2005.
[2] 陈琦，刘儒德．当代教育心理学 [M]．北京：北京师范大学出版社，1997.
[3] 袁维新．科学探究教学模式的反思与批判 [J]．教育学报，2006，(4).
[4] 周仕东．科学哲学视野下的科学探究教学研究 [D]．东北师范大学，2008.

2. 科学探究教学的价值

科学探究教学受到了世界科学教育界的普遍推崇。研究者普遍认为，科学课程的总目标是培养学生的科学素养，虽然科学素养的界定方式很多，但科学素养大体可看做由科学知识、科学方法、科学精神三个方面有机结合而成，因此通过科学教育应使学生获得科学知识、形成科学方法、发展科学精神。科学探究教学在科学方法运用、科学精神培养等方面远优于传统的讲授式教学。另外，科学教育要回归科学本质，科学的复杂性、价值性、证据性、发展性也是传统教学难以体现的，科学探究教学恰恰给了学生追寻、领悟科学本质的空间，弥补了传统教学的缺陷。

周仕东[1]从科学哲学视角对探究教学的价值进行了较为全面的梳理：学生的科学探究是一种学习活动，是学习科学的核心环节。学生进行科学探究活动的目的在于全面地理解科学，从而发展科学素养。当代理科教育已经从关注科学本身走向了关注人和社会的发展上来，在 STS 教育背景下，发展学生的科学素养是理科课程与教学的总目标，而科学探究恰恰是开展 STS 教育和发展科学素养的核心理念。迷信、伪科学和科学在本质上都是基于日常经验对自然的解释，科学探究活动是转变学生观念的重要途径，有利于引导他们树立科学观念。在科学探究过程中，问题贯穿科学探究过程的始终；科学事实是构成科学知识体系的基石；科学理论的形成是理性、直觉以及情感融合的结晶，其中科学推理是科学思维的本质。同时，科学的假说属性以及建构性决定了交流的重要意义，通过科学探究中的交流活动可以提升学生对自然和科学的认识。

3. 科学探究教学的基本特征

《科学探究与国家科学教育标准——教与学的指南》[2]对课堂探究的基本特征和探究性程度进行了划分和描述。

[1] 周仕东．科学哲学视野下的科学探究教学研究 [D]．东北师范大学，2008.

[2] [美] 国家研究理事会科学、数学及技术教育中心《国家科学教育标准》科学探究附属读物编委会著．罗星凯等译．科学探究与国家科学教育标准——教与学的指南 [M]．北京：科学普及出版社，2004.

课堂探究的基本特征和探究程度

基本特征	探究的不同程度			
1. 问题——学习者探究科学性问题。	学习者自己提出一个问题。	学习者从所提供的问题中选择，据此提出新的问题。	学习者探究的问题来自教师、学习材料或其他途径，但问题不那么直接，而要有所改变或自己体会其含义。	学习者探究来自教师、学习材料或其他途径的问题。
2. 证据——学习者针对问题收集事实证据。	学习者自己确定证据并进行收集。	学习者在他人的指导下收集某些数据。	数据直接给出，学习者进行分析。	数据和分析方法都给了学习者。
3. 解释——学习者从证据出发形成解释。	学习者总结事实证据之后做出解释。	学习者在得到指导的情况下收集证据，形成解释。	使用证据形成解释的可能途径已知。	证据已知。
4. 评价——学习者使解释与科学知识相联系。	学习者独立地考察其他事实来源，建立事实与已有解释的联系。	学习者被引导到科学知识领域。	可能的联系被给出。	
5. 发表——学习者阐述和论证自己的解释。	学习者用合理的、合乎逻辑的论据表达自己的解释。	学习者阐述自己的解释，得到他人的指导。	学习者阐述自己的解释，得到广泛的指导。	表达的步骤和程序都被给出。
多 ←……学习者自主探究的程度……→ 少 少 ←……教师和学习材料指导的程度……→ 多				

郑长龙在《化学课程与教学论》[1] 中提出：科学探究始于问题；解释是科学探究的核心；问题、证据、解释是科学探究的显性要素；假说和交流是科学探究的隐性要素。周仕东[2] 将这一观点发展为：科学探究教学是指学生在教师的组织引导下，针对有探究价值的问题主动获取证据，进行解释、检验和交流，从而逐步理解科学的本质和价值，发展自身科学素养的一系列活动，是能动的学习活动。其中，问题是科学探究活动的核心；证据是形成科学结论的基石；解释活动构成了严密的推理过程；交流合作是科学与人类社会融合的必要条件。在探究活动中，

[1] 郑长龙．化学课程与教学论 [M]．长春：东北师范大学出版社，2005．
[2] 周仕东．科学哲学视野下的科学探究教学研究 [D]．东北师范大学，2008．

学生需要技术丰富的教师指导学习，完成任务，知道什么时候进行讨论和转入新的问题，保证课堂进程朝着学习目标前进。探究活动需要教师鼓励学生提出自己的观点，争论解释和结论的有效性以及参与结论的总结。在教学中，教师的主要目标是帮助学生成为问题的解决者和批判性思维者。

应向东[1]对探究活动的问题、假说、实验等特征要素进行了更详尽的分析：探究始于问题，但不能是指向观察对象的简单问题，而应是从现象的描述触及现象的本质，将问题转化为具有某种抽象性、渗透一定知识理论、有所知又有所不知的问题。假说是科学发展的动力，是探究活动的要素，假说可以分成不同的类型，有“经验概括性假说”“演绎推论性假说”，也有“自有创造性假说”，教师在教学中既要重视发展学生的概括能力、科学推理能力，也要鼓励学生探究有依据的假说。实验是判断假说真理性的根本依据，但不是绝对和充分的，实验条件控制不足可能会带来结果偏差，因此实验是重要判据，但不是唯一判据，更不是完全判据。教师在探究教学中应指导学生理解实验作为判据的价值和局限，引导学生学会运用多种形式判据论证观点。

徐学福[2]提出探究教学的本质是模拟性的，是对科学探究活动的模拟，而不是科学探究本身或儿童的自发活动。这种模拟性探究教学的目的在于：在教师指导下，学生体验和理解科学家研究的认识过程，并相应地掌握人类在长期进行探索研究的过程中所总结的一系列科学方法，形成科学态度。这种教学中的探究、发现并非是科学发现过程的原样再现。探究教学要体现探究活动的科学精神，教师在教学中应注意唤起学生的求知意识，使学生的好奇心成为完成探究任务的强大动力；鼓励学生发表不同的意见，允许学生经历曲折的探究路线，而不是将学生引向成功的探究路径；注重证据的收集，使学生通过逻辑论证发现自己的错误概念，转变观念；重视观察、测量、推理、实验、解释、交流等探究技能的培养。因此，探究教学以问题为起点，以假设为核心，以合作为师生、生生间的相互作用方式，是科学探究活动的简约复演。

4. 科学探究教学的模式研究

施瓦布最早提出的生物探究教学模式的基本程序是：（1）给学生呈现调查研

[1] 应向东．科学探究教学的哲学思考 [J]．课程教材教法，2006，（5）．
[2] 徐学福．模拟视角下的探究教学研究 [D]．西南师范大学，2003．

究的领域和方法。（2）明确问题，确定研究中的困难。困难可能在于数据的收集和解释、实验的控制或推理等。（3）思考问题、提出假设。（4）思考解决困难的途径、办法，重新设计实验或用不同方式组织数据。（5）导出结论。[1]

虽然研究者们提出不同的说法描述科学探究的程序，但这些描述并无本质差异，基本程序为：形成问题、建立假设、设计研究方案、检验假设、表达或交流结果。[2]

研究者将科学探究教学模式应用于教学实践，开发出许多模式，如引导发现教学模式（Guided Discovery Model of Instruction）、学习循环（Learning Cycle）、5E教学模式（Engagement，Exploration，Explanation，Elaboration，Evaluation）等[3]。

引导发现教学模式是指教师只给学生提供要调查研究的问题，有时也提供材料，学生必须自己收集数据并进行概括，以弄清楚如何回答探究问题。探究活动的过程和结果都是开放的。

学习循环教学模式具有多种操作形式，一般的程序包括探索、概念引入和概念应用三个环节：（1）探索阶段。让学生从事各种探索活动，以便从经验中产生新观念。（2）引入概念阶段。让学生给前面发现的观点或经历的想法命名。（3）概念运用阶段。让学生有机会把新观点运用到不同的情境中。

其中5E教学模式是建构主义取向的典型模式，教学过程分为5个阶段：

（1）投入。这一阶段的教学目的是引发学生的好奇心和兴趣，通过活动让学生将过去和现在的学习经验联系起来，了解学生的想法，并且关注学生在活动中的思考历程。

（2）探索。在这个教学过程中，教师鼓励学生操作，不直接说明答案，扮演聆听、观察的角色，必要时给予学生更深入的问题，进行重新引导。

（3）解释。鼓励学生用自己的话说出对实验的想法，要求学生根据事实来澄清概念。教师应该以学生先前经验为基础来解释概念，并适时进行概念的定义和解释。

[1] 徐玉珍．区分两种不同的学科结构理论——施瓦布与布鲁纳学科结构理论比较及其对我国科技教育的启示[J]．课程·教材·教法，1996，（8）．
[2] L. W. Trowbridge，R. W. Bybee，J. C. Powell．Teaching Secondary School Science[M]. 7th edition，Columbus，Ohio: Prentice-Hall Inc，1996．
[3] 王晶莹．中美理科教师对科学探究及教学的认识[D]．华东师范大学，2009．

（4）精致化。教师要了解学生的概念，并予以挑战及延伸，给学生提供验证预期问题的实验或思考机会，鼓励学生将概念应用到新的情境中，获得更多信息和发展更高层次的技能。

（5）评价。观察学生如何应用新的概念和技能来解决生活中的问题，提出开放性的问题，并鼓励学生进行自我评价。

洪振方[1]认为，实际课堂教学过程中，探究教学可以而且应该与其他传统的教学方式结合，这种结合在本质上仍可被视为以探究为主要方式的教学，差异仅在于学生导向与教师导向的程度不同。因此，在探究活动过程中还有另一个重要因素值得思考，即探究活动的形式，包括学生导向与教师导向、开放式与封闭式以及非结构式与结构式等三个向度，此三个向度架构可以帮助教师计划与反思预定的探究活动形式，并增强实际探究活动运作的弹性和丰富性。

5. 探究教学实施策略研究

对如何有效开展探究教学，很多研究者给出了具体建议，其中较多研究者结合具体教学案例进行策略解读，本书另有章节展示。马宏佳[2]提出了实施探究教学的基本原则，值得教师思考和借鉴：（1）要重视提出问题的质量。要培养学生的问题意识，提倡不盲从和具有批判思维的科学态度；要提炼问题的陈述，重视问题的学科价值和教育价值。（2）要培养学生的假设或预测能力。要激发学生的求解欲望，鼓励尝试并容忍不完美甚至错误的假设或预测；要提高学生的求解水平，重视学科知识，让学生掌握假设或预测的方法。（3）探究活动要强化证据意识。引导学生了解证据的价值，建立实践是检验真理的唯一标准的观念；引导学生学会寻找证据，注意证据与观点的一致性和证据的多样性。（4）探究活动要认识结论的局限和质疑的价值。

还有一些研究指向探究教学的教学关键点的处理，如如何选择好的探究问题。科学探究的起点是科学问题，科学活动的连续体是解决一系列子科学的问题，科学探究活动的终点是新科学问题。确定优质的探究问题是探究教学有效开展的前提。周仕东提出，在选择探究问题时，首先必须考虑这个问题是否“能够增强学生对所学学科核心知识的理解能力”，这是探究活动开展的核心目标。其次，还

[1] 洪振方．探究式教学的历史回顾与创造性探究模式之初探 [J]．高雄师范大学学报，2003，（6）.
[2] 马宏佳．以科学探究为核心的科学教育教学策略研究 [D]．南京师范大学，2005.

应考虑这个探究问题是否能够帮助学生理解科学家是如何开展探究的（经历探究过程、学习科学方法），能否发展学生实施科学调查、收集科学证据的能力以及能否帮助学生养成良好的科学思维习惯。

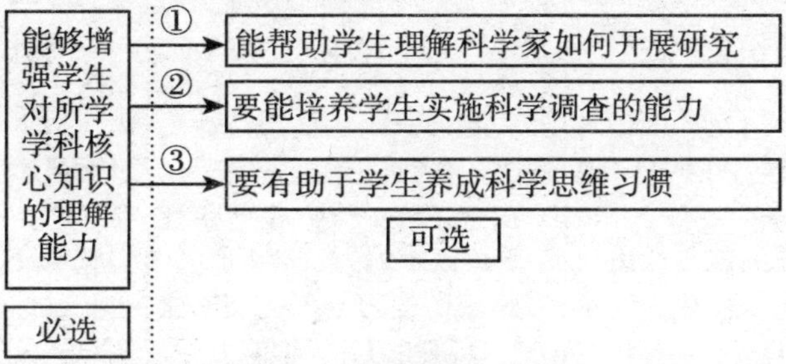

选择探究问题的原则[1]

目前针对探究教学的关键问题的深入研究还不多，值得引起更多研究者的关注。

四、中学化学教师对科学探究教学的实践与理解

1. 科学探究教学的常见课堂形态

在日常教学中开展科学探究活动对中学化学教师来说已经司空见惯，但是教师们使用科学探究的形式和水平则有较大差异。

下面先呈现三位教师对“分子”一节的教学设计，以展示不同教师在这一节课中使用的不同探究活动形态。

[1] 周仕东．科学哲学视野下的科学探究教学研究 [D]．东北师范大学，2008．

	教师 1	教师 2	教师 3
教学目标设计	知识与技能目标： 1. 了解分子的概念，知道分子是构成物质的一种基本粒子，体验分子就在我们身边。 2. 能用分子的观点解释我们日常生活中的一些现象。 3. 能用分子的观点认识物理变化、化学变化、纯净物和混合物。 过程与方法目标： 1. 通过对物质及变化的宏观现象与微观本质相互联系的分析推理，培养抽象思维能力。 2. 通过自己做实验和一些材料，认识分子的性质，培养分析推理能力。 3. 通过一些身边的日常现象，培养猜想和假设能力。 情感态度与价值观目标： 1. 通过观察日常生活中的现象，发展好奇心和求知欲。 2. 通过实验探究培养严谨求实、勤于动手的科学态度。 3. 通过小组合作学习培养学生的合作精神。 4. 通过对分子可分性与不可分性的认识，接受科学态度教育及辩证地看问题的思想方法教育。	知识与技能目标： 1. 了解分子的概念，知道分子是构成物质的一种基本粒子。 2. 体验分子就在我们身边，并能利用分子的概念及性质解决一些实际问题。 3. 在全过程、全方位的参与中形成观察能力、倾听能力、实验操作能力、表达交流能力、反思能力、评价能力等。 过程与方法目标： 1. 通过实验探究，学会根据实验获取信息并能运用比较、归纳和概括的方法对信息进行加工。 2. 通过对实验的分析研究，学会沿着“问题——实验——分析——结论”的思路以科学探究的方式解决问题。 3. 通过对物质及变化的宏观现象与微观本质相互联系的分析推理，培养抽象思维能力。 情感态度与价值观目标： 1. 通过对分子可分性与不可分性的认识，接受科学态度教育和辩证地看问题的思想方法教育。 2. 在分组实验、自主学习等探究活动中，发展善于合作、勤于思考、严谨求实、勇于创新和实践的科学精神。	1. 以具体事实为情境，通过小组讨论，确立物质由微粒构成的观点。 2. 从所给资料和已有知识中归纳、整理、总结分子的性质，初步建立微观模型。通过对演示实验的观察、分析与思考，应用微观模型解释实验现象。 3. 通过练习，能够应用所学知识从分子角度解释某些宏观现象，说明混合物、纯净物等概念。 4. 通过小组相互评价，促进对概念的理解，提高人际交往的能力。

（续表）

	教师 1	教师 2	教师 3
教学过程设计	学生实验：分 10 毫升水，同时展示 4 个小球。问：剩下一滴水时还能不能再分？（用小球是为了暗示学生水是由微粒构成的） 教师给出水、苯、二氧化碳等物质的分子照片，说明分子真实存在。 学生实验：氨分子的扩散实验。 （教师提示学生观察要点，注意准确记录实验现象） 教师讲解分子很小、分子是运动的（解释氨扩散实验、闻到花香、湿衣服晾干等现象）。 教师演示酒精与水混合的实验，解释分子间有间隔的原因。 学生观看水受热变成水蒸气，氢气在氧气中燃烧生成水的微观多媒体动画。 讨论：这两个变化中，物质的分子有没有变化；如何从分子角度理解物理变化和化学变化。 教师总结、分子概念、物理变化和化学变化的微观解释（插入水电解微观过程的多媒体动画）；用分子重新定义纯净物和混合物；指出同种分子化学性质相同，不同种分子化学性质不同。	活动：闻气味。 问题：你是怎么闻气味的？瓶子里装的是什么物品？为什么没有接触就能闻到这些物品的气味？ 教师介绍分子。 学生做“红墨水的扩散”实验，讨论实验现象产生的原因，汇报交流。结论：分子是运动的。 演示“酒精与水的混合”实验。 学生讨论现象成因（教师提示对比大米、小米的混合）。 学生实验：白糖溶解于水中，观察溶解前后水的体积的变化，讨论实验现象产生的原因，汇报交流。结论：分子间有间隔。 演示氨分子扩散实验，学生解释实验现象。 动画演示水受热变成水蒸气、氢气在氧气中燃烧生成水的微观过程。 教师总结物理变化和化学变化。 提出问题：分子不变，性质变吗？分子改变，性质一定改变吗？ 引导学生形成分子概念。	展示盛有水的烧杯。 活动：画出烧杯中的水（宏观的、连续的）。 教师将烧杯中的水每次倒出 1/2 至最后一滴，提出问题：还能分吗？继续分下去，结果会如何？ 学生交流，提出微粒、分子的概念。 教师展示视频证明分子存在、分子很小。 活动：重新画水（微粒的）。 交流讨论画水结果。教师基于学生绘画结果的差异提出问题：分子间是否有间隔，分子是否静止、规则排列。 演示实验：氨分子扩散实验——说明分子是运动的。 演示实验：酒精与水的混合——说明分子间有空隙。 画出酒精溶液——从分子角度看纯净物与混合物的区别。 活动：修正前面画的水（有间隔的、不规则的）。 展示水、酒精、二氧化碳、苯等分子图片或模型。 活动：在分子水平画出水。 视频实验：水的蒸发和水的电解。 交流研讨：在上述两个实验过程中水分子发生了怎样的变化？ 教师总结物理变化和化学变化中的微观过程，总结分子的定义。 提出问题：由一杯热水、一杯冷水，你能想到什么？（课后完成）

（续表）

	教师1	教师2	教师3
学生活动设计	实验：分10毫升水至不能再分。 实验：氨分子的扩散实验。学生观看水受热变成水蒸气、氢气在氧气中燃烧生成水的微观动画后讨论：这两个变化中，物质的分子有没有变化；如何从分子角度理解物理变化和化学变化。	活动：闻气味。讨论：为什么没有接触就能闻到这些物品的气味？ 实验：红墨水的扩散。讨论实验现象产生的原因。 根据酒精与水混合的演示实验讨论现象成因。 实验：白糖溶解于水中，观察溶解前后水的体积的变化。讨论实验现象产生的原因。 解释氨分子扩散实验。	活动：从宏观角度画出烧杯中的水。 交流讨论：最后一滴水还能再分吗？ 活动：从微观角度画水。 交流讨论画水结果，发现差异，聚焦问题：分子间是否有间隔，分子是否静止、规则排列。 活动：从微粒角度画出酒精溶液，修正前面的画水结果。 活动：从分子角度画出水。 根据水的蒸发和水的电解视频实验，交流研讨：在上述两个实验过程中，水分子发生了怎样的变化？

上述三位教师都自称使用了科学探究教学，但他们的使用目的和使用方式有较大差异。

从教学目标看，教师1认为实验探究就是学生的动手实验，学生通过实验获得知识，培养能力，发展科学态度和精神，所以，在第一份教学设计中，学生的主要活动就是两个实验和一次交流研讨。其中的氨分子扩散实验，在另外两份教学设计中都是教师演示的，说明教师1对学生实验有较高期待。教师1在教学设计中特别强调学生在实验时要观察要点和正确记录实验现象，教师对实验操作本身重视。不过，在教师1的设计中，学生实验前没有需要通过实验解决的问题，实验后没有基于实验展开的研讨，实验内容是教师给出的，对实验的解释是教师完成的，学生的任务就是按照要求完成实验，所以教师1的设计应该说只有实验，没有探究。这份设计中还有一次学生研讨活动，研讨内容是根据水受热变成水蒸气、氢气在氧气中燃烧生成水的微观动画讨论两个变化中物质的分子有没有变化，如何从分子角度理解物理变化和化学变化。在这个讨论活动中，学生要做的只是观察动画中哪一个反应的分子发生变化、哪一个反应的分子没有变化，不需要进行推理和论证，严格说也算不上真正意义的探究。在访谈中，教师1也表示她在教学目标中提及的探究是实验探究，不包括这个研讨活动。根据教师 1 的教学过程设计，对比教学目标，可以看出，教师 1 在教学中主要落实了引导学生认识分子性质的任务；对学生分析推理能力的培养几乎没有体现，所有的结论都是由教师解释确认的；对学生科学态度和科学精神的发展也没有明显的教学事实来落实，因此教师 1 只有用科学探究发展学生的能力、提升学生的科学态度的陈述性观念，没有如何去做以及判断自己是否做得好的认识。

教师 2 制订的教学目标中有三条与科学探究有关，与教师 1 不同的是，教师 2 强调培养学生在实验探究中获取信息和加工信息的能力，规划了“问题——实验——分析——结论”的解决问题的思路，也就是说，教师 2 的实验探究活动更强调从实验获得结论的思路和过程。教师 2 在本专题中设计的探究活动都是通过实验给学生一个情境，要求学生对实验做出合理解释，学生通过讨论得到结论。在活动中，学生自主建构微观模型用以解释实验现象，确实发展了微观想象能力，也发展了对信息的加工分析能力，但是活动设计缺少对模型的论证，学生通过实验获得了一个观点，这个观点就变成了结论。在教学目标中，教师预设的学生的探究活动思路“问题——实验——分析——结论”也恰恰缺少收集证据和展开论证这样的环节。可见，教师 2 不仅仅关注学生实验，也关注实验中蕴含的思维，他使用科学探究最直接的目的还是知识结论的获得，虽然同时他也关注到学生的一些方面的能力发展。教师 2 有一些关于如何开展科学探究活动的思考，但由于对科学探究的价值理解得不够，所以其探究活动的设计也显得不够严谨。

教师 3 在本专题教学中使用科学探究的目的是采用探究为主的教学方式，让学生自我修正对分子认识的偏差。从这一表述可以看出，教师 3 使用科学探究的目的不是为直接获取结论，而是为学生修正自我认识偏差，因为认识偏差被修正，所以学生可以获得科学的结论，其重点落在修正认识偏差上。与前两位教师不同，教师 3 设计的探究活动问题都是从学生原有的认识中引发出来的，几个活动之间有很严密的逻辑关系，形成不断深入的思考线索，让学生对物质和物质变化的微观认识在探究活动中不断发展。在本专题中，教师提出核心问题后，学生尝试回答或解释，而那些演示实验和视频素材则作为学生观点的证据出现，然后才形成结论。所以教师 3 的探究活动设计具有线索性和论证性的特点。另外，教师 3 设计的学生活动中没有学生实验，说明是否有实验已经不是教师 3 判断科学探究活动的标准。

上述三份教学设计只是代表。对大量课堂教学进行分析可以看出，教师使用科学探究的课堂教学形态可以归纳为三种类型：(1) 学生实验型。教师给学生安排的科学探究活动就是学生实验，学生的主要任务是按照教师提供的方案动手完成实验，观察和描述实验现象。(2) 要素探究型。学生在学习活动中经历探究的各个要素，建立假设检验、现象结论间的逻辑关系，虽然不一定每个探究要素都要学生自主完成，但是学生在教师的带领下头脑中会经历探究思维的全过程，完成较为完整的逻辑推理活动，最终形成结论。在这个活动中，根据探究活动的不同，学生提出问题、形成假设、获取证据、设计实验、推演结论等指向探究要素活动的各种能力还可能得到发展。(3) 超越探究要素、追求学生认识发展型。教师在设计教学活动时，不以要不要设计探究活动为思考的问题，而是专注于思考需要发展学生什么、转变学生什么。教师设计学生活动旨在帮助学生发现问题，引导学生寻求证据，形成结论，获得问题解决的方法。在这一教学过程中，探究要素的实现不是目的而是完成教学目标的工具。

2. 教师的科学探究教学观念

教学形态的差异源于教师所持有的科学探究观念的不同。对教师探究教学观念的分析可以从什么是科学探究、科学探究教学的价值如何、什么条件值得做科学探究教学、如何做科学探究教学几个问题入手。有研究者对此作了详尽的研究。[1]

(1) 什么是科学探究。这是科学探究陈述性观念的核心问题。有的教师认为科学探究就是学生实验。如前文设计“分子”教学的教师 1，她使用“探究”这个词汇，内心所指的就是教学过程中的学生实验活动，其在教学目标中的表述也是“实验探究”。有的教师认为科学探究是带有思维过程的实验活动。如教师 2，他认为探究教学的过程不仅仅包括实验，还要向实验前后延伸，包括实验前问题的形成与确认、实验后的概括结论。在这个过程中，学生既要有实验活动，也要有思维加工活动，所以科学探究教学是实验 + 思维。也有的教师认为科学探究是一种思维方式，是发现问题、形成假设、寻求证据、获得结论的过程。如教师 3，她的教学关注点完全在学生思维的逻辑关系上，实验只是获取证据的过程，只要

[1] 黄燕宁．新课程背景下指向教学行为的化学教师教学观念系统的探查与解构 [D]．北京师范大学，2011.

证据得到了，是通过实验获得证据还是其他方式获得证据、实验由学生做还是教师做都不是原则问题。

（2）科学探究教学的价值如何。对这一问题的认识决定教师是否乐于在日常教学中使用科学探究。有些教师认为科学探究的价值是更好地巩固知识学习。这类教师首先认定科学探究活动一定是有实验的。他们认为学生亲手做了实验，看得清楚，又有兴趣，应该对实验涉及的物质、化学反应、实验操作要领等有深刻的记忆，因此，教师期待通过这样的探究活动使学生更容易接受知识，也更长久地保留知识。但是从心理学上说，实验操作活动和知识的记忆存储活动是两个过程，学生很兴奋地完成了实验，但并不一定记住了这个实验所包含的那些知识，所以教师的期待得不到满足，这也是为什么一些教师在尝试过一些探究活动后就不愿再使用的原因。

也有的教师认为科学探究有利于帮助学生获得一般科学活动的能力。如教师2提到的对信息的分析加工能力、小组合作能力以及严谨求实的精神等。虽然大家都认为这些对学生很重要，但是由于教学任务、考试的压力，科学活动能力不是教师追求的，因此，这类教师也会因为他们理解的科学探究的教学价值与他们追求的教学价值不符而放弃探究教学活动。在教师心目中，对学生发展有价值的事情如果不能和完成教学任务达成一致，这件事情就很难坚持下来。

（3）什么条件下值得做科学探究教学。教师心中对探究教学使用的限制条件越多，其使用探究教学的可能性越小。如果教师认为探究教学就是学生实验，那么优良的实验条件一定是其开展探究教学的前提。有的教师认为元素化合物的教学更适合开展探究活动，概念原理则不然，这是由于概念原理教学实验内容较少的缘故。学生原有的学习能力水平也是一些教师决定是否使用探究教学的原因，他们认为，能力弱的学生很难自主完成明确问题、形成假设、设计方案、完成实验并获得证据等系列活动，所以无法完成探究活动，而这些教师自身也缺乏指导学生完成活动的意识和能力。因为没有相关经验，因此也就越发不敢开展探究活动，而且把不开展的原因归结为学生能力问题。

其实，对科学探究教学运用自如的优秀教师对何时运用探究教学是没有限制的。有的教师提出“论证性”是科学探究教学的本质，课程标准中提出的探究教学的八大要素给了我们实现探究教学论证过程的思维框架。论证性本质的体现不受教学内容和教学对象的限制，化学教学中建立逻辑的论证关系是必然的。当然，探究教学不等于科学探究，由于教学时间、内容的限制，学生的年龄、能力、经验的限制以及其他一些客观因素，探究教学不可能每次都把科学探究的各个要素充分展现，那么凸显探究教学的论证性特征，在教学中把“假设——证据——结论”作为探究教学的基本方式，实现探究教学的价值就特别重要。

（4）如何做科学探究教学。做好科学探究教学既需要教师对科学探究教学的特征、价值有准确的认识，也需要教师有进行科学探究的方法、程序的认识。在这一问题上，教师也显示出明显的差异。有的教师认为探究教学就是给学生一个任务让学生自己去做，这种粗糙的教学设计或者使教师看不到探究教学的价值而放弃探究教学活动，或者让教师只把简单的学生实验作为探究活动内容交给学生，以看到预期的实验现象为探究终点，缺乏学生参与、学生间的合作、小组间的合作交流以及在活动过程中对学生思维的培养。有的教师能够对探究教学做较为精致的设计，根据教学需求和学生活动情况设计合适的驱动性问题，对探究活动的各环节有不同设计，选择适宜的探究点，确定探究的开放度，用合理有效的策略指导学生全员参与、深度合作，提升学生的思维水平。

因此，教师进行科学探究教学时，面临的一级问题是要不要做科学探究；二级问题是如果做，探究问题是什么、探究思路是什么；三级问题是从教学的视角看，选择哪些要素作为探究活动的开放点；四级问题是探究活动的难点在哪里，保证活动有效的组织调控策略有哪些。如果教师在进行教学设计时只能在一、二、三级问题上思考，说明该探究教学还缺乏成熟、稳定的开展方式，熟练运用探究教学的教师在教学设计时一定会在四级问题上进行精细设计。

五、中学生科学探究能力发展现状

《义务教育化学课程标准（2011 年版）》规定，科学探究能力包括提出问题、假设猜想、设计方案、进行实验、收集证据、解释推论、反思评价、表达交流等 8 个要素。王磊、刘东方以此为依据，设计了调查问卷，通过调查 1031 名化学教师、教研员对学生科学探究能力的认识和评价，了解学生科学探究能力的发展状况。

问卷将每个探究能力要素分为 3 个水平等级。其中，提出问题要素能力水平分别为：能根据已有知识和经验发现问题；能比较清楚地表述所发现的问题；能从发现的问题中筛选出适当的课题进行科学探究。假设猜想要素能力水平分别为：能对提出的假设进行质疑；能依据已有的知识和经验对猜想或假设作初步论证；能在有关背景知识支持下，确定要探究的内容、起点和方向。设计方案要素水平分别为：能明确探究目标，提出可操作的实验步骤和测量变量的方法；考虑影响探究结果的因素；合理控制实验条件。进行实验要素能力水平分别为：能顺利地完成实验操作；在实验操作中注意观察和思考相结合；能对实验事实或数据进行描述和解释并形成结论。收集证据要素能力水平分别为：能运用多种方式对物质及其变化进行观察；能对观察和测量的结果进行如实记录，并运用图表等形式加以表述；能运用调查、资料查阅等方式收集解决问题所需要的证据。解释推论要素能力水平分别为：能初步判断事实证据与假设之间的关系；能对所获得的事实与证据进行选择，应用有关的科学知识解释，得出正确的结论；能通过比较、分类、推理、归纳、概括等方法认识知识之间的联系，形成合理的认知结构。

问卷调查结果显示，认为学生在初三毕业时各探究能力要素能够达到较高水平的教师人数比率分别为13.3%、36.5%、32.3%、29.5%、32.2%、20.1%、13.7%、9.3%。这些较低的比率表明学生的总体探究能力普遍较差，水平较低。从教师对学生的评价比率来看，学生在假设猜想、设计方案、收集证据三个方面的能力相对较强，进行实验、解释推论能力次之，而提出问题、反思评价、表达交流能力相对较弱。这表明，学生探究能力发展水平尚处于中低水平。

对于探究能力或要素技能也有研究者进行了相关调查。姚蕾、吴星[1]在2004年对江苏省部分高一学生科学探究能力进行了调查研究，结果表明：高一学生的化学探究能力普遍偏低，探究能力各要素发展不平衡。其中，制订探究方案的能力及合作与交流的能力最为欠缺。许应华、文庆城[2]在2005年对广西的重点、普通中学的学生进行了猜想与假设能力调查，发现当前高中生化学猜想与假设能力普遍较差，大多数学生的猜想与假设能力处在较差和差的水平，学生批判性思维能力、创造性思维能力缺乏。

从以上调查结果来看，无论是国内较为偏远地区还是发达地区，学生的探究能力都较低，各要素能力发展不均衡，还有很大的提升空间。因此，学生的探究

[1] 姚蕾，吴星．关于高一学生化学探究能力的调查及思考[J]．化学教育，2004，(7)．
[2] 许应华．现阶段高中生化学猜想与假设能力的调查研究[D]．广西师范大学，2005.

能力发展现状仍然迫切需要研究探究能力的相关问题。

学生探究能力水平低且发展不均衡是多种因素造成的，从《义务教育化学课程标准（2011 年版）》与《普通高中化学课程标准（实验）》来看，主要存在探究内容选取和水平要求等两方面的问题。相对于国外的科学课程标准，我国的化学课程标准不仅提供内容标准，还专门设有“活动与探究建议”，更具有课程性和指示性意义。活动与探究建议虽然仅是具体活动名称，但实际上，不同探究活动蕴含了不同的探究能力水平，通过某些知识内容的学习与活动的展开，学生的探究能力得到相应的发展。

然而，我国的化学课程标准重在对学习提出要求，采用了知识输入的行为动词，缺少对学生输出知识的行为表现的描述，也缺少对学生知识输出的探究活动类型的限定及具体行为水平的描述，这在很大程度上使得课程标准对教学的指导作用有限，容易导致教师在实际教学中无法准确定位学生的学习水平。

此外，目前的化学课程标准中尽管引入了活动与探究建议，但探究活动的设置是以学科内容为中心的，仅仅考虑了与学科知识的配合，活动与探究建议本身没有概括性的建议，探究活动内部未进行系列化、结构性、系统性的规划，未能呈现出一贯性和连续性，即层级发展不明确，这表明目前对探究能力及其发展的认识是相对缺乏的。

面对各种类型的化学探究活动，学生的探究能力应该达到什么样的水平要求，应该有何种发展，需要课程标准进行具体规定。[1] 因此，一般探究能力的界定、化学探究内容的选取、化学探究活动类型和探究能力层级的建构是亟待研究的问题。

六、科学探究教学中的常见困惑与问题

化学课程是科学教育的重要组成部分，以进一步提高学生的科学素养为宗旨，发展学生的科学探究能力是提高学生科学素养的重要方面。有调查显示[2]，教师普遍认同科学探究的教学理念，认为科学探究可以帮助学生体验知识的形成过程，让学生更好地理解和把握科学方法，提高学生的终身学习能力，其中很多教师认

[1] 王磊，刘东方．中考化学试卷探究题的评价内容与水平要求设置研究 [J]．基础教育课程，2011，(3)．
[2] 王磊．普通高中化学课程分析与实践策略 [M]．北京：北京师范大学出版社，2010．

为探究活动是未来教学的基本形式。然而调查也显示，尽管教师认同科学探究理念，但是在目前的课堂教学中坚持经常开展科学探究活动的教师并不多，主要原因是开展探究教学没有让教师体会到探究的重要价值，教师在探究教学过程中还存在一些困惑和问题。

1. 探究教学追求过程还是追求结果的问题

探究教学有利于学生体验科学过程、学习和运用科学方法，但是这不等于探究教学只关注过程，不关注结果，实际上探究教学更关注过程和结果的统一。学生进行科学探究学习时，起点是学生已经获得的知识（以前学习的结果），并在原有知识经验的基础上形成假设（需要验证的结果），探究活动是在具体知识和方法的支撑下完成的，探究活动的终点是结果得到论证，学生获得新的知识。如果教师在教学过程中只关注结果，那么学生获得的知识是空中楼阁，是孤立的，缺少结构化的过程；如果教师只关注过程，不重视结果的阐明、论证和表达，那么学生今后的探究活动就会是无源之水、无本之木。可见探究教学一定要结果和过程并重。

2. 探究教学的教学环节问题

课程标准描述了科学探究的八个要素，一个完整的科学探究活动应该经历这些过程，但是教师在课堂教学中并不一定要把这八个要素一一展开，可以根据教学目的和要求选择一个或多个环节开放给学生，对其他环节可以简单处理或由教师主导完成，重要的是探究过程的逻辑、结论的严谨推导。有些教师僵化地认为探究教学必须展开全部八个要素，结果使探究教学耗时长且缺少针对性。

3. 探究教学的活动形式问题

化学是一门以实验为基础的学科，探究活动也以实验探究为主。因此，有教师误以为化学探究就是化学实验，对于没有实验的教学内容就不能使用科学探究，在教学中较多关注探究教学的活动性，而较少关注探究教学的思维性。对于学生的实验活动，教师更多关注实验本身的现象和结果，而忽略实验的证据作用和对新问题的引发作用。

4. 探究教学关键点的把握问题

探究教学作为化学课程的学习内容是为了发展学生的科学探究能力，使学生面对真实问题时有解决问题、探寻结果的意识和能力。科学探究作为化学课程的重要学习方式，承载着帮助学生获取知识、理解和使用科学方法、形成严谨思维习惯的作用。因此教师在教学中应更多关注学生的假设能力、论证能力、实验设计能力的培养，也应重视科学方法的体现，最终实现学生创新能力的提升，而不仅仅是具体知识的获得。

5. 探究教学的实施策略问题

探究教学的有效实施离不开教师对实施策略的把握。如何设计有良好驱动性的探究问题；如何合理控制教学中的开放度，尽可能给学生探究的空间；如何利用科学探究展示过程方法；如何从学生的实践经验中提炼出新的探究问题引发学生新的思考；如何设计好的探究活动开展概念原理的科学探究……这些都是需要教师进一步探索的问题。

回顾和反思近十年来我们国家的科学探究教学实践，科学探究教学已经取得了非常大的进展，但也存在着下面一些比较突出的问题：

1. 忽视对科学探究活动的思维过程的研究

科学探究的过程是思维与操作的统一体，只有这样的探究过程才是科学的、真实的，但在现实中，探究式教学常常出现缺少过程的现象：有的教师在探究式教学中只注重学生的实验活动，认为只要动手就是探究，没有认识到探究的内在思维过程；有的教师在探究式教学中既让学生做实验，也让学生思考问题，学生虽有思维却算不上科学探究思维。

笔者发现在现阶段的探究式教学与探究性学习实践中，只注重活动而不重视过程、只注重表面操作过程而不重视思维过程、只注重简单动脑而不重视科学探究本质以及“假设——检验”自洽性与匹配性的现象十分普遍。如何让科学探究活动更好地体现过程性，如何让科学探究活动不仅体现操作环节上的过程性，更能体现问题解决思维的过程性，形成思维过程核心要素的自洽是应着重探讨和解决的问题。

2. 忽视科学探究实践与核心科学概念之间的相互融合和促进发展的关系

在现阶段的探究式教学与探究性学习实践中，大多是关于元素化合物性质及其应用的探究式教学，对于概念原理很少运用探究式教学，即使使用也多为简单归纳或速率影响因素类的变量控制探究，缺少针对核心概念的本质结构及核心概念功能价值的探究。人们找不到核心科学概念的本原性认识问题，认识不到核心科学概念背后的认识论和方法论功能，体会不到核心科学概念对于认识和解决其他问题的迁移价值，即作为认识方式的普遍意义，从而导致探究教学与核心科学概念总是处于分离割裂状态。

3. 忽视体现探究式教学对高级思维能力和创造力培养的价值

从课程设计层面到理论研究层面再到教学实践层面，研究者比较重视科学探究的环节和要素，但是对培养高级思维能力的关注度不够，对探究式教学与高级思维能力培养之间关系的研究十分缺乏。此外，我们虽然非常强调创新能力的培养，却总是找不到切入点，尚未明确和体现探究式教学在培养高级思维能力和创造力方面的作用。

第三章　探究教学与发展高级思维和创造力的关系

创新思维是创新能力的核心。创新思维是指与创新有关的一系列分析、综合、判断、推理等认识过程中的思维活动。这些思维活动属于高级思维。科学探究从本质上说是创造性地解决问题的过程，同样需要丰富的高级思维活动。创新过程与科学探究和问题解决过程之间的这种相似性是值得注意的，如果是这样，则给学生提供机会使其透过探究活动去检验他们的想法，思考智能、探究能力、概念性知识以及创造力将是可以培养的（洪振方，2003）。所以，突出探究教学中的高级思维活动有利于培养学生的创造力。

一、探究过程与发展高级思维的关系

（一）高级思维的界定及其内涵

关于高级思维的界定，许多学者有不同的角度和观点。De Bono（1983）认为，高级思维能力是超越简单回忆事实性知识的思维过程。Baker（1990）认为，高级思维是指所有超越信息检索的智慧活动任务。Arthur（1993）认为，人们获取新信息，将信息储存在记忆和关联中并（或）重组和延展这个信息，以便完成目标或在复杂环境中找到可行的答案，这时，高级思维便发生了。Otuel 和 Bullard（1994）认为高级思维首先是心理过程，包括达成决策、做判断、解决问题，还包括质问、分析、综合、组织统整信息、概化和推论、评估和预测结果、创造、评鉴。Young（1997）认为，高级学习是在解决新问题的过程中，认知策略、元认知和非策略性知识之间的互动作用。L.Resnick（2002）认为，所谓高级思维是这样类型的思维——其问题解决路径没有确定，问题的解决有多种而不是单一的方案。高级思维涉及阐释和解释、自我调节、多元标准的应用以及各种冲突现象的处理等。

钟志贤[1]认为高级思维是一种以高层次认知水平为主的综合性能力。它是超越既定信息的能力，是问题求解的能力、元认知能力和评价的能力，是批判性的能力，是作为自主学习者的能力，也是对事物或现象作出合理判断的能力。如此看来，高级思维具有综合多种能力、任务真实或复杂、需要付诸心智努力、自我反思和调控、阐释或建构、多元标准和需要判断的特点。

Udall 与 Daniel 认为高层次思维包括三种思考：批判思考、创造思考、问题解决。前两者是高级思维不可或缺的要素。Resnick 认为高级思维能透过内在判断与推论，进而能分析及批判，然后形成自己对世事的结论或观点。

斯滕伯格（1996）的三元智力理论认为，成功智力包括三种形态的智力能力，亦即三种思维能力：分析思维、创新思维、实践思维。

钟志贤提出的高级思维包括解决问题的能力、发散思维的能力和实现知识远迁移的能力等。问题求解、决策、批判性思维、创造性思维是高级思维的主要构成要素。

B.Dodge 认为有八个方面的高级思维能力：（1）比较、鉴别、阐明事物之间的类似之处和不同之处；（2）根据事物的属性和特征将它们分类；（3）通过观察和分析，归纳出一般化的原理；（4）通过给定的原理和法则推论出未知的结果；（5）分析错误，即找出并阐明自己和他人思维中的错误；（6）找出支持的论据，即对每一个观点和看法都要给出支持的论据；（7）概括，即找出庞杂的信息下面隐藏的规律和模式；（8）提出观点，即能够确定并阐明自己对问题的看法。

R.Bruce Williams 提出了高级思维能力矩阵，如下表所示：

高级思维能力矩阵

	中肯	丰富——复杂	关联——联系	精确——创造	归纳——观念
信息理解	比较 / 对照	分类、排序、分级	联系	解释原因	分析
产生洞察力	评估	形象化、想象	建立关系	推测	逻辑
辨明意义	应用	创造、发明	概括	有序预测	转换

由此可见，高级思维能力既包含联系、比较、鉴别、分类、分析、综合、归

[1] 钟志贤．教学设计的宗旨：促进学习者高阶能力发展 [J]. 电化教育研究，2004，（11）.

纳、演绎、推论、解释、论证、概括、设计、评估、批判等思维能力要素，又包含问题解决、科学探究、科学推理等程序性的思维过程。

（二）探究过程中的高级思维

1. 提出问题中的高级思维

探究性问题是个体通过对日常生活、自然现象或实验现象的敏锐捕捉、深入观察和批判审视，或者对理论的批判和质疑所发现的与现有认识有差距或矛盾的问题，是个体在探究活动中对所观察的事实与现象进行拓展、延伸、变形等过程中产生的问题。提出问题是进行科学探究的前提，由于有了明确、具体的探究问题，就使得探究活动能按着合理的假设顺利进行。

结合化学学科的特征可以得出，提出探究问题的能力要素主要包括：（1）有提出化学问题的意识；（2）提出与研究对象相关且能够通过经验或实践解决的化学问题；（3）解读化学探究问题，基于多个角度拆解问题并指向具体的研究任务；（4）用科学、准确、清晰的化学语言表述问题。在提出问题的过程中，针对问题的研究对象，要经历思维的发散和收敛，包括联想、想象、类比、比较等。例如，面对一种物质，能够想到提出“该物质具有怎样的组成与结构”“该物质的化学性质如何”“如何制备或合成这种物质”“怎样从混合物中把物质分离提取出来”“怎样对物质进行检验”“物质发生化学变化时有什么规律”等问题。而探究有机物的组成与结构时，又能够从“有机物由哪些元素组成以及元素的含量如何”“物质的分子式是什么”“该有机物的不饱和度是多少”“可能含有哪些类型的化学键”“有哪些官能团”等方面提出问题。

2. 猜想假设中的高级思维

猜想是人们根据已知的事实材料和科学知识，对未知的事实（自然现象）及其规律性提出的一种推测性的看法。[1] 猜想与假设能力是顺利完成猜想与假设活动的复杂心理历程所具备的个性心理特征，猜想具有不确定性，是提出假设的先导。[2] 假设是依靠已有的知识经验对问题进行综合而提出的解决问题的预想方案。

[1] 刘剑锋. 中学生猜想与假设质量及其影响因素的初步研究 [D]. 广西师范大学，2008.
[2] 刘蔚华，陈远. 方法大辞典 [M]. 济南：山东人民出版社，1991.

假设的提出，必须以有关的知识经验为前提。[1] 它是以已有的事实材料和科学原理为依据，经过逻辑推理，对未知事实及其规律做出的一种假定性阐释。假设是以一个可检验的命题形式陈述的，它对规划研究工作的方向起着重要的导向作用；研究者可以从假设中的一般关系推论到具体关系，而这些具体关系是可以设置指标加以测定的；通过对一系列指标的测定，证实或证伪假设，就可以促使理论发展，充实科学知识。

结合化学学科的特征可以得出，化学学科中猜想假设能力的要素有：（1）有对化学问题提出假设的意识；（2）基于所学习的化学知识和原理，从不同角度对问题提出假设；（3）提出与研究对象相关的、可检验的假设；（4）为提出的假设提供依据。在猜想假设的过程中，要经过系统的分析和思考，一般是针对提出的问题给出可能的答案，即进行系统假设。

例如，在“有机物组成与结构”探究活动中，首先，对物质由哪些元素组成进行判断；其次，要对有机物的相对分子质量用质谱仪测定，根据有机物中的元素组成（元素原子个数比），通过计算确定分子式；再次，要对“物质的分子结构（简式）是什么”进行多种猜想并推测可能的结构；最终，利用官能团的性质来设计化学实验，确定可能的结构，验证猜想得出的可能性。

而当假设穷尽时，需要用一种新的方式去看待问题，产生新的假设，即否定基于问题中的某一个概念而提出的所有假设，开始假设创造。例如，探究化学反应的限度时，对于化学反应不能进行完全的原因进行猜测，可能是温度、压强、浓度等因素的影响，而通过实验和数据将这些因素一一否定之后，就要从另外的视角重新审视化学反应的限度，从而提出可能是反应正逆向同时进行并达到平衡的结果。这时就对猜想假设有了更高的要求，不仅要根据以往的经验，还要有创造性地对问题进行不同角度的、更深刻的思考。

3. 制订计划中的高级思维

结合化学学科的特征可以得出，化学学科中制订计划能力的要素有：（1）识别变量（自变量、因变量、控制变量）并设计变量的控制；（2）选择合适的试剂药品；（3）选择合适的实验方法；（4）选择合适的实验装置及反应条件；

[1] 向洪. 当代科学学辞典 [M]. 成都：成都科技大学出版社，1987.

（5）根据探究目的设计需要收集的证据；（6）设计完整、步骤有序的实验方案。

确定了任何一个探究问题和探究活动之后，都需要对探究方案和过程进行系统的设计。在制订方案时需要根据探究任务的特征进行有针对性的设计。要思考各种变量和维度，然后通过计划的实施，控制所确定的变量，分析因变量的变化情况，应用实验结果和科学推理系统地检验每一种可能的假设，或进行问题的解决。

例如，探究反应条件对化学反应速率的影响，如果增加反应物的浓度，其他条件不变，是否增大了反应速率？如果仅仅改变反应的温度，对反应的速率又会有什么影响呢？对于这些问题，制订计划时需要首先识别自变量和因变量，然后控制无关变量，改变自变量，观察因变量发生的变化。设计对实验结果的处理时，可以根据数据分析和预测不同因素的改变对反应速率的影响，同时，设计出数据表，以便有序、清晰地呈现结果。

4. 解释结论中的高级思维

在实施探究计划并收集了相应的证据和数据之后，需要通过分析、比较、归纳等方法找到信息、事实或现象之间的联系，通过对信息的加工、对事实与证据的整理，用科学的方法进行概括总结，最后形成结论。科学解释既是对观察、实验、信息的总结，又是通过这些活动将科学的理论和方法建构到自己原有认知体系中的关键。科学探究的过程是伴随着科学解释进行的，在进行解释的过程中，知识体系得以扩展或重构。[1]

结合化学学科的特征可以得出，化学学科中解释结论的能力要素有：（1）处理实验数据，分析内部一致性和特征趋势；（2）使用证据和逻辑推理确立因果关系；（3）通过归纳、演绎等方法得出结论；（4）用准确的化学语言描述结论或做出解释。

在化学学科中，还常常会用模型来表征事物。模型是以客观事实为依据而建立起来的，是对事物及其变化的简化模拟。在研究原子结构的时候，经常建立各种模型来模拟原子内部的构成特征。因此，在解释结论的过程中，一般要经历分析综合、抽象概括、模型建构的过程，同时要运用归纳推理、演绎推理、类比推

[1] 高嵩等．科学探究中的科学解释 [J]. 山东师范大学学报（人文社会科学版），2009，（6）.

理等来概括结果或推论出某一结果。

例如，在探究物质的化学性质时，要对化学反应所呈现的现象进行解释，得出物质具有某种性质的结论；在探究反应条件对化学反应速率的影响时，要对比不同反应物浓度的数据，分析反应物浓度的改变对反应速率的影响；在研究有机化合物时，经常用球棍模型来模拟有机物的分子结构等。

5. 反思评价中的高级思维

反思是“对思想的思想”“对认识的认识”，是对某个问题进行反复、严肃、持续的思考。[1] 从微观上看，反思是一种批判思维，通过对当前认识的审视、分析，洞察微观。[2] 在进行探究的同时不断反思，对自身的思维过程和活动结果进行自我察觉、评价、监控和调节。有意识地反思探究过程中出现的问题是探究过程的重要组成部分。

结合化学学科的特征可以得出，化学学科中反思评价能力的要素有：(1) 从科学的角度评价所使用的方法；(2) 评价所选择的证据是否能够支持结论；(3) 评价结论的正确性；(4) 对探究方案及探究过程提出修改建议；(5) 提出改进的建议或需要进一步解决的问题。

在反思评价时，通常经历批判质疑和设计改进、优化的过程。例如，在“物质的制备与合成”探究中，首先，要对制备的原理进行反思与讨论，思考为什么选择这些反应物、是否还有其他反应可以达到制备目标、为什么要选择这条路线、这条路线的优缺点有哪些，对方案进行评价与优选；其次，反应条件是制备物质的一个重要因素，要思考选择什么样的反应条件，在实施实验的过程中控制的反应条件是否符合实验要求，是否有更为合理、简便、优化的实验装置。

可以看出，在科学探究的过程中，无处不渗透和经历着高级思维，对科学探究能力培养的同时就形成了高级思维能力。开放式地发问、系统地进行假设、探究出问题的解放方案并共享成果、相互设问并质疑都有助于高级思维能力的形成。

[1] 约翰·杜威著．姜文闵译．我们怎样思维：经验与教育 [M]．北京：人民教育出版社，1991.
[2] 黑格尔著．贺麟译．小逻辑 [M]．北京：商务印书馆，1983.

二、探究过程与发展创造力的关系

（一）探究过程与创造性问题解决

创造性问题解决（creative problem solving，简称 CPS）是人类生存与发展的一种重要心理和行为表现。问题解决是指一系列有目标指向性的心理操作过程，它具有情境性、认知性、目标性、操作性和情感性等特点。创造性问题解决是指以新颖、灵活、独创的方法进行的问题解决活动。创造性问题解决总是与问题解决者的创造性人格特征、创造力和创造性思维水平密切相联系的，它是创造性活动的综合体现。

1. 创造性问题解决模型的演变

CPS 模型的发展始于帕恩斯（Parnes），然后再通过特芬格（Treffinger）、伊萨克森（Isaksen）、斯坦尼什和法伯尔（Stanish & Fberle）以及多维尔（Dorval）等学者的持续研究与修正，CPS 模型不断得以完善。

帕恩斯的五阶段模型。帕恩斯最早提出 CPS 模型。帕恩斯认为 CPS 模型是一种系统地研讨问题解决的方法，它和一般解决问题方法的不同之处在于，强调解决问题者在选择或执行解决方法之前，要尽可能地想出多种变通办法。在此过程中，解决问题者在思考或想出变通办法时要延缓判断，以免可能还有更佳的构想被抹杀。因此帕恩斯将问题解决过程分为五个步骤：发现事实→发现问题→寻求主意→寻求解决方法→寻求接受。

特芬格等人的三成分六阶段模型。特芬格和伊萨克森首先将帕恩斯的五阶段模型扩展为六阶段模型，又进一步将创造性问题解决（CPS）过程分为三成分六阶段：（1）了解问题。①发现困境与挑战；②收集资料；③发现问题。（2）产生构想。④激发点子。（3）计划行动。⑤寻找解决方法；⑥接受所决定的方法。

斯坦尼什等人的六阶段模型。斯坦尼什和法伯尔提出创造性问题解决过程包括六大程序：发现混乱之处→收集资料→发现问题→收集构想→寻找对策→接受构想。（1）发现混乱之处（mess finding）。觉察到需要改善的情境与事物，并决定加以改善。（2）收集资料（data finding）。提出问题来引出线索；收集资料来增进了解；将数据加以分类、组织、反复审视；逐渐出现条理。（3）发现问题（problem finding）。将许多问题加以组织；将问题加以细分；选择一项较小（bite—size）的问题；将问题以 IWWMI（In What Ways Might I）的形式陈述出来。（4）收集构想（idea finding）。通过小组成员畅所欲言、脑力激荡产生许多解决问题的构想，但暂不评论；选择有利于解决问题的构想。（5）寻找对策（solution finding）。列出评价的标准；筛选构想；选出最佳的构想。（6）接受构想（acceptance finding）。采纳构想，决定行动计划的每一步。

多维尔等人的四成分八阶段模型。在特芬格和伊萨克森提出的 CPS 三成分六阶段模型基础上，多维尔等人将其进一步修改为四成分八阶段：（1）了解挑战。①寻找机会；②寻找资料；③发现问题。（2）产生构想。④激发点子。（3）准备行动的计划。⑤发展解法；⑥寻求接受。（4）计划实行的方式。⑦评估过程；⑧设计流程。

概括地说，多维尔的 CPS 模型四成分包括：（1）了解挑战，即了解问题，需确定问题的定义、结构；（2）产生构想，即运用策略并考虑情境，产生许多不同的想法；（3）准备行动的计划，即针对想要达成的目标或想要解决的问题，考虑评估各种解决方法，找出最好的解决方法；（4）计划实行的方式，即将最佳解决方法的计划转变成实际的行动，并由此回顾运用 CPS 的流程是否完整。综上所述，学习者在遇到问题时，应先了解问题的条件及目标，收集相关资料后，加上自己已有的知识技能和经验，寻求可能的解决方法，假设、推测欲达到的目标成果与这些解决方法的相关程度或其他的评价标准来决定最佳解决方法，再针对此方法考虑每个步骤、使用的策略等实际行动，以解决问题。以最后的结果与最初的目标比较，再回顾问题解决的过程，加以修正解决方法，以期更接近目标。

2. 创造性问题解决的特点

与一般问题解决过程不同，CPS 模型强调发散思维与聚合思维的结合，强调在选择或实行符合现实环境、问题条件的解决方法前，需要先以发散性思维产生大量的变通办法，之后再以聚合性思维来选择最适合的解决方法，最后加以执行或是作为进入下一阶段前的准备。具体地说，CPS 模式具有以下几个特点。

（1）强调问题与目标的呈现。人类在解决问题的过程中，往往在意识到问题后，先建立问题的情境来触发想象力、产生对解决问题的期望及预想到成功将带来的满足与成就感，这样的问题与目标的呈现将成为人们解决问题的动力。因此，使学习者了解问题的目标及条件进而认识解决问题的意义，就成为激发学习者 CPS 训练动机的重要方法。在 CPS 训练中，问题的呈现必须能帮助学习者实际操作，产生成果。问题必须与学习者的日常生活发生联系，这样的问题才能使学习者进入准备解决问题的状态。除了设计具有挑战性、发展性问题情境以引起学习者解决问题的欲望外，还要注重设计开放性问题，这样才能为学习者提供较大的创造性思维空间。斯腾伯格（Sternberg）提出，那些定义不明（ill-defined）、没有唯一正确答案的开放性问题，需要采用较多的创造性思维、批判性思维，是适合对学习者进行 CPS 训练的问题呈现方式。

（2）重视发散思维与聚合思维的结合与交替运用。经过想象、推理而寻求构想（产生点子）是 CPS 模型的重要阶段，这实际上是发散性思维过程。通过对当前所处情境及所得新信息与原有知识作出联想，可产生许多不同的点子和想法。目前，有多种促进个体进行发散性思维的方法，如自由联想、脑力激荡法、属性列举法、六 W 检讨法、单字词联想法等。这些方法能刺激个人或群体在创造活动中进行发散性思维，从而产生新的点子或想法，再进行以符合问题、环境需求的条件的评估，就能产生解决问题的方法。也就是说，发散思维与聚合思维的结合，才是产生新的解决问题方法的创造性思维过程。吉尔福德认为发散性思维与聚合思维是创造开发中最常使用的思维模式。德博诺（De Bono）则认为创造性思维可分为：①水平思维（lateral thinking），寻求新的思维方向，扩展解答的范围；②垂直思维（vertical thinking），以客观的标准来评价解答并在此标准下发展这些解答，即深层探讨问题的答案。而 CPS 的最大特色亦在于交替地运用这两种思维方式。

一个成功的问题解决者，必须同时运用发散性思维与聚合性思维。一方面，在解决问题时，发散思维能产生许多不同的想法，但新的想法不一定能帮助解决问题；另一方面，若只是一味地追求正确的解决方法（聚合思维），则产生新选择的机会将会变小。所以说，创造性活动是经过从发散思维到聚合思维，再从聚合思维到发散思维的多次循环完成的，这两种思维是辩证的、相辅相成的关系，其中发散思维占主导地位。如何在适当的时间交替地使用这两种思维技巧产生新奇又能解决问题的方法，才是创造性地解决问题的关键。

特芬格和伊萨克森认为，在 CPS 中，不论是发散思维还是水平思维，都属于创造性思维，即能产生并表达出有意义的新的构想。早期的心理学家认为，创造性思维就是发散思维。在发散思维的过程中，个体从遇到的问题情境中感到有阻碍、有挑战、或是自我矛盾的时候，会从已有的信息出发，尽可能向各个方向扩展，不受已知的或现存的方式、方法、规则和范畴的约束，并且从这种扩散、辐射和求异式的思考中求得多种不同的解决办法，衍生出各种不同的结果，并加以扩大、审视和选择。这种寻找多种有变化的方法或选择不寻常的方法或是在现有选择上扩大、补充更多细节的过程，就是发散的创造思维过程。其中，被广为采用的发散思维方法是“头脑风暴”法，它是一群人在短时间内获得大量构想的方法。采用“头脑风暴”法要坚持以下四个原则：①延缓批判。不对小组成员的任何意见作出批评。②自由联想。奇特、不合常理、不切实际的想法常可触发许多不同的灵感。③鼓励产生更多想法。想法越多，获得好的意见的可能性也越高。④统整与改进。利用改进别人的意见成为自己的意见或是连接两至三个以上的看法产生新的主意。

不论是聚合思维还是垂直思维均属于批判性思维（critical thinking），即为了对问题进行深入分析，对原有的想法作详细的探究。在批判性思维的过程中，个体会排除与问题无关或不符合条件的想法，再过滤、选择新的想法，并对这些新的想法加以推论和演绎，比较和对照每种想法，再重新对所有可能的选择排序，藉此选择最正确也最适合的解决方法。所以说，通过尝试多种想法并朝着达成单一的目标或结果去选择最适合的解决方法的思维过程即是聚合思维。

（3）强调小组合作学习。CPS 模型强调小组合作学习。因为小组合作创造能集中所有组内成员的创造力，让个人与其他小组成员的创意点子相互激荡，以产生更大的创造效果，所以小组合作是影响 CPS 训练效果一个重要因素。小组进行 CPS 时的气氛也是重要的影响因素之一，小组进行创造性思维活动时需采取以下对策营造良好氛围：①尊重接纳其他成员的意见；②能鼓励他人；③接受个人的不同课程学习进度；④鼓励个人产生独特的想法及反应；⑤帮助同学；⑥有足够时间作发散和收敛式讨论；⑦鼓励发散思维；⑧提供和谐安全的讨论气氛；⑨支持他人提出的意见；⑩允许个人有选择权；⑪ 激励小组成员产生问题；⑫小组成员不担心自己的想法与他人不一致。

创造性问题解决和探究式教学都是源自美国著名的教育学家、心理学家约翰•杜威的思想，而两者在一百多年的时间里分别沿着各自的轨道不断演化、发展，有了各自自成一体的理论框架以及应用策略。然而我们仍然很容易找到两者间的联系：我们研究创造性问题解决模式，是为了了解人们长久以来的思考过程，而探究式教学的意义就在于将人类长期以来积淀的最具创造性和探究意识的思考过程应用于教育，以培养更多的具有科学素养的公民，从而推动社会的发展。因此，两者在长期独立发展的过程中，始终保持着这样一种内在的联系，而探究式教学发展到今天，又遇到了培养学生探究的自主性、创造性以及问题解决能力三个方面的问题。新理论将创造性问题解决和探究式教学重新结合起来，就成为一个必然趋势。

3. 探究过程与创新思维

创新能力主要由三个要素构成，包括创新思维、创新人格和创新技能。创新思维是指与创新有关的一系列分析、综合、判断、推理等认识活动中的思维品质。创新思维是创新能力的核心，主要通过发散思维的 3 个特质外显出来，包括流畅性、变通性和独创性。创造性人格主要包括四个维度：冒险性、好奇心、想象力、挑战性。创造性产品是指个体在创造过程中形成的最终产品具有新颖性、独创性、有价值性等特征。

概括而言，创新能力表现在个体能够解决陌生的问题，能够填补空白、解决认知冲突；能够提出新颖独特性问题、新颖独创性观点、新颖独创性方法或新颖独创性产品结果。林崇德等人（2009）也提出创新思维既需要发散思维的流畅性、变通性和独创性，也需要聚合思维的逻辑性和概括性。进行创新活动离不开联想、批判思维，同时也要求系统、整体、精细思维。

探究过程通常包括提出问题、猜想假设、制订计划、收集证据、分析论证、反思评估、表达交流等重要活动。其中，提出问题和猜想假设活动非常挑战学生的假设创造能力，需要发散思维与聚合思维的协调发展；制订计划时有利于培养学生变量控制、系统设计和精细思维的能力，收集证据和分析论证过程离不开说明解释、理论论证，这就需要学生进行分析综合、抽象概括、模型建构等思维活动，在反思评估和表达交流环节则要求反复论证、批判质疑和设计改进，需要联想、想象、比较、选择、关联、组合、评估、抉择、交流。此外，探究过程本身蕴含着发展创新能力所需要的思维活动。

（二）创造性探究教学模式

1. 创造性探究教学模式的产生背景

中小学科学教育的重要目标之一是培养学生的探究能力。当学生面临与科学有关的问题时，能运用探究能力及所学过的科学知识概念自行提出假设，设计实验或收集数据，以便“做出明智的决定以解决问题”，但“环视当今中小学自然课本或教材中的实验部分，往往是器材、药品及实验步骤一应俱全，让学生只需如食谱般去遵照步骤‘验证结果’。‘提出假设’及‘设计实验’等需‘批判思考’的能力缺乏训练的机会”。就科学教学与学习而言，显然需要强调的重点在于以“科学探究”为学习活动、以“问题解决”为学习核心、以“创造力”为培养目的的三个向度。因此，科学教育工作者思考的重点在于，如何布局以建构合适的探究学习环境从而引导学生进行探究活动，如何布题以激发学生在探究活动中思索问题和解决问题，如何培养学生在知识的创造过程中（即探究活动与问题解决过程）精炼批判与创造思考，如何在探究结果的交流中淬砺学生的论证与表达的能力。

洪振方教授在整合美国国家研究委员会（National Research Council）出版的《科学探究与国家科学教育标准——教与学的指南》（Inquiry and the National Science Education Standards，2000）中的科学探究教学模式以及 Treffinger、Isaksen 和 Dorval（1994）所建立的创造性问题解决模式（CPS）的基础上，提出“创造性探究模式”（CIM）。

2. 创造性探究模式的内涵

创造性探究模式的各部分间形成循环模式，交互作用，其具体模式见下图：

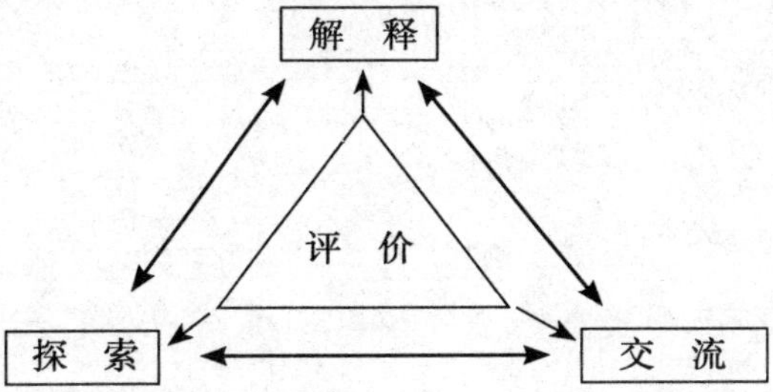

创造性探究教学模式的具体内容为：

（1）探索成分。

①形成问题与假说。观察并使用先前的探究结果及理论产生有效的问题，发展假说，进而做预测。

②设计研究和产生数据。下操作型定义，控制变量，选择适当的方法，进行实验或调查研究及收集数据。

（2）解释成分。

①诠释数据。处理和分析数据，辨识型态，做推论。

②建立论证。联结实验结果与假说或理论架构以建立解释，做新的预测，形成通则。

（3）交流成分。

①说服。说服同侪社群接受探究发现的效度与重要性。

②辩护。用批判的方法做判断，经过比较评价，为知识主张做辩护。

（4）评价成分。

①时时评价探索、解释及交流等工作及计划之可行性。

②回顾与评估在探索、解释、交流及评价过程中所学到的及如何习得。

③创造性探究模式的应用策略。

根据创造性问题解决模式的模型，洪振方教授总结出了创造性探究模式的七条应用策略：

①利用多阶段方式循序达到创造性探究的目的。

②每一阶段都使用批判思考（收敛思考）和创造思考（发散思考）。

③每一阶段皆始于发散思考，再进行收敛思考；后者的意义在于评价、澄清及聚焦前者生成的结果，并为下一阶段的探究与思考作准备。

④可适用于小组也可适用于个人探究。

⑤可以只使用局部的阶段。

⑥各阶段不必依固定的程序进行。

⑦各步骤不必依线性程序进行，可以螺旋式交互呈现。

3. 创造性探究模式与探究式教学以及创造性问题解决模式的关系

创造性探究教学模式（CIM）本质上是探究式教学的传承和发展。探究式教学包括五个核心环节：①提出问题。学生围绕科学性问题展开探究活动。②收集证据。学生获取可以帮助他们解释和评价科学性问题的证据，创设可探讨的情境或环境。③形成解释。学生根据事实证据形成解释，对科学性问题作出回答。④评价结果。学生通过比较其他可能的解释来评价自己的解释。⑤交流发表。学生交流和论证他们所提出的解释。而 CIM 模式的三成分六阶段也是在探究式教学的基础上演化而来，将“提出问题”的部分细化出观察和提出问题两个层次，并将这一部分与收集证据合并成为探索的成分；将“形成解释”的部分亦细化出根据数据直接得到的结果和根据分析得到的结论两个层面;对“评价结果”和“交流发表”两个部分，CIM 理论将其重新分布：学生首先应该能够以适当的方式进行表达，同时在遇到质疑和反驳的时候能够运用相应的策略为自己的理论做辩护，这一过程称为“交流”；而“评价”的过程则成为一个独立的模块贯穿研究始终，对于整个研究过程起到监督作用，以便及时改进和修正探究式学习的方向。由此观之，CIM 模式既是教学模式，又是学生探究式学习的模板，是探究式教学过程的一次有意义整合，更是探究式教学与探究式学习的契合。

有利于发展高级思维和培养创新能力的探究教学应该具备以下特点：(1) 有开放式情境，学生可以探究；(2) 学生在教师的启发引导下能独立地发现问题，从不同的视角遵循不同的思维方式努力探求多种解决问题的方式、方法；(3) 教师没有直接给出答案，要求学生自己去寻找答案；(4) 允许学生犯错误和自由地探索；(5) 提供足够的时间和材料以及可以充分表达的安全环境。

上述研究成果对于我们设计和实施有利于发展学生高级思维和创新能力的探究式教学具有重要的指导意义。我们应以科学探究活动作为高级思维的培养和评价手段；以科学概念的理解与认识作为高级思维的对象和内容；以发展高级思维作为培养创新能力的核心，实现科学探究、知识理解、高级思维、创新能力四方面能力的整体协同培养。

中　篇

对已有化学探究教学主题资源的研究

本篇是对已有化学探究教学主题资源的研究，分别从教材、核心期刊、考试三个方面展开。在分析教材中的化学探究式教学资源时，作者对教材中的探究式教学资源进行了分类，通过翔实的表格数据予以展示，并对教师使用教材中的探究式教学资源提出了建议。在研究核心期刊中的化学探究式教学资源案例时，作者在对已有资源进行概述的基础上，给出了 11 个经典案例，并附上点评，供研究者参考借鉴。在考试评价部分，作者在通过图表详细分析了其中的探究资源的基础上，精选了各地历年的中考、高考试题，并对试题进行了分析。本篇展示了实际教学及考试评价中的探究教学主题资源，从实践层面论证了上篇的理论。

第一章 对教材中的化学探究式教学资源的分析

我国从 2001 年开始实行新课程改革，提倡开展探究式教学，培养学生的创新能力，探究式教学逐渐引起了广大教师和研究者的重视。与此同时，探究式教学资源的开发和有效利用成为困扰一线教师的主要问题，一方面，教师们抱怨资源匮乏、开发困难；另一方面，教师在实施探究式教学的过程中又存在着已有探究式教学资源未被合理使用的情况。

教材是教学资源尤其是探究式教学资源的主要载体，对现有的新课程教材中的探究式教学资源进行分析研究，可以为教师开展探究式教学提供比较可靠的教学资源，对探究式教学活动的开展也具有积极的促进作用。

一、对教材中探究式教学资源的研究

（一）理论框架

我们采用项目组提出的化学探究活动主题资源的分类编码框架（见下表）对教科书中的探究教学主题资源进行分析和研究，探究活动的主题资源包括 9 类要素，本课题主要从“探究活动”“知识理解”“高级思维”“创新能力”之间的关系入手，深入挖掘探究教学主题及探究过程各个环节对于促进学生知识理解、发展学生的科学思维、培养学生的创新能力的功能价值，这一理论框架也可以帮助我们开发和设计新的探究式教学主题资源。

化学探究活动主题资源的分类编码框架表

分析要素	分类编码
1. 探究问题要素	（1）物质性质探究；（2）物质分离探究；（3）物质检验探究；（4）物质反应规律探究；（5）物质组成与结构探究；（6）描述探究（是什么）、关系探究（怎么样）、因果探究（为什么）、开发探究（怎么做）。

（续表）

分析要素	分类编码
2. 探究过程要素	（1）提出问题；（2）形成假设；（3）设计方案；（4）进行实验；（5）收集证据；（6）解释结论；（7）交流表达；（8）反思评价。
3. 探究思维要素	（1）假设创造、系统假设、化学预测与猜测；（2）假设检验、变量控制、方案设计与实施；（3）分析综合、抽象概括、归纳推论；（4）演绎推理、模型建构、理论解释；（5）反思论证、批判质疑、优化改进。
4. 探究水平要素	（1）执行、解释、选择、评价、创新水平；（2）定性探究、定量探究；（3）实验探究、其他形式探究；（4）局部探究、完整探究。
5. 探究背景要素	（1）生产、生活实际；（2）科技动态信息；（3）实验现象事实；（4）习题性问题。
6. 探究知识技能基础要素	（1）元素化合物知识；（2）概念原理知识；（3）过程方法。
7. 探究教学目的要素	（1）获得知识和方法；（2）应用知识和方法。
8. 探究物质条件要素	（1）实验条件（实验装置、仪器设备、实验条件、操作步骤）；（2）其他条件。
9. 探究教学环境要素	（1）课堂内探究、课堂外探究、课内外结合探究；（2）实验探究、其他探究；（3）纸面探究、实做探究、数字模拟探究。

在此基础上，我们思考如何将创造性的探究式教学模式应用到高中化学教学中，并进一步提出了促进学生高级思维和创造力发展的化学探究活动开发设计模型（见下表），包括探究活动的教学内容、问题、思维发展功能、教学实施、开发途径等五个方面。

促进学生创造力的化学探究活动开发设计模型表

分类标准	分类编码
1. 探究式教学内容分类	（1）必修课化学概念原理的探究学习；（2）必修课化学元素、化合物知识的探究学习；（3）选修课化学概念原理的探究学习；（4）选修课化学元素、化合物知识的探究学习；（5）与化学相关的研究性学习活动。

（续表）

分类标准	分类编码
2. 探究活动的问题分类	（1）探究物质性质的活动；（2）探究物质分离或检验的活动；（3）探究物质变化规律的活动；（4）探究物质制备与合成的活动；（5）与化学相关的研究性学习活动。
3. 探究活动的思维发展功能分类	（1）侧重发现问题和假设预测的探究活动；（2）侧重实验方案设计的探究活动；（3）侧重解释推论和概括结论的探究活动；（4）侧重质疑和批判的探究活动；（5）侧重协作交流的探究活动；（6）侧重认识科学本质的探究活动。
4. 探究活动的教学实施分类	（1）局部的课堂探究活动；（2）完整的课堂探究活动；（3）课堂与课外相结合的探究活动；（4）完整的课外探究活动。
5. 探究活动的开发途径分类	（1）基于课程标准的设计开发；（2）基于教学内容的设计开发；（3）基于生产、生活实际的开发；（4）基于科技发展的动态设计开发；（5）基于中、高考试卷中化学实验探究题为内容的设计开发。

这也是我们对现有教材中探究式教学资源进行分析的基本框架，在此基础上，我们对现有的 3 个版本的高中化学教材中的探究式教学资源进行分类整理，分析其中可能存在的不足，进而思考如何解决问题，寻求进一步发展。

（二）数据整理分析方法概述

在分析过程中，我们主要按照如下的方法进行：

（1）对 3 套教材 24 本教科书化学必修、选修模块中的探究式教学资源进行分类整理，分析对象包括教材中的“观察思考”“活动探究”“动手实验”等栏目中的内容。

（2）对整理出来的探究式教学资源按照上表的分类编码框架进行数据编码，全部整理为文档与电子图片形式，并按照一定顺序排列，便于进一步分析比较。

（3）使用 SPSS 数据分析软件对分类整理出来的探究式教学资源进一步处理，首先按照 SPSS 的数据格式进行录入，便于对整理出来的文档进行对比分析。

（4）结合分类编码框架的维度，对不同版本教材中的探究式教学资源的功能价值等分别进行对比研究，尤其关注教材中探究式教学资源对思维发展的促进作用，探讨目前教材中的探究式教学资源存在的一些问题，并整理得到相应的结论，便于进一步改进与发展。

（三）探究式教学资源分析样例

我们按照设定的编码框架分析研究了教材中的探究式教学资源，并进行了分类。以人教版教材必修 1 第 13 页“科学探究栏目——电解水实验”为例，其具体内容如下图所示。

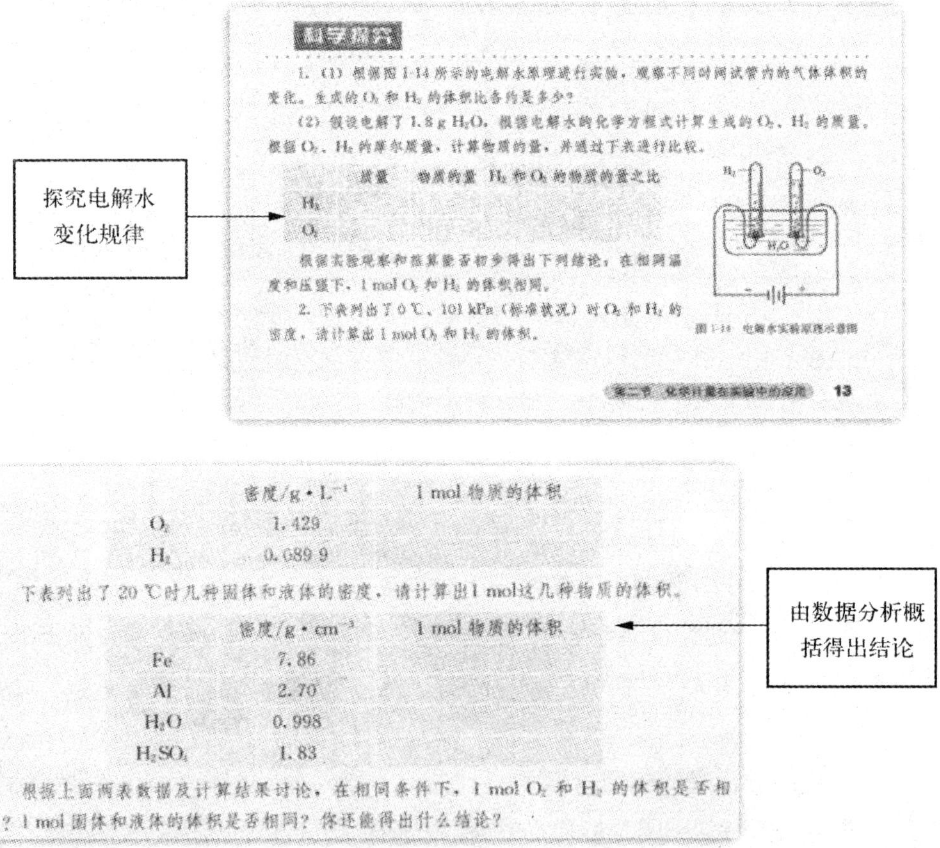

科学探究

1.（1）根据图 1-14 所示的电解水原理进行实验，观察不同时间试管内的气体体积的变化。生成的 O_2 和 H_2 的体积比各约是多少？

（2）假设电解了 1.8 g H_2O，根据电解水的化学方程式计算生成的 O_2、H_2 的质量。根据 O_2、H_2 的摩尔质量，计算物质的量，并通过下表进行比较。

	质量	物质的量	H_2 和 O_2 的物质的量之比
H_2			
O_2			

根据实验观察和推算能否初步得出下列结论：在相同温度和压强下，1 mol O_2 和 H_2 的体积相同。

2. 下表列出了 0 ℃、101 kPa（标准状况）时 O_2 和 H_2 的密度，请计算出 1 mol O_2 和 H_2 的体积。

第二节 化学计量在实验中的应用 13

	密度/$g \cdot L^{-1}$	1 mol 物质的体积
O_2	1.429	
H_2	0.0899	

下表列出了 20 ℃时几种固体和液体的密度，请计算出 1 mol 这几种物质的体积。

	密度/$g \cdot cm^{-3}$	1 mol 物质的体积
Fe	7.86	
Al	2.70	
H_2O	0.998	
H_2SO_4	1.83	

根据上面两表数据及计算结果讨论，在相同条件下，1 mol O_2 和 H_2 的体积是否相同？1 mol 固体和液体的体积是否相同？你还能得出什么结论？

教材中的电解水实验内容

这是人教版高中化学必修 1 第一章第二节“气体摩尔体积”部分的内容，学生通过电解水实验观察生成的气体体积变化，判断生成的 O_2 和 H_2 的体积比，进而建立物质的质量、物质的量、物质的体积之间的关系，同时分析其对物质的物理状态的影响。

我们很容易判断，在教学内容属性上，这是高中化学必修 1 的内容，通过电解水分析生成的 H_2 和 O_2 的物质的量之比，主要涉及物质摩尔体积概念的探究，因此我们将其归为必修课化学概念原理的探究性学习。

从化学问题分类的角度来看，该探究活动主要通过观察水在电解过程中发生的体积变化来分析 H_2 和 O_2 的密度、物质的量、体积之间存在的关系，涉及物质的状态变化等因素的考查，我们认为这属于探究物质性质变化规律的活动。

而在促进学生思维发展这个维度，该探究活动非常注重对实验现象的观察和数据的分析，给出了相应的表格让学生去完成。并注重通过学生自己的推导来概括出物质的量与物质体积之间的关系，发展了学生的解释分析、推论概括的思维能力。因此我们将它归为侧重于培养学生解释推论与概括结论能力的探究式教学资源。

探究活动的教学实施和开发途径这两个维度则更容易判断一些。我们对比探究活动的基本要素很容易发现这是一个半开放的探究活动，并不是一个完整的探究式教学活动，而且明显是在课堂上实施的。因此我们将它归为课堂内的局部探究活动。同时该内容是针对该部分教学内容设计的，属于教材体系的一部分，因此应该是基于教材内容设计开发的探究式教学资源。

通过这种客观分析与主观判断相结合的方法，本课题组比较客观地完成了三套教材共 293 例探究式教学资源的分类编码。

二、教材中的探究式教学资源分类分析

（一）基于教学内容的探究式教学资源分类

教学内容的合理加工与呈现对促进学生认知结构的构建和科学素养的全面提高有着积极的作用，因此对探究式教学资源的研究离不开对教学内容的分析。从教材本身来看，不同的教材内容所承载的知识发展功能也各不相同，对学生的认识发展功能也各有侧重，因此按照教学内容属性对教材中的探究式教学资源进行分类更有利于体现探究式教学资源的知识体系，也便于我们进行分析，得到具体数据如下表所示。

基于教学内容的探究式教学资源分类表

	必修课化学概念原理的探究学习	必修课元素、化合物知识的探究学习	选修课化学概念原理的探究学习	选修课元素、化合物知识的探究学习	与化学相关的研究性学习	资源总数
资源个数	27	51	90	87	38	293
百分比	9%	17%	31%	30%	13%	100%

从数据中我们可以直接看出，必修课化学概念原理的探究式教学资源有 27 例，占总数的 9%；必修课元素、化合物知识的探究式教学资源有 51 例，约占总数的 17%；选修课化学概念原理的探究式教学资源有 90 例，约为总数的 31%；选修课元素、化合物知识的探究式学习资源有 87 例，约为总数的 30%；与化学相关的研究性学习资源有 38 例，占总数的 13%。

（二）基于化学问题的探究式教学资源分类

“学起于思，思源于疑。”探究式教学强调由问题开始，通过创设问题情境，激发学生的求知欲望，从而打开学生思维的闸门，进而解决问题。问题实际上就是思维的向导，通过恰当的问题才能更好地发挥探究式教学的作用，使学生得到真正的发展。具体到化学探究式教学中，我们需要关注化学探究式教学中的问题类型，从而进一步对现有的探究式教学资源进行分析。

我们对教材中的探究式教学问题进行了分类，将其中的探究式教学资源划分为探究物质性质的活动、探究物质分离与检验的活动、探究物质变化规律的活动、探究物质制备与合成的活动、探究物质组成与结构的活动。统计得到数据及图示如下表所示。

基于化学问题的探究式教学资源分类表

	个案总数	百分比
探究物质性质的活动	116	40%
探究物质分离与检验的活动	49	17%
探究物质变化规律的活动	70	24%
探究物质制备与合成的活动	36	12%
探究物质组成与结构的活动	22	8%
资源总数	293	100%

数据整理后，我们发现：探究物质性质的活动有 116 例，约占 40%；探究物质分离与检验的活动有 49 例，占 17%；探究物质变化规律的活动有 70 例，占 24%；探究物质制备与合成的活动有 36 例，占 12%；探究物质组成与结构的活动有 22 例，占 8%。

（三）基于教学实施的探究式教学资源分类

教学实施是实现教学目标的中心阶段，教学实施策略的选择要符合教学内容、教学目标的要求和教学对象的特点，同时还要考虑在特定的教学环境中实施的必要性和可行性。这包括积极学习心态的维持策略、教学内容的传输加工策略、有效的认知指导与干预策略和课堂秩序管理策略等。

我们也关注了探究式教学资源的教学实施方式，并对其进行了分类分析，具体如下表所示。

基于教学实施的探究式教学资源分类表

	案例个数	百分比
课堂内的局部探究活动	224	76%
课堂内的完整探究活动	59	20%
课外的局部探究活动	6	2%
课外的完整探究活动	4	1%
资源总数	293	100%

通过数据分析，我们发现：课堂内的局部探究类型的活动有 224 例，占总数的 76%；课堂内的完整探究类型的活动有 59 例，占 20%；课外的局部探究类型的活动有 6 例，课外的完整探究类型的活动有 4 例，课外的探究式教学资源不到 4%。

（四）基于思维发展功能的探究式教学资源分类

创新人才一般都具有创新思维和创新能力两个特质，两者相辅相成，缺一不可。现代心理学表明，每个人，包括儿童，都具有创造潜能，问题的关键在于如何开发出这种潜能。长期的应试教育在某种程度上限制了对学生创造性思维的开发，导致创新型人才缺乏，这也对我们在中学阶段的教育中如何激发学生的创新意识、培养创造力提出了要求。

我们对教材中具备思维发展功能的探究式教学资源进行了整理和分类，希望发现教材中探究式教学资源在促进学生高级思维方面的重点、特点和欠缺，得到如下表所示的结果。

基于思维发展功能的探究式教学资源分类表

	个案汇总	百分数
侧重发现问题与假设预测的探究活动	12	4%
侧重实验方案设计的探究活动	53	18%
侧重解释推论与概括结论的探究活动	140	48%
侧重质疑与批判的探究活动	3	1%
侧重协作交流的探究活动	13	4%
侧重认识科学本质与培养创造情意的探究活动	72	25%
探究式教学资源总量	293	100%

从数据中我们发现，侧重发现问题与假设预测的探究活动 12 例，占 4%；侧重实验方案设计的探究活动 53 例，占 18%；侧重解释推论与概括结论的探究活动 140 例，约占 48%；侧重质疑与批判的探究活动 3 例，仅占 1%；侧重协作交流的探究活动 13 例，约占 4%；侧重认识科学本质与培养创造情意的探究活动 72 例，约占 25%。

（五）不同模块教材中的探究式教学资源思维发展功能分类

高中化学课程由必修和选修组成，模块化的教材编排将课程内容设计为螺旋上升的不同阶段。教师在实际教学过程中必须深刻理解课程标准和教材内容的要求，充分考虑学生的能力发展水平，有计划、分阶段地培养学生的探究能力，提高学生的思维发展水平。因此在选择探究式教学资源内容上也应该考虑不同年级的学生的能力基础和学习特点，我们也对不同教材模块中的探究式教学资源分布进行了分析，得到了不同模块的探究式教学资源的思维发展功能分布情况，具体见下表。

不同模块教材中探究式教学资源思维发展功能数量分布表

	侧重发现问题与假设预测的探究活动	侧重实验方案设计的探究活动	侧重解释推论与概括结论的探究活动	侧重质疑与批判的探究活动	侧重协作与交流的探究活动	侧重认识科学本质与培养创造情意的探究活动	总数
必修 1	3	11	22	0	3	3	42
必修 2	2	4	25	0	2	2	35
选修 1	2	7	16	0	2	14	41
选修 2	1	1	9	3	1	14	29
选修 3	0	0	11	0	1	1	13
选修 4	0	8	29	0	0	4	41
选修 5	4	6	16	0	2	2	30
选修 6	0	16	12	0	2	32	62

化学必修 1 中，侧重发现问题与假设预测、侧重协作与交流以及侧重认识科学本质与培养创造情意的探究式教学资源各有 3 例，均占总量的 7%；侧重实验方案设计的探究式教学资源为 11 例，占 26%；侧重解释推论与概括结论的探究式教学资源为 22 例，占 52%；没有侧重质疑与批判的探究式教学资源。

化学必修 2 中，侧重发现问题与假设预测、侧重协作与交流以及侧重认识科学本质与培养创造情意的探究式教学资源各有 2 例，均占总量的 6%；侧重实验方案设计的探究式教学资源为 4 例，占 11%；侧重解释推论与概括结论的探究式教学资源为 25 例，占 71%；没有侧重质疑与批判的探究式教学资源。

选修 1 中，侧重发现问题与假设预测和侧重协作与交流的探究式教学资源各为 2 例，均占 5%；侧重实验方案设计的探究式教学资源有 7 例，占 17%；侧重解释推论与概括结论的探究式教学资源为 16 例，占 39%；侧重认识科学本质与培养创造情意的探究式教学资源为 14 例，约占 34%；同样没有侧重质疑与批判的探究式教学资源。

选修 2 中，侧重发现问题与假设预测、侧重实验方案设计以及侧重协作与交流的探究式教学资源各有 1 例，都仅占总量的 3%；侧重解释推论与概括结论的探究式教学资源为 9 例，占 31%；侧重质疑与批判的探究式教学资源为 3 例，占 10%；侧重认识科学本质与培养创造情意的探究式教学资源为 14 例，约占 48%。

选修 3 中，侧重协作与交流以及侧重认识科学本质与培养创造情意的探究式教学资源各有 1 例，均占 8%；剩下的均为侧重解释推论与概括结论的探究式教学资源，共有 11 例，占总数的 85%；侧重发现问题与假设预测、侧重实验方案设计以及侧重质疑与批判的探究式教学资源均没有。

选修 4 中，侧重实验方案设计的探究式教学资源有 8 例，占 20%；侧重解释推论与概括结论的探究式教学资源为 29 例，占 71%；侧重认识科学本质与培养创造情意的探究式教学资源为 4 例，占总量的 10%；侧重发现问题与假设预测、侧重质疑与批判以及侧重协作与交流的探究式教学资源均没有。

选修 5 中，侧重发现问题与假设预测的探究式教学资源有 4 例，占 13%；侧重实验方案设计的探究式教学资源为 6 例，占 20%；侧重解释推论与概括结论的探究式教学资源为 16 例，占 53%；侧重协作与交流及侧重认识科学本质与培养学生创造情意的探究式教学资源均为 2 例，各占 7%；没有侧重质疑与批判的探究式教学资源。

选修 6 中，侧重实验方案设计的探究式教学资源为 16 例，占 26%；侧重解释推论与概括结论的探究式教学资源为 12 例，占 19%；侧重协作与交流的探究式教学资源为 2 例，约占 3%；侧重认识科学本质与培养创造情意的探究式教学资源有 32 例，占 52%；没有侧重发现问题与假设预测以及侧重质疑与批判的探究教学资源。

整体来看，必修模块中基本涵盖了各类型的促进学生思维发展的探究教学资源，选修模块则在促进思维发展的功能上有所侧重，其中侧重质疑与批判的探究式教学资源则只在选修 2 中有所体现。

三、对基于思维发展的探究式教学资源的深入分析

为了能深入地了解基于思维发展的探究式教学资源在现有教材中的具体分布，我们对基于思维发展的探究式教学资源在教材模块和化学问题类型中的分布进行了交叉分析，这也可以加深我们对促进学生思维发展的探究式教学资源的认识，为探究式教学资源的使用以及后续的开发设计提供指导。我们使用 SPSS 进行交叉分析，得到了下图所示的资源具体分布图（空白处为 0）。

基于思维发展的探究式教学资源与教材模块和化学问题类型关系图

探究活动的思维发展功能分类			探究式活动的化学问题分类					
			探究物质性质的活动	探究物质分离与检验的活动	探究物质变化规律的活动	探究物质制备与合成的活动	探究物质组成与结构的活动	Total
侧重发现问题与假设预测的探究活动	教材序号	化学必修 1	3		0			3
		化学必修 2	2		0			2
		化学选修 1	2		0			2
		化学选修 2	1		0			1
		化学选修 5	3		1			4
	Total		11		1			12
侧重实验方案设计的探究活动	教材序号	化学必修 1	9	0	2	0	0	11
		化学必修 2	1	0	3	0	0	4
		化学选修 1	1	2	1	0	3	7
		化学选修 2	1	0	0	0	0	1
		化学选修 4	0	0	5	0	3	8
		化学选修 5	1	3	2	0	0	6
		化学选修 6	7	7	0	2	0	16
	Total		20	12	13	2	6	53
侧重解释推论与概括结论的探究活动	教材序号	化学必修 1	20	0	2	0	0	22
		化学必修 2	12	1	12	0	0	25
		化学选修 1	10	2	1	2	1	16
		化学选修 2	2	2	2	3	0	9
		化学选修 3	3	0	4	1	3	11
		化学选修 4	2	1	26	0	0	29
		化学选修 5	11	0	2	1	2	16
		化学选修 6	2	3	7	0	0	12
	Total		62	9	56	7	6	140
侧重质疑与批判的探究活动	教材序号	化学选修 2	1		1	1		3
	Total		1		1	1		3

（续表）

探究活动的思维发展功能分类			探究式活动的化学问题分类					
			探究物质性质的活动	探究物质分离与检验的活动	探究物质变化规律的活动	探究物质制备与合成的活动	探究物质组成与结构的活动	Total
侧重协作与交流的探究活动	教材序号	化学必修 1	0	0	1	0	2	3
		化学必修 2	0	0	0	0	2	2
		化学选修 1	0	2	0	0	0	2
		化学选修 2	0	0	0	1	0	1
		化学选修 3	0	0	0	0	1	1
		化学选修 5	2	0	0	0	0	2
		化学选修 6	0	0	2	0	0	2
	Total		2	2	3	1	5	13
侧重认识科学本质与培养创造情意的探究活动	教材序号	化学必修 1	1	1	0	1	0	3
		化学必修 2	1	0	0	1	0	2
		化学选修 1	6	3	0	3	2	14
		化学选修 2	1	2	0	10	1	14
		化学选修 3	0	0	0	0	1	1
		化学选修 4	2	1	1	0	0	4
		化学选修 5	0	2	0	0	0	2
		化学选修 6	3	16	2	10	1	32
	Total		14	25	3	25	5	72

（一）侧重发现问题与假设预测能力的探究式教学资源分析

一切科学探究都起源于生活。在生活中“发现并提出问题”，做出合理的“猜想和假设”是学生高级思维能力的一种体现。化学学科是一门实验科学，在很多地方都对学生“发现问题与假设预测”能力有着较高的要求，特别是在化学学科后续有机化学合成的研究中，这种能力显得尤为重要。那么在中学教材中促进学生发现问题与假设预测能力的探究式教学资源究竟是如何分布的，和哪些类型的“化学问题”活动存在联系，我们通过 SPSS 交叉链表进行了分析，得到表 1、表 2。

表 1　侧重发现问题与假设预测能力的探究式教学资源的教材分布

	必修 1	必修 2	选修 1	选修 2	选修 3	选修 4	选修 5	选修 6	资源总数
案例个数	3	2	2	1	0	0	4	0	12
百分比	25%	17%	17%	8%	0	0	33%	0	100%

表 2　侧重发现问题与假设预测能力的探究式教学资源的化学问题分布

	探究物质性质的活动	探究物质分离与检验的活动	探究物质变化规律的活动	探究物质制备与合成的活动	探究物质组成与结构的活动	资源总数
案例个数	11	0	1	0	0	12
百分比	92%	0	8%	0	0	100%

通过分析数据我们发现：促进学生发现问题与假设预测能力的探究式教学资源共有 12 例，在必修 1 中含有 3 例，占 25%；在必修 2、选修 1 中各含有 2 例，均占 17%；在选修 2 中含有 1 例，占 8%；在选修 5 中含有 4 例，占 33%；选修 3、4 中没有出现该类资源，而且这些教学资源几乎全是以探究物质性质类活动呈现的。

同时我们还进一步考查了发现问题与假设预测能力类型的探究式教学资源在各化学教材中与具体“化学问题”类型之间的关联，具体见下表，并选择了一例具有代表性资源案例进行分析。

侧重发现问题与假设预测能力的探究式教学资源在教材中的化学问题分类表

	探究物质性质的活动	探究物质分离与检验的活动	探究物质变化规律的活动	探究物质制备与合成的活动	探究物质组成与结构的活动	资源总数
必修 1	3	0	0	0	0	3
必修 2	2	0	0	0	0	2
选修 1	2	0	0	0	0	2
选修 2	1	0	0	0	0	1
选修 3	0	0	0	0	0	0
选修 4	0	0	0	0	0	0
选修 5	3	0	1	0	0	4
选修 6	0	0	0	0	0	0
资源总数	11	0	1	0	0	12

从上表中可以很明显发现，教材中促进学生发现问题与假设预测的探究式教学资源在除选修 3、4、6 之外的所有模块中均有所体现，在必修模块和选修模块中分布均衡，主要是以“探究物质性质”这类化学问题形式呈现的，只有一例在选修 5 中以“探究物质变化规律”问题的形式呈现。

我们认为发现问题与假设预测能力应该在各种类型的化学问题中都有所体现，在每一种化学问题中学生发现问题和假设预测的思维方法也各不相同，有些需要进行假设创造，有一些可能会用到系统假设。因此教材应该完善各类“化学问题”中侧重培养学生发现问题与假设预测能力的探究式教学，使学生能得到更全面、深层次的发展。

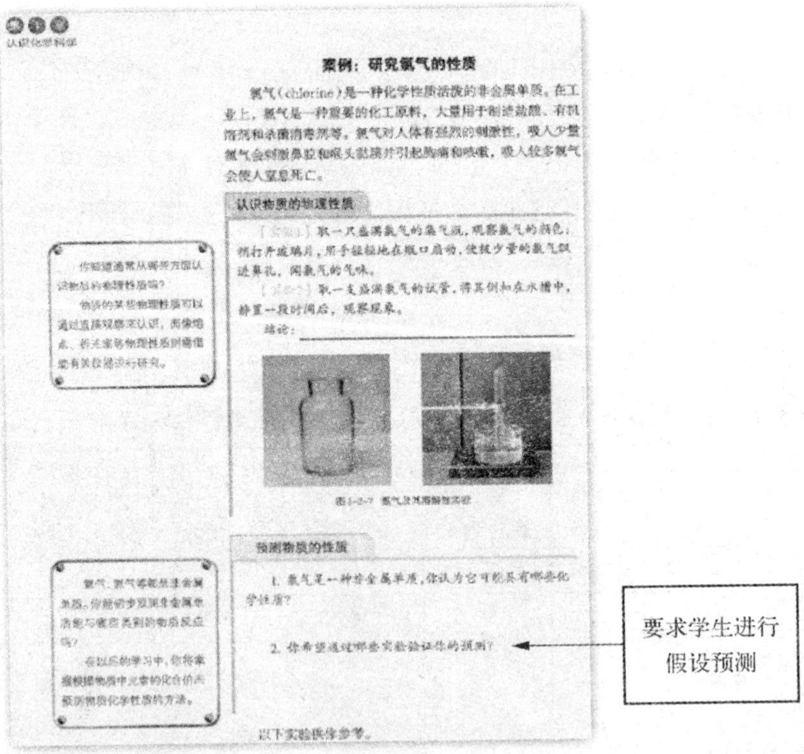
案例：研究氯气的性质

氯气（chlorine）是一种化学性质活泼的非金属单质。在工业上，氯气是一种重要的化工原料，大量用于制造盐酸、有机溶剂和杀菌消毒剂等。氯气对人体有强烈的刺激性，吸入少量氯气会刺激鼻腔和喉头黏膜并引起胸痛和咳嗽，吸入较多氯气会使人窒息死亡。

认识物质的物理性质

【实验1】取一只盛满氯气的集气瓶，观察氯气的颜色；然后打开玻璃片，用手轻轻地在瓶口扇动，使极少量的氯气飘进鼻孔，闻氯气的气味。

【实验2】取一支盛满氯气的试管，将其倒扣在水槽中，静置一段时间后，观察现象。

结论：

图1-2-7 氯气及其溶解性实验

预测物质的性质

1. 氯气是一种非金属单质，你认为它可能具有哪些化学性质？

2. 你希望通过哪些实验验证你的预测？

以下实验供你参考。

鲁科版教材有关“研究氯气的性质”的内容（1）

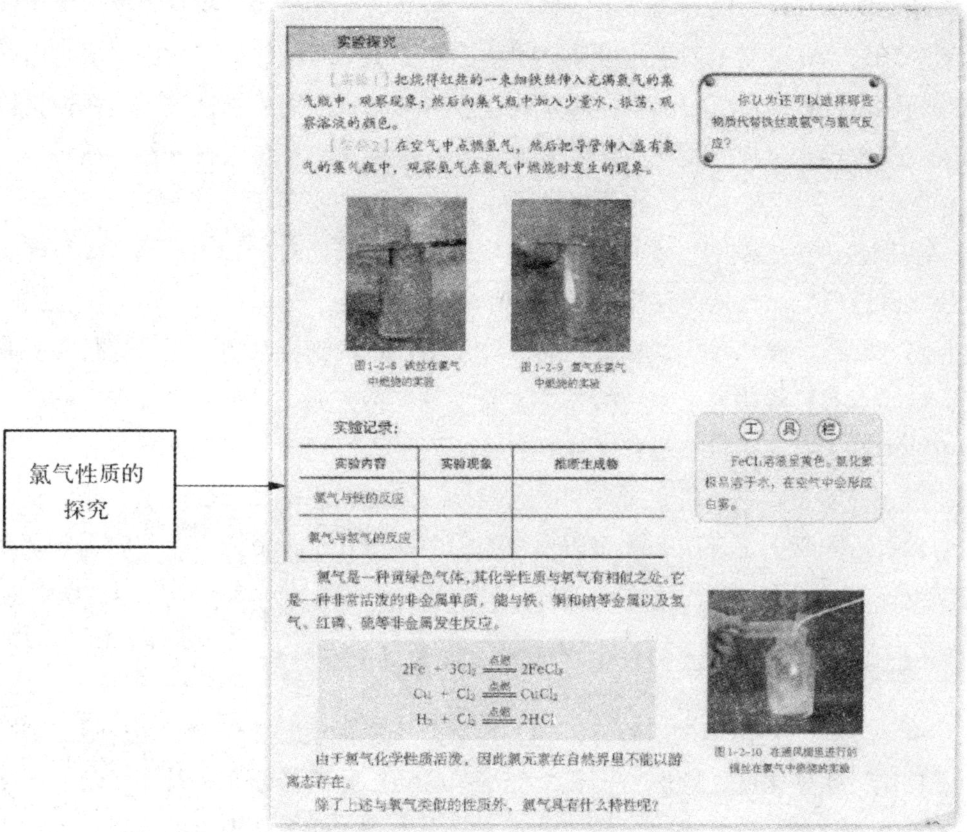

实验探究

【实验1】把烧得红热的一束细铁丝伸入充满氯气的集气瓶中，观察现象；然后向集气瓶中加入少量水，振荡，观察溶液的颜色。

【实验2】在空气中点燃氢气，然后把导管伸入盛有氯气的集气瓶中，观察氢气在氯气中燃烧时发生的现象。

你认为还可以选择哪些物质代替铁丝或氢气与氯气反应？

图1-2-8 铁丝在氯气中燃烧的实验

图1-2-9 氢气在氯气中燃烧的实验

实验记录：

实验内容	实验现象	推断生成物
氯气与铁的反应		
氯气与氢气的反应		

工具栏

$FeCl_3$溶液呈黄色。氯化氢极易溶于水，在空气中会形成白雾。

氯气是一种黄绿色气体，其化学性质与氧气有相似之处。它是一种非常活泼的非金属单质，能与铁、铜和钠等金属以及氢气、红磷、硫等非金属发生反应。

$$2Fe + 3Cl_2 \xlongequal{点燃} 2FeCl_3$$
$$Cu + Cl_2 \xlongequal{点燃} CuCl_2$$
$$H_2 + Cl_2 \xlongequal{点燃} 2HCl$$

图1-2-10 在通风橱里进行的铜丝在氯气中燃烧的实验

由于氯气化学性质活泼，因此氯元素在自然界里不能以游离态存在。

除了上述与氧气类似的性质外，氯气具有什么特性呢？

鲁科版教材有关“研究氯气的性质”的内容（2）

上图所示是鲁科版高中化学必修1第一章“认识化学科学”第二节“研究物质性质的方法和程序”里的内容，是一个完整的探究式教学案例设计。案例围绕着氯气的物理、化学两方面性质的研究来展开，属于必修课元素化合物知识的探究，我们在化学活动分类上将其归为探究物质性质的活动。

实际上把该案例放在第一章，主要还是以培养学生认识物质性质为主，也兼顾了对氯气性质的了解认识。教师在实施过程中要注意对学生的引导，让学生体会科学探究的方法，了解思考问题的角度，明白如何合理地进行假设预测，怎样寻找支持的论据。只有这样，才能发挥出该探究式教学资源的真正价值。

该案例主要包括两个方面的问题：（1）认识氯气的物理性质；（2）预测并验证氯气的化学性质。第一个问题通过闻和看就可以解决，主要让学生熟悉认识物质物理性质的基本方法。第二个问题是探究氯气的化学性质。教材先提示学生从熟悉的氧气等非金属单质的角度来初步预测非金属单质的性质，并进一步指出在以后的学习过程中可以根据物质元素的化合价预测物质的化学性质，然后教材给出氯气与铁丝和氢气的反应让学生完成实验，根据实验现象进行分析，最后得出结论。

我们认为该案例的亮点在于让学生事先根据自己已有的知识预测氯气可能具有的化学性质。虽然这是课堂教学过程中的一个小环节，但恰恰是当前探究式教学容易忽略的。要求学生做出合理的假设预测，并根据自己的预测来进行实验验证，这是真实科学研究过程中的一个重要环节。事实上在科学研究过程中得到一个正确的结果甚至比这个过程本身更重要，而怎样合理地提出假设预测并进行验证在很大程度上影响了研究过程和研究结果。因此在思维发展功能上，我们将它归为侧重培养学生发现问题和假设预测能力的探究式教学资源，希望能引起教师对学生该部分能力培养的重视。

（二）侧重实验方案设计能力的探究式教学资源分析

化学学科具有鲜明的实践性，它的重要研究手段就是化学实验，通过实验去验证理论，探索未知，这既符合化学的学科特点，也符合学生进行化学学习的认知特点，是化学教学实施素质教育的基本手段。现代化学研究中非常重视实验方案的设计能力，并且大量引入了计算机辅助手段进行化学实验设计。在中学阶段，我们也同样非常关注学生实验方案设计能力的培养，学生在实验方案设计过程需要运用到假设检验、变量控制等高级思维要素，这对培养学生的高级思维能力具有促进作用。新课程对学生自主进行探究实验的要求也越来越高，这要求我们对探究式教学促进学生实验方案设计能力的作用引起足够的重视。

实际上，学生在进行实验方案的设计时，需要对化学实验有一个整体的思考，从提出假设、进行验证、控制实验中的影响因素等各个方面进行系统思考，并在最后对其进行优化。而这个过程本身就是一个创造性的过程。因此我们非常关注教材中促进学生实验方案设计能力的探究式教学资源在教材模块和化学问题类型中的分布情况，并做了仔细的分析，具体见下表。

表 1　侧重实验方案设计能力的探究式教学资源的教材分布

	必修 1	必修 2	选修 1	选修 2	选修 3	选修 4	选修 5	选修 6	资源总数
案例个数	11	4	7	1	0	8	6	16	53
百分数	21%	8%	13%	2%	0	15%	11%	30%	100%

表 2　侧重实验方案设计能力的探究式教学资源的化学问题类型分布

	探究物质性质的活动	探究物质分离与检验的活动	探究物质变化规律的活动	探究物质制备与合成的活动	探究物质组成与结构的活动	资源总数
案例个数	20	12	13	2	6	53
百分数	38%	23%	24%	4%	11%	100%

通过数据分析，我们发现：侧重实验方案设计能力的探究式教学资源总量为 53 例，在必修 1 中有 11 例，占 21%；在必修 2 中有 4 例，约占 8%；在选修 1 中含有 7 例，占 13%；在选修 2 中含有 1 例，约占 2%；在选修 4 中含有 8 例，占 15%；在选修 5 中含有 6 例，占 11%；选修 6 中有 16 例，占 30%；而选修 3 中没有该类资源。其中探究物质性质的活动有 20 例，占 38%；探究物质分离与检验的活动有 12 例，占 23%；探究物质变化规律的活动有 13 例，占 24%；探究物质制备与合成的活动 2 例，占 4%；探究物质组成与结构的活动 6 例，占 11%。

同样我们也用二维交叉表分析了侧重实验方案设计能力的探究式教学资源在教材中的化学问题类型分类，如下表所示。

侧重实验方案设计能力的探究式教学资源在教材中的化学问题分类表

	探究物质性质的活动	探究物质分离与检验的活动	探究物质变化规律的活动	探究物质制备与合成的活动	探究物质组成与结构的活动	资源总数
必修 1	9	0	2	0	0	11
必修 2	1	0	3	0	0	4
选修 1	1	2	1	0	3	7
选修 2	1	0	0	0	0	1
选修 3	0	0	0	0	0	0
选修 4	0	0	5	0	3	8
选修 5	1	3	2	0	0	6
选修 6	7	7	0	2	0	16
资源总数	20	12	13	2	6	53

我们发现侧重实验方案设计能力的探究式教学资源在必修教材和选修教材中约为1∶3，主要集中在选修6，在选修3中存在缺失，同时探究物质制备与合成类型的该类资源也较少。

实验方案设计对学生的综合能力水平要求较高，因此在教材中应该进行梯度设计，由易到难，由少到多，这点在现有教材中处理得比较好。而且我们认为侧重实验方案设计能力的探究活动在物质制备与合成类型的探究活动中应该有更多的体现，因为它在物质制备与合成过程中发挥着非常重要的作用，教师可以在这方面适当补充。

课题 1　盐的精制

盐类物质在生产、生活中具有重要的作用。例如，食盐不仅是人们必备的调味品，而且是化工、医药等工业的原料；硝酸钾既可用做钾肥，也可用于烟花、陶瓷等的制造。

盐在使用前，常常需要精制。对可溶性盐来说，如果混有的杂质是难溶的，可将盐配成溶液，过滤除去杂质。初中化学中的粗食盐提纯实验使用的就是这种方法。那么，如果混有的杂质是可溶的，又该用什么方法将它们除去呢？

活动1　粗食盐水的精制

活动背景

氯碱工业通过电解饱和食盐水制得烧碱、氢气和氯气，进而生产出一系列产品。氯碱工业的主要原料——粗食盐来源于海盐、湖盐、井盐或岩盐，主要成分是氯化钠，其中夹杂有泥沙等不溶性杂质和可溶性钙盐、镁盐等。在氯碱工业中，粗食盐所含杂质会降低电解槽隔膜的使用寿命，增加产品的能耗，还会带来安全隐患。因此，氯碱生产的第一步是除去粗食盐水中的杂质。

图1-1-1　海水晒制的粗食盐中含有多种杂质

活动任务

除去粗食盐水中的不溶性杂质，以及Ca^{2+}、Mg^{2+}、Fe^{3+}、SO_4^{2-}等杂质离子，得到精制食盐水。

你将会有哪些收获

- 学会用化学沉淀法纯化粗食盐水，了解氯碱生产中粗食盐水精制的方法；
- 体会在用化学沉淀法除去杂质的过程中，试剂的滴加顺序对纯化效果的影响；
- 学会设计用化学沉淀法进行物质分离的实验方案，掌握有关的基本操作。

3

鲁科版教材选修6的探究内容——盐的精制（1）

Chemistry 主题1 物质的分离

设计实验方案

在进行溶液的纯化时，选择合适的试剂将溶液中的杂质离子转化为沉淀除去，这种方法叫做**化学沉淀法**（chemical precipitation method）。

请你分析粗食盐水的组成和杂质的类型，参考以下流程设计实验方案。

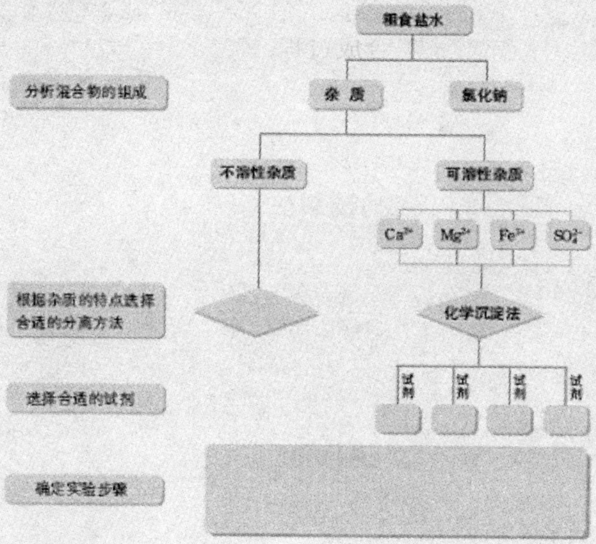

实施实验方案

请实施你的实验方案，做好实验记录。将纯化后的溶液倒入指定的容器中，供以后实验使用。

实验记录

实验步骤	实验现象	实验结果

4

鲁科版教材选修6的探究内容——盐的精制（2）

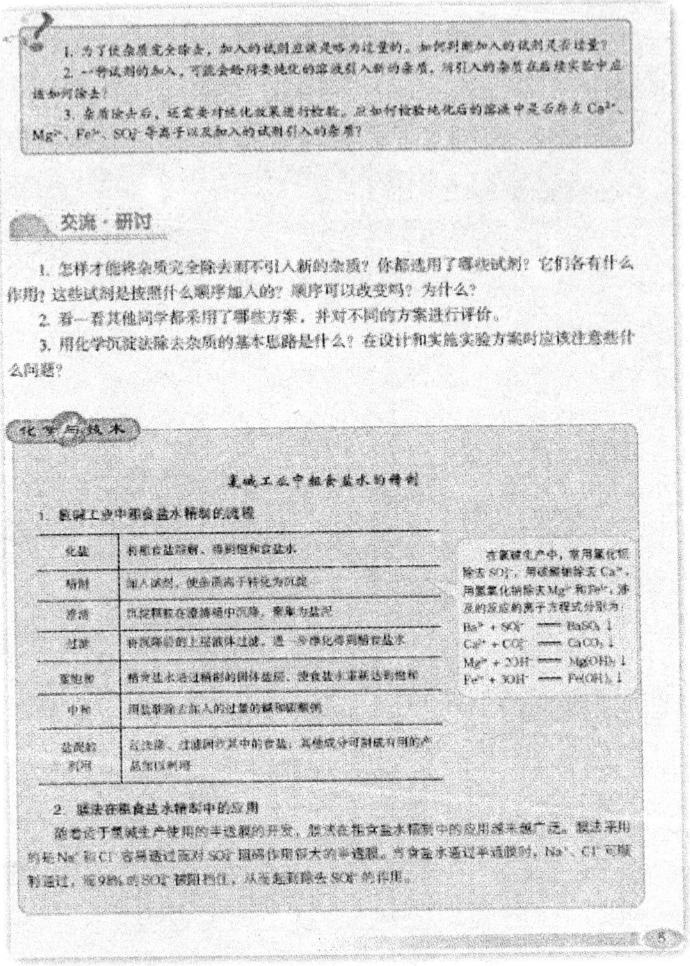

1. 为了使杂质完全除去，加入的试剂应该是略为过量的。如何判断加入的试剂是否过量？

2. 一些试剂的加入，可能会给所要纯化的溶液引入新的杂质，对引入的杂质在后续实验中应该如何除去？

3. 杂质除去后，还需要对纯化效果进行检验。应如何检验纯化后的溶液中是否存在 Ca^{2+}、Mg^{2+}、Fe^{3+}、SO_4^{2-} 等离子以及加入的试剂引入的杂质？

交流·研讨

1. 怎样才能将杂质完全除去而不引入新的杂质？你都选用了哪些试剂？它们各有什么作用？这些试剂是按照什么顺序加入的？顺序可以改变吗？为什么？

2. 看一看其他同学都采用了哪些方案，并对不同的方案进行评价。

3. 用化学沉淀法除去杂质的基本思路是什么？在设计和实施实验方案时应该注意些什么问题？

化学与技术

氯碱工业中粗食盐水的精制

1. 氯碱工业中粗食盐水精制的流程

化盐	将粗食盐溶解，得到饱和食盐水
精制	加入试剂，使杂质离子转化为沉淀
澄清	沉淀颗粒在澄清桶中沉降，底渣为盐泥
过滤	将沉降后的上层液体过滤，进一步净化得到精食盐水
重饱和	精食盐水流过精制的固体盐层，使食盐水重新达到饱和
中和	用盐酸除去加入的过量的碱和碳酸钠
盐泥的利用	经洗涤、过滤回收其中的食盐，其他成分可制成有用的产品加以利用

在氯碱生产中，常用氯化钡除去 SO_4^{2-}，用碳酸钠除去 Ca^{2+}，用氢氧化钠除去 Mg^{2+} 和 Fe^{3+}，涉及的反应的离子方程式分别为：

$Ba^{2+} + SO_4^{2-} = BaSO_4\downarrow$

$Ca^{2+} + CO_3^{2-} = CaCO_3\downarrow$

$Mg^{2+} + 2OH^- = Mg(OH)_2\downarrow$

$Fe^{3+} + 3OH^- = Fe(OH)_3\downarrow$

2. 膜法在粗食盐水精制中的应用

随着适于氯碱生产使用的半透膜的开发，膜法在粗食盐水精制中的应用越来越广泛。膜法采用的是 Na^+ 和 Cl^- 容易通过而对 SO_4^{2-} 阻碍作用很大的半透膜。当食盐水通过半透膜时，Na^+、Cl^- 可顺利通过，近98%的 SO_4^{2-} 被阻挡住，从而起到除去 SO_4^{2-} 的作用。

5

鲁科版教材选修 6 的探究内容——盐的精制（3）

上图所示的内容属于鲁科版选修 6 主题 1 “物质的分离”的第一个课题。主要是教给学生探究物质分离检验的基本方法，属于选修课化学的概念原理的学习，也是探究物质分离检验的活动。该内容涵盖了探究式教学的所有基本要素，属于课堂内的完整探究活动，这也是该案例的一大亮点。

该案例完整地包括了科学探究的基本环节：（1）介绍活动背景，并阐述活动任务，以“你将会有哪些收获”提示了活动中的注意事项；（2）引导学生设计实验方案，并介绍在设计物质分离类型的实验方案的时候应当注意的一些细节；（3）实施实验方案，并引导学生思考实验过程中可能遇到的相关问题；（4）引导学生交流研讨、总结物质分离的基本方法和注意事项，并对不同的实验方案进行评价。在内容设计方面，该内容对学生的综合能力要求较高，要求学生在整体分析的基础上设计实验方案进行研究，我们认为这属于促进学生实验方案设计能力的探究式教学资源。同时该内容还认识到学生形成归纳总结能力的重要性，让学生思考在实验方案设计过程中需要关注到哪些环节，这有利于学生高级思维能力的发展。

在具体实施环节中，教师应该注意对学生进行适当引导，因为学生在前面的学习中经历的完整探究活动较少。同时教师要为学生提供交流、思考的机会，注意明确问题的指向，并适当增加问题的深广度，促使学生在解决问题的过程中发展高级思维能力。

（三）侧重解释推论与概括结论能力的探究式教学资源分析

解释推论与概括结论能力是学生逻辑思维能力的体现，我们认为具备解释推论与概括结论的能力是学生进行创造性活动的基础，因此我们也非常关注侧重学生解释推论与概括结论能力的探究式教学资源在教学模块以及化学问题类型中的具体分布。我们对教材分析后得到下表。

表 1　侧重解释推论与概括结论能力的探究式教学资源的教学模块分布

	必修 1	必修 2	选修 1	选修 2	选修 3	选修 4	选修 5	选修 6	资源总数
案例个数	22	25	16	9	11	29	16	12	140
百分比	16%	18%	11%	6%	8%	21%	11%	9%	100%

表 2　侧重解释推论与概括结论能力的探究式教学资源的化学问题类型分布

	探究物质性质的活动	探究物质分离与检验的活动	探究物质变化规律的活动	探究物质制备与合成的活动	探究物质组成与结构的活动	资源总数
案例个数	62	9	56	7	6	140
百分比	44%	6%	40%	5%	4%	100%

通过数据分析，我们发现：侧重学生解释推论与概括结论能力的探究式教学资源总量为140例，在必修1中有22例，占16%；在必修2中有25例，占18%；在选修1中含有16例，占11%；在选修2中含有9例，约占6%；在选修3中含有11例，占8%；在选修4中含有29例，占21%；在选修5中含有16例，占11%；在选修6中含有12例，占9%。总体分布比较均匀。其中探究物质性质的活动有62例，占44%；探究物质分离与检验的活动有9例，占6%；探究物质变化规律的活动56例，占40%；探究物质制备与合成的活动7例，占5%；探究物质组成与结构的活动6例，占4%。该探究式教学资源主要集中在探究物质性质和探究物质变化规律这两种类型的活动中。

同样我们也用二维交叉表分析了解释推论与概括结论能力的探究式教学资源在教材中的化学问题类型分类，如下表所示。

侧重解释推论与概括结论能力的探究式教学资源在教材中的化学问题分类表

	探究物质性质的活动	探究物质分离与检验的活动	探究物质变化规律的活动	探究物质制备与合成的活动	探究物质组成与结构的活动	资源总数
必修1	20	0	2	0	0	22
必修2	12	1	12	0	0	25
选修1	10	2	1	2	1	16
选修2	2	2	2	3	0	9
选修3	3	0	4	1	3	11
选修4	2	1	26	0	0	29
选修5	11	0	2	1	2	16
选修6	2	3	7	0	0	12
资源总数	62	9	56	7	6	140

我们发现侧重解释推论与概括结论的探究式教学资源在各模块教材中的分布比较合理，在必修1中的化学问题类型主要以探究物质性质类型呈现，而在必修2中则开始大量出现了对物质变化规律类化学问题的探究，可以说教材的梯度设置比较合理。同时，侧重学生解释推论与概括结论能力的探究式教学资源主要集中在必修1、2和选修4中，以探究物质性质和物质变化规律这两种问题形式呈现，我们认为其中存在着某些联系。

科学探究　淀粉的水解

- 葡萄糖能发生银镜反应
- 淀粉遇碘变成蓝色
- 可以采用对照实验的方法

建议你自己设计实验方案，试验淀粉能不能水解，水解的条件和产物是什么，怎样判断淀粉是否水解了。以下方法可供参考。

1. 在试管 1 中加入 0.5 g 淀粉和 4 mL 水，在试管 2 中加入 0.5 g 淀粉和 4 mL 20% 的 H_2SO_4 溶液。加热试管 3～4 min。

2. 用碱液中和试管 2 中的 H_2SO_4 溶液，把一部分溶液倒入试管 3 中。

3. 向试管 1 和试管 2 中加入几滴碘溶液，观察现象。

4. 向试管 3 中加入新制的银氨溶液，稍加热，观察现象并完成下表。

	试管 1	试管 2	试管 3
实验现象			
结　论			
化学方程式			

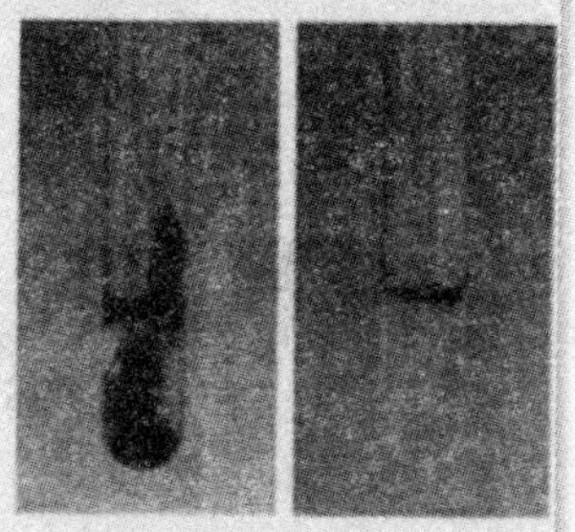

图 1-5　向盛有淀粉和水的试管中加入碘水（左）；向淀粉水解后的试管中加入碘水（右）

人教版高中化学选修 1 中有关“淀粉的水解”的内容

上图中的探究活动是人教版高中化学选修 1 第一章第一节的内容。该内容属于选修课元素化合物知识的探究，从化学活动的角度来看，属于物质分离与检验的活动。该内容主要介绍了淀粉的基本性质，并通过科学探究、实践活动、思考交流等一系列活动培养学生解释推论和概括结论的能力，同时也加深了学生对淀粉性质的理解，因此我们也将该资源归属于侧重解释推论和概括结论的探究式教学资源。不过教材中的推导概括大多是基于实验现象的简单综合、归纳，缺乏更多的高级思维要素的体现，这点需要教师在教学实践中注意。

该内容主要包括四个方面的内容：（1）介绍淀粉的消化过程；（2）设计实验方案探究淀粉的水解；（3）进行实践活动，用瓜果制备少量淀粉并试验它的性质；（4）思考自然界中的能量变化。该探究活动在学生已经了解了淀粉基本消化过程的基础上指导学生完成实验方案表格，验证淀粉的化学性质，并在后续的实践活动与思考交流中加深学生对淀粉性质的理解，可以说内容设计得非常紧凑，环环相扣。

在具体的实施环节，教师要注意指导学生掌握物质分离与检验的基本方法，加深对淀粉性质的认识。同时，教师在后续的实践活动与思考交流环节要引导学生进行交流讨论，培养学生推导概括结论的能力。这样才能达到该探究式教学活动的目的。

（四）侧重质疑与批判能力的探究式教学资源分析

质疑与批判包含两个方面的意思：其一，是敢于怀疑权威，并勇于向他们发起挑战的精神；其二，是善于发现问题的能力。质疑与批判能力是优秀人才特别是创造性人才不可缺少的素质，质疑与批判能力也是创新能力的一个重要组成部分，而该部分能力在传统应试教育中未能受到足够的重视，因此对学生质疑与批判能力的培养一直是众多教育家关注的研究热点。

我们也非常关注侧重学生质疑与批判能力的探究式教学资源在教学模块以及化学问题类型中的具体分布，通过分析得到下表。

表 1　侧重质疑与批判能力的探究式教学资源的教学模块分布

	必修 1	必修 2	选修 1	选修 2	选修 3	选修 4	选修 5	选修 6	资源总数
案例个数	0	0	0	3	0	0	0	0	3
百分比	0	0	0	100%	0	0	0	0	100%

表 2　侧重质疑与批判能力的探究式教学资源的化学问题类型分布

	探究物质性质的活动	探究物质分离与检验的活动	探究物质变化规律的活动	探究物质制备与合成的活动	探究物质组成与结构的活动	资源总数
案例个数	1	0	1	1	0	3
百分比	33%	0	33%	33%	0	100%

侧重质疑与批判能力的探究式教学资源数量非常少，仅分布在选修 2 中，分别为探究物质性质、探究物质变化规律和探究物质制备与合成的化学问题类型。我们认为这是当前教材的缺失，质疑与批判能力需要学生具有一定的知识基础、实践经验以及理论素养，的确，在中学阶段不宜大力提倡质疑与批判的意识，因为学生的知识积累和实践经验太少，并未能达到质疑与批判能力的水平，更不用说理论素养。但是我们认为还是需要促进学生质疑与批判能力的探究式教学资源，并进行相应的教学，就像在学生心里播下种子，我们不希望它们能立刻发芽结果，但希望能看见它们在以后的生活中慢慢绽放。

由于该类资源的样本数量太小，通过上述表格已经可以得出结论，因此我们没有进行交叉列表分析。

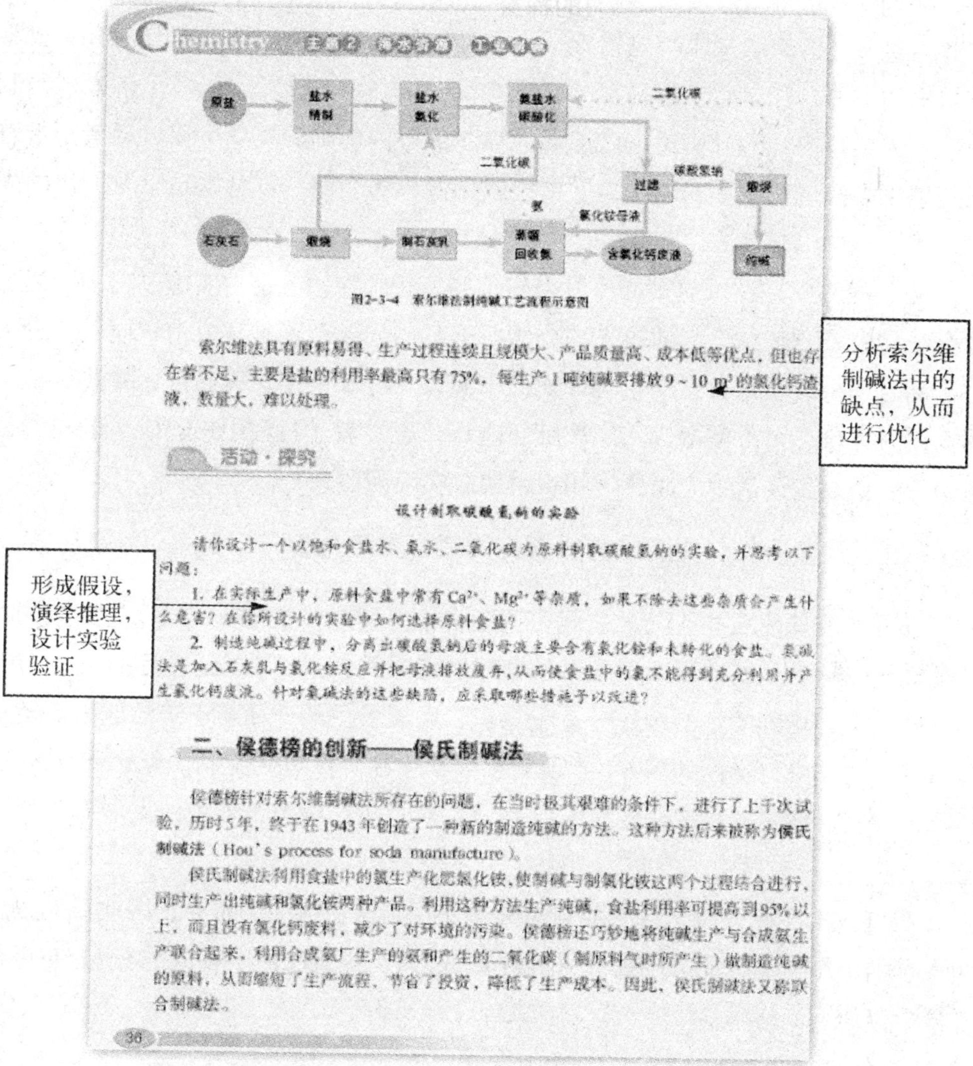

图2-3-4　索尔维法制纯碱工艺流程示意图

索尔维法具有原料易得、生产过程连续且规模大、产品质量高、成本低等优点，但也存在着不足，主要是盐的利用率最高只有75%，每生产1吨纯碱要排放9～10 m^3的氯化钙渣液，数量大，难以处理。

活动·探究

设计制取碳酸氢钠的实验

请你设计一个以饱和食盐水、氨水、二氧化碳为原料制取碳酸氢钠的实验，并思考以下问题：

1. 在实际生产中，原料食盐中常有Ca^{2+}、Mg^{2+}等杂质，如果不除去这些杂质会产生什么危害？在你所设计的实验中如何选择原料食盐？

2. 制造纯碱过程中，分离出碳酸氢钠后的母液主要含有氯化铵和未转化的食盐。氨碱法是加入石灰乳与氯化铵反应并把母液排放废弃，从而使食盐中的氯不能得到充分利用并产生氯化钙废液。针对氨碱法的这些缺陷，应采取哪些措施予以改进？

二、侯德榜的创新——侯氏制碱法

侯德榜针对索尔维制碱法所存在的问题，在当时极其艰难的条件下，进行了上千次试验，历时5年，终于在1943年创造了一种新的制造纯碱的方法。这种方法后来被称为侯氏制碱法（Hou's process for soda manufacture）。

侯氏制碱法利用食盐中的氯生产化肥氯化铵，使制碱与制氯化铵这两个过程结合进行，同时生产出纯碱和氯化铵两种产品。利用这种方法生产纯碱，食盐利用率可提高到95%以上，而且没有氯化钙废料，减少了对环境的污染。侯德榜还巧妙地将纯碱生产与合成氨生产联合起来，利用合成氨厂生产的氨和产生的二氧化碳（制原料气时所产生）做制造纯碱的原料，从而缩短了生产流程，节省了投资，降低了生产成本。因此，侯氏制碱法又称联合制碱法。

36

鲁教版教材中有关“制取碳酸氢钠的反应”的内容

上图所示的探究活动是鲁科版高中化学选修2主题2的课题3“纯碱制造技术的发展”这一部分的内容。该案例是关于选修课化学概念原理的探究活动，属于物质制备与合成类型。主要通过了解纯碱制造技术的发展，分析不同制碱方法的优劣，培养学生批判与质疑的思维，同时也是对碳酸氢钠制造方法的学习。

教材内容主要包括三部分：（1）了解制碱法的早期发展历程，特别是“索尔维制碱法”的具体流程；（2）设计制取碳酸氢钠的实验，探讨其中的“除杂”问题，并针对氨碱法的缺陷提出改进措施；（3）学习侯氏制碱法。第一部分内容主要是科学史的学习，让学生了解基本的科学常识，提高科学素养，同时了解索尔维制碱法，为后续内容的分析讨论做铺垫。第二部分内容则需要学生积极思考，带着批判思维去发现氨碱法的缺陷，并提出改进的措施。第三部分则是学习近代的先进技术——侯氏制碱法，同时也让学生体会到科学研究工作的艰辛。

创新往往就是在对现实的反思中萌芽的，教师在本案例的实施过程中，需要教会学生带着质疑与批判的眼光去分析所遇到的问题而不是盲目地认同某一种方法，同时还应该注意引导学生合理地提出假设、寻找证据进行验证，并尝试从不同角度来评价一个方案的好坏。教师还应该注意在教学过程中培养学生的科学创造情意，使学生灵活地应用所学知识来解决实际问题。

（五）侧重协作与交流能力的探究式教学资源分析

协作与交流主要指人与人之间协调配合，并彼此分享经验，从而达到共同提高的过程。这也是新课程改革强调的合作学习方式，它要求给予学生自主、合作学习的机会，培养学生的合作、竞争意识，发展学生的交往与审美的能力，特别注重其中的动机与责任的培养。本研究引导学生在协作与交流中学会分析与比较、推导与概括、假设与检验、质疑与批判，这对学生高级思维能力的发展有重要的意义。

我们注重在探究性学习中加强对学生协作与交流能力的培养，因此我们也对侧重学生协作与交流能力的探究式教学资源的教学模块和化学问题类型分布进行了分析，如下表所示。

表 1　侧重协作与交流能力的探究式教学资源的教学模块分布

教学资源	必修 1	必修 2	选修 1	选修 2	选修 3	选修 4	选修 5	选修 6	资源总数
案例个数	3	2	2	1	1	0	2	2	13
百分比	23%	15%	15%	8%	8%	0	15%	15%	100%

表 2 侧重协作与交流能力的探究式教学资源的化学问题类型分布

活动类型	探究物质性质的活动	探究物质分离与检验的活动	探究物质变化规律的活动	探究物质制备与合成的活动	探究物质组成与结构的活动	资源总数
案例个数	2	2	3	1	5	13
百分比	15%	15%	23%	8 %	39%	100%

通过数据分析，我们发现侧重学生协作与交流能力的探究式教学资源总量为 13 例，在必修 1 含有 3 例，占 23%；在必修 2 和选修 1、5、6 中各含有 2 例，各占 15%；在选修 2 和选修 3 中各有 1 例，均占 8%；在选修 4 中缺失。其中探究物质性质的活动和探究物质分离与检验的活动各有 2 例，均占 15%；探究物质变化规律的活动有 3 例，占 23%；探究物质制备与合成的活动有 1 例，占 8%，探究物质组成与结构的活动最多有 5 例，占 39%，分布基本比较均匀。

我们还是采用二维交叉表对侧重学生协作与交流能力的探究式教学资源在教材中的化学问题分类进行了分析，如下表所示。

侧重协作与交流能力的探究式教学资源在教材中的化学问题分类表

	探究物质性质的活动	探究物质分离与检验的活动	探究物质变化规律的活动	探究物质制备与合成的活动	探究物质组成与结构的活动	资源总数
必修 1	0	0	1	0	2	3
必修 2	0	0	0	0	2	2
选修 1	0	2	0	0	0	2
选修 2	0	0	0	1	0	1
选修 3	0	0	0	0	1	1
选修 4	0	0	0	0	0	0
选修 5	2	0	0	0	0	2
选修 6	0	0	2	0	0	2
资源总数	2	2	3	1	5	13

通过上表所示的数据我们发现，侧重学生协作与交流能力的探究式教学资源数量较少，在各种类型的化学问题中都有所体现，从教材模块角度进行分析，在选修 4 中缺失。我们同时还发现该类资源在必修模块和选修模块中的比例基本相等，在必修模块主要集中体现在探究物质组成与结构类型的活动中，在选修模块中则显得较为分散。

协作与交流能力的重点体现在交流上，教师在进行探究式教学时应该注意多组织学生进行交流讨论。

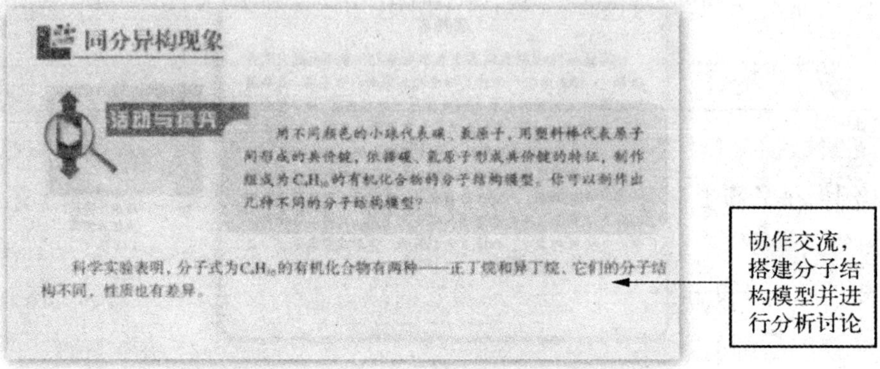
同分异构现象

活动与探究

用不同颜色的小球代表碳、氢原子，用塑料棒代表原子间形成的共价键，依据碳、氢原子形成共价键的特征，制作组成为C_4H_{10}的有机化合物的分子结构模型。你可以制作出几种不同的分子结构模型？

科学实验表明，分子式为C_4H_{10}的有机化合物有两种——正丁烷和异丁烷，它们的分子结构不同，性质也有差异。

苏教版教材中有关“同分异构现象”的内容（1）

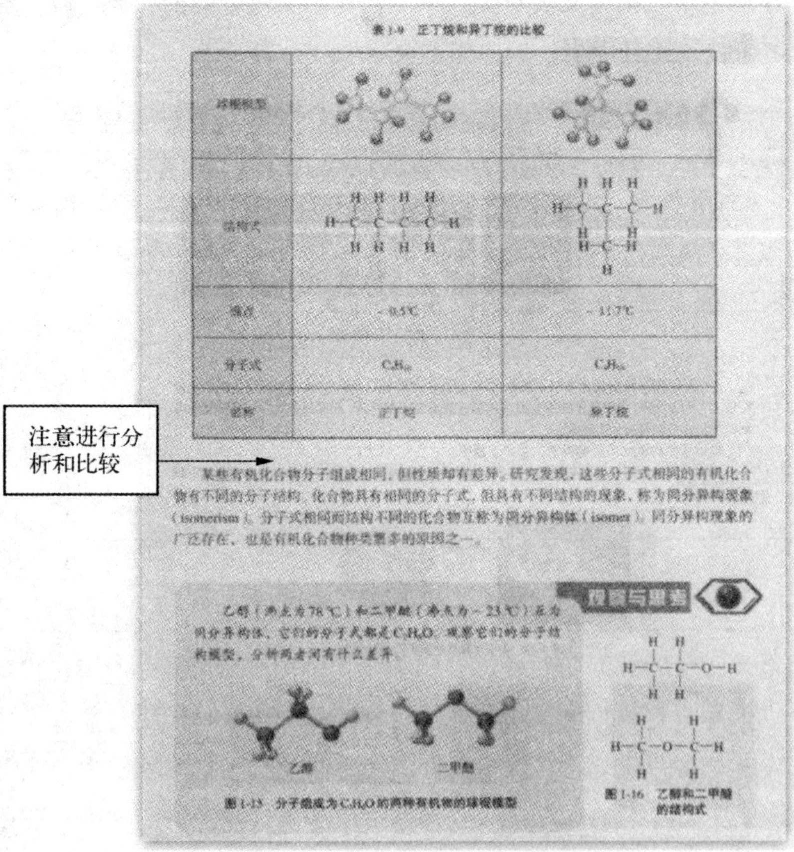
表1-9 正丁烷和异丁烷的比较

球棍模型		
结构式		
沸点	-0.5℃	-11.7℃
分子式	C_4H_{10}	C_4H_{10}
名称	正丁烷	异丁烷

某些有机化合物分子组成相同，但性质却有差异。研究发现，这些分子式相同的有机化合物有不同的分子结构。化合物具有相同的分子式，但具有不同结构的现象，称为同分异构现象（isomerism）。分子式相同而结构不同的化合物互称为同分异构体（isomer）。同分异构现象的广泛存在，也是有机化合物种类繁多的原因之一。

观察与思考

乙醇（沸点为78℃）和二甲醚（沸点为-23℃）互为同分异构体，它们的分子式都是C_2H_6O。观察它们的分子结构模型，分析两者间有什么差异。

乙醇　二甲醚

图1-15 分子组成为C_2H_6O的两种有机物的球棍模型

图1-16 乙醇和二甲醚的结构式

苏教版教材中有关“同分异构现象”的内容（2）

上图中的探究活动是苏教版化学必修 2 专题 1 第 3 单元“从微观结构看物质多样性”部分的内容，通过让学生制作常见有机物的分子结构模型来学习物质的同分异构现象、了解物质结构对性质的影响，因此我们将其归为物质组成与结构的探究活动。

该探究活动主要包括以下几个环节：（1）用不同颜色的小球和塑料棒制作分子式为 C_4H_{10} 的有机化合物分子结构模型；（2）阅读材料，思考为什么正丁烷和异丁烷的性质存在差异;（3）阅读材料,分析乙醇和二甲醚之间存在的差异。首先，学生带着疑问进行小组活动，完成不同有机物分子结构模型的搭建。接着，教师引导学生交流探讨有机物分子组成相同但是性质却不同的这一现象，得出同分异构的概念。最后，再通过观察乙醇和二甲醚的分子结构，学生在教师的引导下加深对同分异构现象概念的理解。这三个问题实际上都指向了“结构不同”这个关键因素，学生比较容易接受并得出结论。

在该探究式教学资源的实施环节，由于分子结构模型在搭建过程中需要多人一起配合完成，因此怎样让大家在合作中都得到发展显得尤其重要。该案例比较适合进行分组活动、开展合作学习，培养学生的协作交流能力。教师应该组织学生进行积极的交流与讨论，引导学生进行分析比较、假设验证、归纳综合，让学生在思维的碰撞中闪现火花，从而得出正确的结论，这样才能更好地促进学生的能力发展，达到该探究活动的目的。

（六）侧重认识科学本质与创造情意能力的探究式教学资源分析

认识科学本质对于我们在科学研究中树立正确的自然观、科学观，理解科学教育的内涵和科学探究的本质有着重要意义。美国科学促进会在其制定的《2061 计划——面向所有美国人的科学》中，从科学世界观、科学探究、科学事业三个方面对科学本质进行了阐述。在中学阶段的化学教育中，培养学生认识科学本质的一个重要目的在于让学生对化学学科有所了解，学生在认识科学本质的过程中也往往会用到分析综合、抽象概括、演绎推理、模型建构等高级思维要素，这对发挥学生的创造力、让学生应用化学知识解决生活中的实际问题具有促进作用。

我们在研究中将一些透过生活现象研究化学问题的资源也归为此类，并研究了该类探究式教学资源在教学模块以及化学问题类型中的具体分布，做了相应的分析，得到下表。

表 1　侧重认识科学本质与创造情意能力的探究式教学资源的教学模块分布

	必修 1	必修 2	选修 1	选修 2	选修 3	选修 4	选修 5	选修 6	资源总数
案例个数	3	2	14	14	1	4	2	32	72
百分比	4%	3%	19%	19%	1%	6%	3%	44%	100%

表 2　侧重认识科学本质与创造情意能力的探究式教学资源的化学问题类型分布

	探究物质性质的活动	探究物质分离与检验的活动	探究物质变化规律的活动	探究物质制备与合成的活动	探究物质组成与结构的活动	资源总数
案例个数	14	25	3	25	5	72
百分比	19%	35%	4%	35%	7%	100%

通过数据分析，我们发现：侧重认识科学本质与创造情意能力的探究式教学资源总量为 72 例，在必修 1 中含有 3 例，占 4%；在必修 2 和选修 5 中各含有 2 例，各占 3%；在选修 1 和选修 2 中各含有 14 例，各占 19%；在选修 3 中仅有 1 例，占 1%；在选修 4 中含有 4 例，占 6%；选修 6 中最多，有 32 例，占 44%。基于化学问题类型的分布来看，其中探究物质性质的活动中含有 14 例，占 19%；探究物质分离与检验的活动和探究物质制备与合成的活动各有 25 例，均占 35%；探究物质变化规律的活动有 3 例，占 4%；探究物质组成与结构的活动有 5 例，占 7%；各类型问题基本比较均匀。

我们同样采用二维交叉表对侧重学生认识科学本质与创造情意能力的探究式教学资源在教材中的化学问题分类进行了分析，如下表所示。

侧重认识科学本质与创造情意能力的探究式教学资源在教材中的化学问题分类表

	探究物质性质的活动	探究物质分离与检验的活动	探究物质变化规律的活动	探究物质制备与合成的活动	探究物质组成与结构的活动	资源总数
必修 1	1	1	0	1	0	3
必修 2	1	0	0	1	0	2
选修 1	6	3	0	3	2	14
选修 2	1	2	0	10	1	14
选修 3	0	0	0	0	1	1

（续表）

	探究物质性质的活动	探究物质分离与检验的活动	探究物质变化规律的活动	探究物质制备与合成的活动	探究物质组成与结构的活动	资源总数
选修4	2	1	1	0	0	4
选修5	0	2	0	0	0	2
选修6	3	16	2	10	1	32
资源总数	14	25	3	25	5	72

侧重学生认识科学本质与创造情意能力的探究式教学资源主要集中在选修教材中，尤其是在选修6中，而且主要是以探究物质分离与检验和探究物质制备与合成这两种问题形式呈现的，从分布上看，该类资源的分布还是比较合适的。

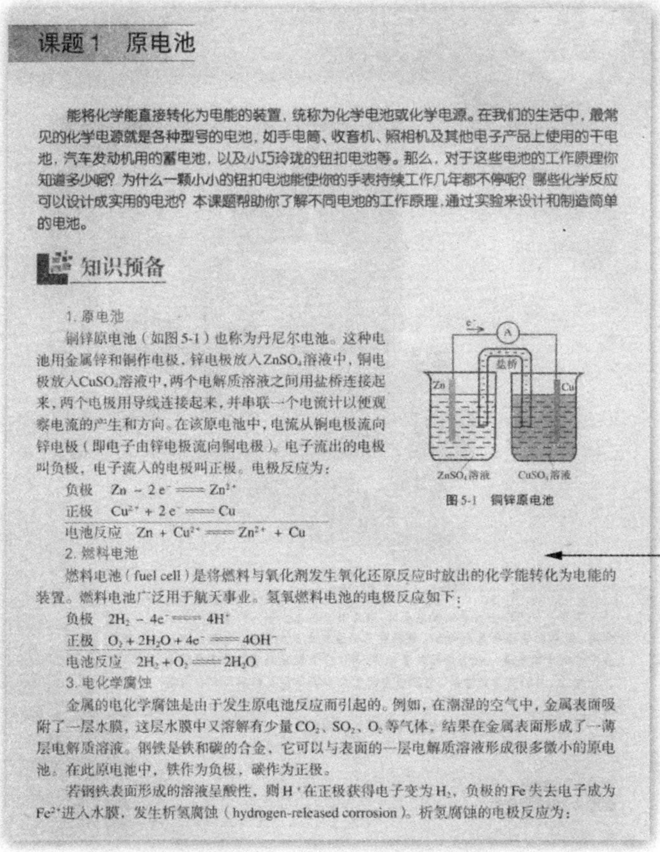

课题1　原电池

能将化学能直接转化为电能的装置，统称为化学电池或化学电源。在我们的生活中，最常见的化学电源就是各种型号的电池，如手电筒、收音机、照相机及其他电子产品上使用的干电池，汽车发动机用的蓄电池，以及小巧玲珑的钮扣电池等。那么，对于这些电池的工作原理你知道多少呢？为什么一颗小小的钮扣电池能使你的手表持续工作几年都不停呢？哪些化学反应可以设计成实用的电池？本课题帮助你了解不同电池的工作原理，通过实验来设计和制造简单的电池。

知识预备

1. 原电池

铜锌原电池（如图5-1）也称为丹尼尔电池。这种电池用金属锌和铜作电极，锌电极放入$ZnSO_4$溶液中，铜电极放入$CuSO_4$溶液中，两个电解质溶液之间用盐桥连接起来，两个电极用导线连接起来，并串联一个电流计以便观察电流的产生和方向。在该原电池中，电流从铜电极流向锌电极（即电子由锌电极流向铜电极）。电子流出的电极叫负极，电子流入的电极叫正极。电极反应为：

负极　$Zn - 2e^- = Zn^{2+}$

正极　$Cu^{2+} + 2e^- = Cu$

电池反应　$Zn + Cu^{2+} = Zn^{2+} + Cu$

图5-1　铜锌原电池

2. 燃料电池

燃料电池（fuel cell）是将燃料与氧化剂发生氧化还原反应时放出的化学能转化为电能的装置。燃料电池广泛用于航天事业。氢氧燃料电池的电极反应如下：

负极　$2H_2 - 4e^- = 4H^+$

正极　$O_2 + 2H_2O + 4e^- = 4OH^-$

电池反应　$2H_2 + O_2 = 2H_2O$

3. 电化学腐蚀

金属的电化学腐蚀是由于发生原电池反应而引起的。例如，在潮湿的空气中，金属表面吸附了一层水膜，这层水膜中又溶解有少量CO_2、SO_2、O_2等气体，结果在金属表面形成了一薄层电解质溶液。钢铁是铁和碳的合金，它可以与表面的一层电解质溶液形成很多微小的原电池。在此原电池中，铁作为负极，碳作为正极。

若钢铁表面形成的溶液呈酸性，则H^+在正极获得电子变为H_2，负极的Fe失去电子成为Fe^{2+}进入水膜，发生析氢腐蚀（hydrogen-released corrosion）。析氢腐蚀的电极反应为：

通过知识预备来了解原电池的科学本质

苏教版教材有关“原电池的探究”的内容（1）

负极　$Fe - 2e^- = Fe^{2+}$

正极　$2H^+ + 2e^- = H_2\uparrow$

电池反应　$Fe + 2H^+ = Fe^{2+} + H_2\uparrow$

若钢铁表面形成一层中性或偏碱性的电解质溶液，则溶解在水中的氧将在正极获得电子，发生吸氧腐蚀（coxygen-consuming corrosion）。吸氧腐蚀的电极反应为：

负极　$2Fe - 4e^- = 2Fe^{2+}$

正极　$O_2 + 2H_2O + 4e^- = 4OH^-$

电池反应　$2Fe + O_2 + 2H_2O = 2Fe(OH)_2$

$Fe(OH)_2$可进一步氧化成$Fe(OH)_3$：

$$4Fe(OH)_2 + 2H_2O + O_2 = 4Fe(OH)_3$$

$Fe(OH)_3$又可失水变成铁锈（通常以$Fe_2O_3 \cdot nH_2O$表示）。

课题方案设计

1. 原电池实验

（1）在一块锌片（10cm × 3cm）和一块铜片（10cm × 3 cm）之间放一块海绵，用棉线或橡皮筋固定好。用导线把小灯泡和锌片、铜片连接起来，插入盛有稀硫酸的烧杯中（如图5-2），观察发生的现象。

（2）一段时间后，向烧杯中加入1～2 g重铬酸钾晶体（或高锰酸钾晶体，或5～10 mL 6% H_2O_2溶液），振荡，观察现象。

（3）改用Zn－C、Al－Cu为电极材料，分别与稀硫酸组合成原电池，按照上述实验装置和操作方法进行实验，观察实验现象。

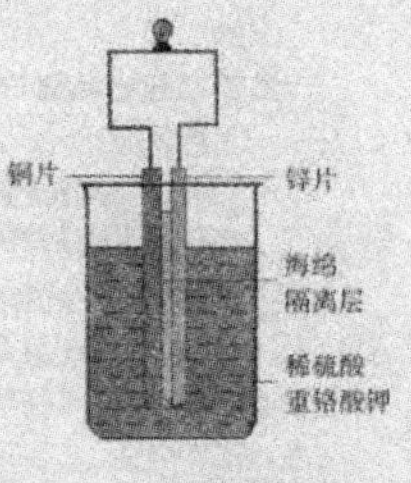

图5-2　Zn－Cu原电池示意图

进行实验，并分析实验现象

检索咨询

原电池的放电效果

实验表明，在大多数原电池中，效果较差的是酸性介质中的Zn－Cu原电池，它的灯泡发光时间很难持续1 min；效果较好的是酸性介质中的Zn－C原电池，它的灯泡亮度大，持续的时间也较长。

无论何种材料制作的原电池，电池的极化作用都是很强的。极化作用会使电池的充电变得困难，或使电极的放电反应变得迟钝。但是，无论是酸性原电池还是碱性原电池，即使发光停止后，当加入一些高锰酸钾、重铬酸钾或双氧水等强氧化剂时，由于降低了电极的极化作用，此时灯泡又会复明，而且持续的时间较长。

苏教版教材有关“原电池的探究”的内容（2）

2. 制作氢氧燃料电池

（1）把两根碳棒放在酒精喷灯（或煤气灯）火焰上灼烧 2 ~ 3 min 后，立即投入到冷水中，反复操作 3 ~ 5 次，使碳棒表面变得粗糙多孔。

（2）将经过灼烧的两根碳棒插入 2 mol·L^{-1} KNO_3 溶液中，并与 6 V 直流电源连接（如图 5-3 Ⅰ），电解约 20 s，使两电极的碳棒上吸附很多小气泡。

（3）切断电源，在两电极之间接上音乐集成电路（原来连接直流电源正极的碳棒应该与音乐集成电路的正极相连接，如图 5-3 Ⅱ），观察并记录现象。

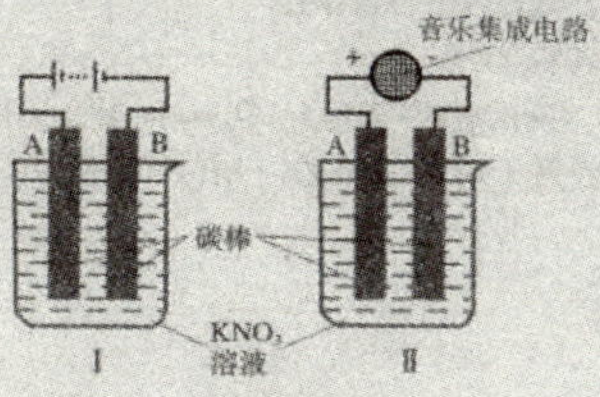

图 5-3　氢氧燃料电池

3. 金属的电化学腐蚀

（1）析氢腐蚀

取两根 3 ~ 5 cm 长的铁钉，用稀盐酸除去铁锈。在其中一根铁钉上疏散地绕几圈光亮的细铜丝，使铜丝与铁钉紧密接触。

把上述两根铁钉分别放入两支试管中，各加入 3 mL 0.1 mol·L^{-1} 盐酸和 2 滴 $K_3[Fe(CN)_6]$（铁氰化钾）溶液，观察现象。比较哪支铁钉上产生的气泡多，哪支铁钉周围先出现蓝色沉淀（Fe^{2+} 能与 $[Fe(CN)_6]^{3-}$ 反应生成蓝色沉淀）。

（2）吸氧腐蚀

取一片铁片，用砂纸擦去铁锈，在铁片上滴 1 滴含酚酞的食盐水（如图 5-4），静置 1 ~ 2 min，观察现象。

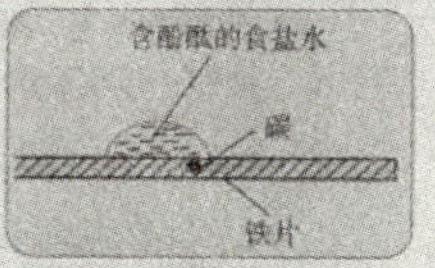

图 5-4　钢铁的吸氧腐蚀

实验准备

仪器：烧杯、试管、海绵、小灯泡、导线、直流电源（6 V）、音乐集成电路（或蜂鸣器）、酒精喷灯、火柴、棉线（或橡皮筋）、药匙、砂纸。

试剂：锌片、铜片、铝片、碳棒、铁钉、铜丝、铁片、4 mol·L^{-1} H_2SO_4 溶液、2 mol·L^{-1} KNO_3 溶液、0.1 mol·L^{-1} 盐酸、2 mol·L^{-1} NaCl 溶液、重铬酸钾、6% H_2O_2 溶液、$K_3[Fe(CN)_6]$ 稀溶液、高锰酸钾、酚酞溶液、蒸馏水。

苏教版教材有关“原电池的探究”的内容（3）

概括结论并进行交流讨论

记录与结论

实验项目		实验现象	解释或化学方程式
原电池实验			
制作氢氧燃料电池			
金属的电化学腐蚀	析氢腐蚀		
	吸氧腐蚀		

交流与讨论

1. 查找相关资料，制作一个水果电池，并与同学交流制作体会。

2. 钢铁的吸氧腐蚀是如何发生的？试分析其原理。

拓展课题5-1

干电池模拟实验

日常用的收音机和手电筒中使用的一般是锌－锰干电池，其电压大多为1.5 V，电容量随体积大小而异（分1号、2号、3号、4号、5号等），结构如图5-5所示。外壳锌皮作负极。中心正极是一根导电性良好的石墨棒，并裹了一层由MnO_2、炭黑及NH_4Cl溶液混合压紧的团块。两个电极之间的电解液由NH_4Cl、$ZnCl_2$、淀粉和一定量的水组成，将加热调制成糊状的电解液趁热灌入锌筒，冷却后形成半透明的胶冻，此电解液不再流动但可以导电。锌筒上加沥青密封，防止电解液渗出。

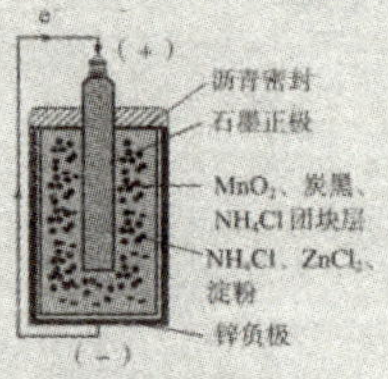

图5-5　锌－锰干电池示意图

电池的电极反应为：

负极　$Zn - 2e^- = Zn^{2+}$

正极　$2NH_4^+ + 2e^- = 2NH_3 + H_2$

　　　$H_2 + 2MnO_2 = Mn_2O_3 + H_2O$

电池反应　$Zn + 2NH_4^+ + 2MnO_2 = Zn^{2+} + 2NH_3 + Mn_2O_3 + H_2O$

在使用过程中，电子由锌极流向锰极（电流方向相反），锌筒中的锌逐渐消耗，MnO_2也不断被还原，电压慢慢降低，最后电池失效。这种电池是一次性消费品，但锌皮不可能完全消耗掉，所以废旧电池可回收锌。锌筒在使用过程中会变薄以致穿孔，这就要求在锌筒外加密封包装。

苏教版教材有关“原电池的探究”的内容（4）

提示与建议

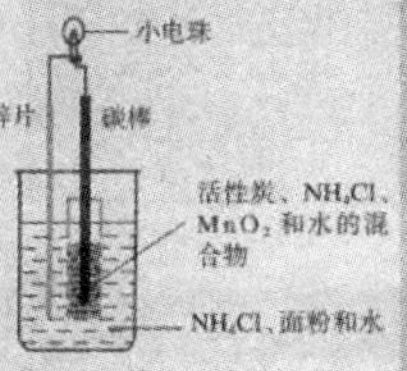

图 5-6　模拟干电池实验

可以按下列步骤制作模拟干电池：

1. 取一只直径为2～3 cm的塑料瓶，瓶壁用烧红的细铁丝烫出很多小孔，瓶内衬一层滤纸，装满用氯化铵水溶液调成糊状的二氧化锰和活性炭混合物，中间插入一根碳棒作干电池的正极。

2. 在烧杯中放入少量面粉和少量氯化铵，用水调匀，加热，配成糊状物质，并把上述塑料瓶放入烧杯的糊状物质中。

3. 用锌片作为干电池的负极，碳棒作为干电池的正极，在电极间接上小电珠（或电流计、音乐集成电路等），如图5-6所示，观察现象。

4. 分别用铁片、镁条代替锌片制作电池，比较放电效果。

负极	实验现象	结论与解释
锌片		
铁片		
镁条		

变量控制，进一步加深对原电池的认识

拓展视野

常见电池的化学原理

铅蓄电池　汽车的启动电源常用铅蓄电池。PbO_2为铅蓄电池的正极，海绵状铅为负极。电池的电解液为30%的硫酸溶液，因此这类电池也叫酸性蓄电池。铅蓄电池的放电和充电过程可以表示为：

$$Pb + PbO_2 + 2H_2SO_4 \underset{充电}{\overset{放电}{\rightleftharpoons}} 2PbSO_4 + 2H_2O$$

碱性蓄电池　日常生活中用的充电电池就属于此类。它的体积、电压都和干电池差不多，携带方便，使用寿命比铅蓄电池长得多，使用恰当可以反复充、放电上千次。有镍－镉（Ni－Cd）和镍－铁（Ni－Fe）两类商品电池。它们的电池反应分别是：

$$Cd + 2NiO(OH) + 2H_2O \underset{充电}{\overset{放电}{\rightleftharpoons}} 2Ni(OH)_2 + Cd(OH)_2$$

$$Fe + 2NiO(OH) + 2H_2O \underset{充电}{\overset{放电}{\rightleftharpoons}} 2Ni(OH)_2 + Fe(OH)_2$$

该电池反应是在碱性条件下进行的，所以叫碱性蓄电池。

银－锌电池　电子手表、液晶显示的计算器或小型助听器所需电流是微安和毫安级的，它们所用的电池体积很小，俗称钮扣电池。它们的电极材料是Ag_2O_2和Zn，所以叫银－锌电池。电池反应是：

$$2Zn + Ag_2O_2 + 2H_2O \xlongequal{\quad} 2Zn(OH)_2 + 2Ag$$

苏教版教材有关“原电池的探究”的内容（5）

上图中的探究活动是苏教版选修 6 专题 5 中的内容。该案例属于选修课概念原理的探究，贴近学生的生活实际，通过分析常见电池的工作原理，使学生认识原电池的科学本质，同时也培养了学生利用所学的化学知识来分析、解决实际生活中问题的创造情意。基于此我们把该资源归为侧重认识科学本质和创造情意类型的探究式教学资源。

本案例主要包括三个环节 ：（1）进行相应的知识梳理，了解原电池的基本概念以及燃料电池和电化学腐蚀的相关知识 ；（2）按照教材中提供的方案进行原电池实验，尝试制作氢氧燃料电池并认识金属的电化学腐蚀的实质；（3）分析实验现象，概括并得出原电池工作的科学本质。第一个环节主要是使学生了解原电池的相关知识，为第二个环节应用知识做铺垫。第二个环节则通过实验探究让学生认识到原电池工作的科学本质，并进一步了解金属电化学腐蚀的实质也是由于金属表面形成了微小的原电池。第三个环节通过对实验现象进行分析梳理，概括得出结论。

在教材的具体实施过程中，教师需要注意加强对学生情感、意识的培养，让学生有意识地发现生活中的问题，并且善于应用自己所学的知识去分析问题，透过事物的表面现象剖析得出其科学本质，这有利于学生创造力的培养，同时，这也是我们开展探究性学习的意义所在。

四、对教师使用教材中探究式教学资源的建议

（一）教材中探究式教学资源分布

按照提出的分析模型，我们对人教版、鲁科版、苏教版三套现行高中化学教材进行了分析，考查了教学内容、化学问题类型、教学实施情况、思维发展功能、教材模块等几个方面的内容。我们发现教材中存在着探究式教学内容缺失或者分布不合理的情况，结合这些情况，我们也给出了一些相应的教学建议，希望能对教师的实际教学有所帮助。

1. 教学内容维度

从教学内容维度来看，选修课中概念原理类的探究活动和化合物知识类的探究式教学资源比例约为 1∶1，数量和比例均比较合理。必修课中的概念原理类的探究活动资源与化合物知识类的探究式教学资源之比为 1∶2，但必修课中的化学概念原理类探究式教学资源在数量上较少。

在化学的学习过程中，我们不仅仅需要学习物质的基本性质，同样还需要学习研究物质性质的基本方法，这对我们更好地认识物质性质具有极大帮助，这也是进行概念原理学习的重要意义，所以我们应该重视对概念原理内容的学习，这在教学资源中也应该得到体现。现行教材中必修课部分概念原理的探究式教学资源数量较少，很多概念原理类探究资源集中在选修模块，教师在使用教材时应该

注意必修、选修模块内容的互补性。

2. 化学问题类型维度

我们认为当前教科书中的探究式教学资源对应的化学问题类型分布并不均衡，在中学阶段主要是以物质性质类的探究式教学资源为主，约占 40%，而物质组成与结构类型的探究资源则显得太少，仅有不到 10%，物质分离与检验、物质变化规律、物质制备与合成类型的探究活动资源则相对适宜。这和高中化学知识分布有一定的关系，在高中化学中主要学习的还是元素化合物知识，并且物质结构部分知识对于高中学生显得偏难。

不过我们认为每一种探究式教学资源都具有其相应的功能，物质组成与结构类型的探究活动有利于培养学生的空间想象能力与抽象思维，因此教师可结合学生的特点，考虑增加物质组成与结构类型的探究式教学资源的使用，并且可以尝试开发设计该部分的探究式教学资源。

3. 教学实施情况维度

从教学实施情况看，教材中的探究式教学资源明显更倾向于课内的探究教学活动，占了近 95%，其中又主要以局部探究活动为主，占了近 75%。当然这也是有原因的。在目前的中学教学中主要还是进行以知识为核心的教学，受到课堂时间、教学环境等各方面因素的影响，因此难以以集体的形式大量组织课外探究活动。

但是不同条件下的探究活动往往对学生的促进作用也不同。课外的探究活动往往更能培养学生的思维独立性，同时完整的探究活动与局部的探究活动各有其特点。因此我们建议教师尝试让学生独立或以小组形式进行探究，这对提高学生的探究能力有较大帮助。

4. 思维发展功能维度

我们发现传统的侧重于培养解释推论与概括结论能力的资源几乎占全部教材探究式教学资源数量的一半，约为 47%，而该类型的教学资源往往与考试要求密切相关。中、高考题往往非常重视学生的推导、概括结论能力，这对传统教育的影响非常明显，也使新课程体制下的化学教学受到很大程度的影响。而其他促进高级思维能力发展的资源，如发现问题与提出假设的能力类型、质疑与批判的能力类型和协作与交流能力类型的培养，则显得较少，均不足5%。

此外，我们培养出来的学生在走入社会之后，这方面的能力往往显得较差，社会对具有这方面能力的人才恰恰存在着较大的需求。这也是当前人才培养模式与社会发展需要的矛盾，因此我们应该结合这一现状进一步开发完善探究式教学资源体系并且更合理地使用探究式教学资源进行教学，以促进学生思维能力的发展，培养出社会需要的创新型、实践型人才。

通过对侧重促进思维发展的探究式教学资源的深入分析，我们也整理出促进学生思维发展的探究式教学资源与教学模块和化学问题类型之间的关系（见下表）。

促进学生思维发展的探究式教学资源关系表

思维发展功能类型	主要分布
发现问题与假设预测能力	选修5探究物质性质的活动
实验方案设计能力	选修6探究物质性质的活动
解释推论与概括结论能力	必修2、选修1、选修4探究物质性质的活动、探究物质变化规律的活动
质疑与批判的能力	选修2
协作交流能力	必修1探究物质结构与组成的活动
认识科学本质与培养创造情意能力	选修6探究物质制备与合成的活动

我们发现必修教材涵盖了除促进学生质疑与批判能力的探究式教学资源以外的其他所有类型的探究式教学资源，而且也比较具有层次性，这体现了必修模块教材在化学教学中的基础作用。

而在选修模块，出于文理分科的考虑，不同模块的探究式教学资源则显得更具有针对性。选修1和选修2是应用性模块，主要包含侧重培养学生解释推论与概括结论能力及质疑与批判能力的探究式教学资源，同时也涵盖了部分概念原理类的探究式教学资源，主要引导学生掌握基本的化学知识，了解思考解决日常生活中的化学问题的基本方法。选修3、选修4、选修5、选修6的理论性更强，主要包含侧重发现问题与假设预测能力、侧重实验方案设计以及认识科学本质与培养创造情意能力的探究式教学资源，更具有学科特色，对学生的思维水平要求也更高，主要是为了培养高水平的化学人才。

总体而言，教材中促进学生思维发展功能的探究式教学资源分布突出了学科特色，满足了不同水平学生的需求，但是教师在实际教学中还是需要灵活选用不同模块的探究式教学资源作为互补，促进学生的全面发展。

（二）探究式教学资源的开发设计及使用建议

目前制约着中学探究式教学发展的一个重要困境就是探究式教学资源的缺乏。教师在教学过程中很难找到符合自己需要的探究式教学资源，自然就难以开展探究式教学。通过对教材中探究式教学资源的分析，我们也意识到探究式教学资源开发设计的重要性和紧迫性，因此我们也整理了在后续的探究式教学资源的开发设计和使用中应该注意的一些事项。

1. 以教材为基础，结合生活实际

教材是教学实施的基本材料，是学生在学习中接受知识信息的最主要、最基本的源泉。教材中的探究式教学资源往往是经过很多专家的严格分析、层层审核之后得到的，在科学性上显得非常严谨，与教材知识内容的契合度很高。因此，教师在开发设计探究式教学资源时直接使用教材中现有的探究式教学资源往往是最方便简洁的。

不过，很多一线教师往往认为教材中的探究式教学资源比较缺乏，我们也对教材中的探究式教学资源进行了相应梳理，分析了教材中探究式教学资源的分布情况，发现了教材中探究式教学资源存在的不足，但我们认为，教师并未能充分利用教材中的现有探究式教学资源。我国大部分地区仍然实行文理分科，大多数地方都仅仅在教材中选取 4 ~ 5 个模块内容进行教学，因此教师也就仅仅局限在几个必选的教学模块的内容中。实际上不同教学模块之间的探究式教学内容在功能价值上往往存在一些互补，对教师而言，以教材为基础，灵活利用好这些资源就显得尤为重要。

教材中的探究式教学资源也存在趣味性不足、远离学生生活实际等问题，这在一定程度上影响了探究式教学的直接效果。教师应该关注如何结合生活实际以及学生的需要来开发一些探究式教学资源，以便提高学生的学习兴趣。

总体而言，化学探究活动大都是来源于实践，又服务于实践。它与实际生活的联系非常紧密，因此教师在探究式教学资源的开发设计过程中应该结合生活实际，从学生熟悉、感兴趣的方向出发，创设良好的问题情境，激发学生的学习动机，这样才能更好地发挥探究式教学的作用。

2. 体现探究式教学资源的功能价值

传统教学以知识为核心组织教学，那么为什么我们要在新课程背景下提倡使用探究式教学方法呢？探究式教学与传统教学究竟存在何种区别呢？探究式教学已经进行了十几年，为什么我们还在不断进行探究式教学研究呢？基于此，我们又应该在探究式教学资源的开发设计和使用过程中注意哪些因素呢？其实这一连串的问题就是对探究式教学资源所需要具备的功能价值的最好诠释。

传统教学以知识为本位进行教学，忽略了对学生能力的培养，因此传统教学培养的人才逐渐跟不上时代的节奏，社会的不断发展越来越需要具有创新能力和实践能力的人才，因此我们需要改变传统的教学方式，提倡使用探究式教学。

而到目前为止，我国的探究式教学实践已经进行了十多年，取得了非常大的进步，但是也存在着一些比较突出的问题。比如，（1）忽视了对科学探究活动的思维过程的研究与教学实践；（2）忽视了对科学探究实践与核心概念之间的相互融合和促进研究；（3）忽视了体现探究式教学对高级思维能力和创造力培养的价值。这制约了探究式教学的进一步发展，也影响了创新型人才的培养，因此教师应该深挖探究式教学的功能价值，在实践中寻求发展。

而探究式教学资源是进行探究式教学的基础，我们需要在探究式教学资源中关注它与教材中知识内容的内在联系，并且关注探究式教学资源的具体操作过程和思维体现。科学探究的过程实际上是思维与操作的统一体，那么探究式教学的操作过程实际上就体现出它对学生实践能力的培养，而思维过程则是学生创造力本质的体现。因此，我们强调体现探究式教学的功能价值，一方面要在探究式教学资源的开发设计和使用中体现出对实践能力的培养，另一方面要突出对高级思维能力即创新能力的培养。

第二章　核心期刊中的化学探究式教学案例资源研究

新课程实施以来，探究式教学理念得到越来越多教师的理解与认同，大家对探究式教学展开了积极的实践探索，取得了丰富的成果和经验。我们对近 3 年（2009 ～ 2011 年）中学化学核心期刊中所含的探究教学设计进行了整理，这些教学设计都是一线教师自己开发的探究主题资源，其中很多案例都是在公开课或优质课评比中获奖的教学设计。分析和研究这些期刊上发表的探究教学案例资源，将会对化学探究教学的深入实践发挥重要的启示作用。

一、核心期刊化学探究教学案例资源概述

（一）案例资源的年级和课型分布

按照化学探究活动主题资源分类编码框架，我们对近 3 年（2009 ～ 2011 年）中学化学核心期刊中所含的 186 项探究教学设计进行了整理（见下表）。其中 149 项探究案例资源侧重核心知识主题，占 80%；侧重实际应用主题的探究案例资源 37 项，占 20%。

化学核心期刊中的知识主题与应用主题资源数

	知识主题	应用主题	资源总数
案例个数	149	37	186
百分比	80%	20%	100%

按照年级、课型对文献中的探究教学主题资源进行统计（见下表），发现新授课与复习课的探究教学比例大约为 7.5 ∶ 1，这也与学校教学实际相符。除了学校教学计划中新课时多、复习课少外，另外一个原因是，对于新授课，教师获得的参考资源也比较多，而传统复习课主要以习题讲练式进行，教师可参考的复习课的素材也比较有限。也正因为如此，复习课可以尝试的空间也很大。不少一线教师尝试用探究素材承载复习内容，既考虑了学生的情感态度与价值观目标的

落实，又复习了知识体系，这是值得借鉴的。

探究资源的年级和课型分布

年级	初中		高一		高二		高三		资源总数
课型	新授课	复习课	新授课	复习课	新授课	复习课	新授课	复习课	
资源个数	32	7	73	3	55	5	4	7	186
百分比	17%	4%	39%	2%	30%	3%	2%	4%	100%

从高中模块来分析高中化学探究教学资源得到下表，从中我们看到文献中关于探究教学资源主要分布在必修、有机化学、化学反应原理等几个模块中，这与实际也是吻合的，是和高考政策相关的。

高中各模块探究案例资源分布表

高中探究案例资源	必修	有机化学基础	化学反应原理	化学与生活	化学与技术	实验化学	物质结构与性质	资源总数
资源个数	83	22	34	3	1	4	0	147
百分比	56%	15%	23%	2%	1%	3%	0	100%

（二）案例资源的探究过程要素分析

我们按照探究过程要素对文献中的186个探究教学设计进行了分析，每一个案例都会涉及探究过程要素的多个方面，见下表。从统计结果来看，不论探究质量的高低，在现在的探究教学中，一线教师都关注探究的环节——形成假设、设计方案、进行实验、收集证据、解释结论、交流表达，但有探究意义的问题主要由教师提出，由学生自主提出有探究意义的问题的教学案例还很少，这个固然有受课时、教学计划的限制等原因，但如何培养学生自主提出问题的意识以及提出具有探究价值的问题的能力是值得继续研究和论证的。关于反思评价，不少一线教师已经在教学设计中有所体现，但反思评价的教学设计总的来说还比较浅显，需要教师在促进学生深层次理解和高水平思维参与方面不断进行深入研究。

探究过程要素分析	提出问题	形成假设	设计方案	进行实验	收集证据	解释结论	交流表达	反思评价	资源总数
资源个数	4	81	94	111	89	92	105	61	186
百分比	2%	44%	51%	60%	48%	49%	56%	33%	100%

（三）案例资源的探究思维要素分析

为了解文献中探究教学主题资源欠缺哪些高级思维的培养，我们还从探究思维要素角度对探究案例进行了编码。每个教学案例中涉及的思维要素是多方面的，我们在分析过程中主要看教师将探究教学中的开放点放在哪里，在这个过程中能够培养学生的哪些高级思维。从探究思维要素分析，得到下表。从分析结果来看，在探究教学中，假设检验、方案设计与实施、分析综合、抽象概括、归纳推论、理论解释等传统思维培养模式的比重还是很大的，而假设创造、系统假设、模型建构、批判质疑、优化改进等高级思维体现得不够。注重探究环节，或对探究过程浅尝辄止，而不重视探究过程中的深层次思维过程，这在目前的探究教学中是非常普遍的。如何让教师既考虑探究教学的环节，更关注教学过程中学生高水平的思维过程，这正是这一章的目的，希望能给读者以启迪。

案例资源中的探究思维要素分析

	假设创造	系统假设	预测与猜测	假设检验	变量控制	方案设计与实施	分析综合	抽象概括	归纳推论	演绎推理	模型建构	理论解释	反思论证	批判质疑	优化改进	资源总数
资源个数	17	3	21	48	25	71	115	48	85	49	10	92	58	26	8	186
百分比	9%	2%	11%	26%	13%	38%	62%	26%	46%	26%	5%	49%	31%	14%	4%	100%

通过以上分析，我们了解了现在文献中探究教学主题资源的实际情况。在此，我们从中学化学核心期刊中精选了一些优秀案例进行点评，以便展现探究过程中高级思维的培养。

二、核心期刊化学探究教学案例资源及其评析

（一）知识主题探究教学案例资源及评析

案例 1

1. 测定空气中氧气体积分数的活动设计[1]

探究任务：测定空气中氧气的体积分数。

教师：请你回忆一下如何测稻谷籽粒中的含水量。

学生：通过对稻谷籽粒加热的方法，把稻谷籽粒中的水分赶走，利用天平测出原稻谷籽粒的总质量 m 和赶走水分后的稻谷籽粒的质量 m_1，即可测出稻谷籽粒中的含水量（$m-m_1$）/m。

教师：这节课我们要测定空气中氧气的体积分数，我们该怎么测定呢？

学生：把空气中的氧气赶跑。

教师：问题 1，怎样才能把空气中的氧气赶跑呢？而且你还要知道赶跑的氧气的体积。

学生：取一只开口的塑料瓶，用力吸气，瓶子会变扁，少掉的体积就是氧气的体积。

学生：这种方法不对，因为人吸入的是空气，而不是氧气，再说我们无法吸尽瓶内的氧气。

学生：降低温度使氧气液化，从而把氧气从空气中分离出来。

学生：这种方法非常不现实，因为一个标准大气压下氧气的液化温度为 −183℃，实验室很难实现这样的低温条件。

教师：说得非常不错，我们所想到的方法首先应是在我们目前的条件下能实施的。另外由于二氧化碳在一个标准大气压下的液化温度为 −78.5℃，因而氧气液化时，其他一些气体也液化了。鉴于以上两点，所以液化的方法不可行。

（学生陷入了深思）

学生：我想到啦！通过燃烧将氧气消耗掉。

教师：问题 2，选用什么物质燃烧来消耗掉氧气呢？

---

[1] 杨佩君．测定空气中氧气体积分数的活动设计 [J]. 化学教学，2010，（4）.

学生：可以用碳燃烧。

学生：可以用硫燃烧。

学生：可以用磷燃烧。

学生：可以用镁燃烧。

教师：那到底选用什么物质呢？请你结合它们各自燃烧后的生成物来思考。

学生：碳燃烧会产生二氧化碳气体，硫燃烧会产生二氧化硫气体。这些气体会填补氧气少掉的体积，使我们无法测定究竟少了多少体积的氧气，所以不能选用碳和硫这两种物质作为反应物。

教师：那我们能不能选用镁作为反应物呢？

学生：可以啊。因为镁燃烧时生成固体物质氧化镁。

教师解释：其实，镁燃烧时在消耗氧气生成固体物质氧化镁的同时还会与空气中的氮气和二氧化碳发生反应，而且生成物也都为固体物质。所以，不能选用镁这种物质作为反应物。

教师：所选用的物质燃烧时应具备哪些特点？

学生：燃烧时既要能够消耗掉氧气，又不能与空气中的其他气体发生反应，同时又不会产生新的气体。

教师：同学们归纳得太好了！那我们该选什么物质呢？

学生：我们可选择红磷作为燃烧物质。因为红磷燃烧时既能够消耗掉氧气，又不会与空气中的其他气体发生反应，同时也不会产生新的气体。

教师：为了准确地知道一个容器中氧气的体积，我们应当将这个容器中的所有氧气耗尽。怎样才能保证能将氧气耗尽呢？

学生：投放的红磷要过量。

教师：完全正确，但也不是越多越好，一定要注意节约资源。问题3，我们应当拿一个怎样的装置来进行这个实验呢？

（学生再次陷入了深思）

教师（拿出一只敞口的5升食用油壶）：我在燃烧匙上放两粒黄豆大小的干燥的红磷，在酒精灯上点燃后，迅速放入食用油壶内，这样可以完成实验吗？（如下图1所示）

学生：不可以。因为当红磷燃烧时在消耗氧气的同时还会放热，可能会使气体从敞口的食用油壶中逸出。

教师：这简单，加上瓶塞不就行了吗？（如图 2 所示）

学生：老师，这样还是不行。因为消耗的氧气的量很难知道。

教师（演示吸墨水时的动作）：请大家回想吸墨水时你所做的动作，你会挤出一部分空气使吸管内气压减小，再把它放在敞口墨水瓶中，墨水就会在大气压的作用下顺着吸管吸入钢笔中。你挤出多少体积的气体就会有多少体积的墨水进入钢笔。请你对装置作进一步改进。

学生：把图 2 装置的底割掉，再把它放入水槽中，这样一来，消耗掉多少体积的氧气就有多少体积的水进入此装置。（如图 3 所示）

教师：太好了！现在总结一下，这个实验装置应当具备哪些要求呢？

学生：容器要密封，同时要能直观反映出氧气减少的体积。

教师：所以在实验室里我们是用钟罩来完成此实验的。因为红磷燃烧时会放出热量，而塑料瓶受热易变形，甚至有可能被烧坏而漏气。

教师：请问我们怎样来测出钟罩内原空气的体积和消耗掉的氧气的体积呢？

学生（讨论后）：反应前以水面为基准在钟罩外壁作一个记号，为基准线 1，反应完毕待装置完全冷却后再次以钟罩内水面为基准在钟罩外壁上作另一个记号，为基准线 2。把钟罩从水槽中取出并倒置，向其中灌水至基准线 1，借用量筒测得水的体积 V_1，即钟罩内原有空气的体积。同时，向其中灌水至基准线 2，借用量筒测得水的体积 V_2。那么消耗掉的氧气的体积就为 V_2-V_1。空气中氧气的体积分数就为 $(V_2-V_1)/V_1$。

教师：这个构思实在是太巧妙了！而且操作起来简单方便。

教师：现在我们可以测定空气中氧气的体积分数了吧。请同学们动手来做一做，测定空气中氧气的体积分数到底是多少。

（学生进行实验）

教师：刚才，我们用先除去氧气，再根据压差再现氧气体积的方法成功测出了空气中氧气的体积分数。请问，我们能否用同样的方法来测定空气中二氧化碳的体积分数呢？

学生：可以。只要找到一种能与二氧化碳反应并生成固体，但又不与空气中其他成分反应的化学物质，就可用同样的方法达到目的。

教师：由于空气中二氧化碳的体积分数为0.03%，虽然该方法理论上可行，但实际操作时现象不明显，实验误差又大，故不宜采纳。既然用体积法测定会有很大误差，我们不妨用质量法测定。用过量的氢氧化钡溶液与集气瓶中的二氧化碳作用，通过测得的碳酸钡沉淀质量计算出吸收的二氧化碳质量，再结合密度知识，可求出吸收的二氧化碳的体积，吸收的二氧化碳的体积除以总的集气瓶体积，即得出空气中二氧化碳的体积分数。

教师：利用类似的方法，科学家测出了地球上空气中各成分的体积分数。由于目前地球人口的不断增加，资源日渐匮乏，再加上太阳已处在中年鼎盛时期，我们人类有必要寻求一个能承载地球生命模式的生命星球。在茫茫宇宙中要物色这样一个星球谈何容易，其中对该星球大气层中各成分的鉴定和体积分数的测定就显得尤为重要。科学家用类似的方法已测得火星大气主要成分是二氧化碳，其体积分数是95%；其次是氮气，占2.7%等。

2. 案例点评

本案例的探究问题要素属于方法策略技能的探究，核心探究问题主要是开发探究。在探究过程中，由教师提出问题，学生形成假设——设计方案——进行实验——交流表达——反思评价。在探究思维要素上，主要有假设创造、实验设计和实施、分析综合、抽象概括、归纳推论、演绎推理、理论解释、反思论证、批判质疑、优化改进。从探究水平来说，属于定量探究、实验探究和局部探究。本节课的探究素材来源于书本知识，探究教学的目的是为了获得并理解知识和方法。从探究教学环境要素来说，本节课的核心探究主要是课堂内外的实做探究。

在本案例中，教师为了引导学生理解测定空气中氧气的体积分数方法，将学生看、教师演示的实验设计成了学生探究活动，设计了“如何赶跑氧气”“选什么物质燃烧来消耗氧气”“用怎样的装置来进行这个实验”3个层层递进的探究问题。在“如何赶跑氧气”这个探究活动中，教师让学生依据已有知识，运用联想、系统思考等高级思维活动进行充分的假设创造、批判质疑；当学生提出“通过燃烧将氧气消耗掉”时，教师立即提出“选什么物质燃烧来消耗氧气”的探究问题，学生又基于氧气的化学性质进行假设猜想、分析综合等高级思维活动，理解了为什么选用红磷作为燃烧物；紧接着教师提出“用怎样的装置来进行这个实验”探究问题，学生在教师的引导启发下，对实验装置批判质疑、优化改进，高级思维能力得到进一步的锻炼。这个案例对如何用教材、开发教材资源具有示范作用。

本案例在教学策略方面也是值得借鉴的：一是教师引导学生突破思维的障碍。如教师先组织学生回忆如何测定稻谷籽粒中的含水量，引导学生思考怎么测定空气中氧气的体积分数——赶跑氧气；教师通过解释钢笔吸墨水的原理来帮助学生进一步思考用什么实验装置实施实验。二是及时让学生迁移、应用所学知识。在落实了“如何测定空气中氧气的体积分数”的知识后，教师又提出了“能否用同样的方法来测定空气中二氧化碳的体积分数”的问题，在教师的讲述中，学生认识到具体问题具体分析的道理，消除了可能产生的错误认识。

案例 2

1. 控制变量研究的实验设计[1]

探究任务 1：测定梨汁、橙汁和黄瓜汁中维生素 C 含量的多少。

教师：问题 1，水果中含有丰富的维生素 C，想请同学们和老师一起测定梨汁、橙汁和黄瓜汁中维生素 C 含量的多少，如何设计实验？

学生：将高锰酸钾溶液滴入果汁中。

学生：将果汁滴入高锰酸钾溶液中，观察褪色情况……

教师：问题 2，你认为刚刚设计的方案哪些比较好，哪些有不妥之处，需要改进呢？

（学生根据 PPT 图示出示的几种方案讨论评析，确定正确可行的方案）

教师（总结）：根据共同设计的方案演示实验，我们发现，使相同浓度和体积的高锰酸钾溶液恰好褪色的果汁原汁滴数从少到多的顺序是橙汁、梨汁、黄瓜

[1] 朱浩遐．“控制变量研究的实验设计”教学案例及反思 [J]. 化学教育，2012，（1）.

汁，由此得出结论：维生素C含量由多到少分别为：橙汁>梨汁>黄瓜汁，我们一起总结该方案中的不变因素和变化因素。问题3,请问该实验采用了什么方法？

学生：控制变量法。

教师：问题4，何为控制变量法？

学生：控制其他几个因素不变，集中研究一个变化的因素。

探究任务2：从控制变量的角度重新分析、认识教材中的实验设计。

教师：问题1，控制变量法在化学教材中一直是贯穿始终的，请同学们回顾一下哪些实验采用了这种方法？

学生分组讨论后，提出：（1）人体吸入的空气与呼出气体的探究；（2）铁丝分别在空气与氧气中燃烧；（3）分解过氧化氢溶液制取氧气时是否加二氧化锰，探究加不同种类的催化剂是否影响反应速率……

教师与学生共同分析以下典型实验（如下图）。

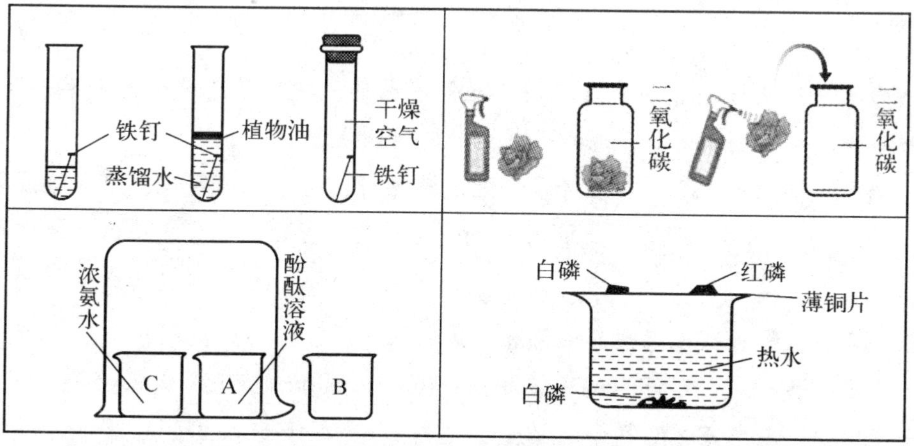

探究任务3：初步学会用控制变量的思想完成实验设计。

教师：问题1，铁在空气中长时间放置会生锈，铜如果长时间放置在空气中会怎样？

学生：也会生锈。

教师：资料1，李明同学视力不好，戴了一副眼镜（铜制眼镜框），某日发现镜框上出现了绿色物质，通过学习知道，该物质是铜锈，主要成分是$Cu_2(OH)_2CO_3$（俗称铜绿）。问题2，铜生锈与哪些物质或因素有关？

学生：铜生锈可能与空气中的水、氧气、二氧化碳有关。

教师：问题3，空气中的主要气体有氮气，你为什么不猜测与氮气有关呢？

学生：因为从元素守恒的角度来说，铜绿中不含氮元素。

教师：很好，问题4，请同学们根据猜想设计实验方案，将方案写在学案上，可图示。

学生思考并完成学案。

教师实物投影学生设计的方案，与学生一起评析各种方案的优缺点，并确定最佳方案。教师提供一组实验设计方案（如下图），请学生评析。

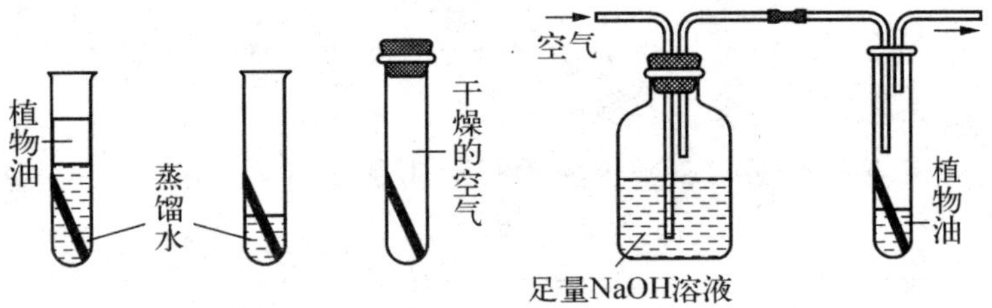

学生：从优化实验的角度考虑，A是多余的，它只考虑了水这个单一条件，另外还缺少一个铜丝与水、二氧化碳接触的对比实验。

教师：问题5，根据刚才对多种方案的评析，同学们很快找出了实验设计的不妥之处，再来看看D装置，这里的NaOH溶液有什么作用？你觉得设计严谨吗？

学生：吸收空气中的二氧化碳。不严谨，右边也应接一个吸收空气中的二氧化碳的装置，防止空气中的二氧化碳干扰实验。

教师：问题6，可是NaOH溶液中含有水，你如何确定二氧化碳是与NaOH发生了反应，而不是与溶液中的水发生反应？

学生：再做一个对比实验。

教师：问题7，怎么做？

学生：在充满二氧化碳的2个体积相同的软塑料瓶中分别注入等体积的水与NaOH溶液，旋紧瓶盖后振荡，观察瓶子瘪的程度。

教师：很棒，通过前面的学习，同学们掌握了控制变量法的应用。在现实生活和今后的学习中我们应该注意：为了研究一个变化的因素，必须控制住其他相关因素不变。

2. 案例点评

本课题的探究问题要素属于初中阶段的开发探究。在探究过程中，由教师提出问题，学生设计方案、收集证据、解释结论、交流表达、反思评价。在探究思维要素上，主要有假设检验、假设创造、变量控制、反思论证、批判质疑、优化改进。从探究水平来说，经历了执行、选择、评价的过程，属于定量探究和完整探究。从探究知识技能基础要素来说，本探究需要一定的过程方法。本节课的探究素材来源于实验现象，探究教学的目的是为了获得并应用方法。从探究教学的环境要素来说，本节课的核心探究主要是课堂内实验探究。

本课中，教师从探究主题的角度拆解出三个核心探究点：（1）测定梨汁、橙汁和黄瓜汁中维生素C含量的相对多少；（2）从控制变量的角度重新分析、认识教材中的实验设计；（3）初步学会用控制变量的思想完成实验设计。在第一环节的探究过程中，教师提出问题，学生设计方案、交流表达、优化改进。最后，师生总结出以上环节中所用的方法——控制变量法，并将该方法进一步界定。该环节培养了学生想象、比较、抽象概括的高级思维。在第二环节的探究过程中，学生在教师的带领下合作完成教材中的重要实验，深刻理解每个实验中相同与不同的因素。教师引导学生回归教材，将教材中点、线、面上的知识加以串联、提炼、比较和分类，理顺知识之间的关系。该环节培养了学生用控制变量的方法对教材中的知识进行分析综合和演绎推理的能力。在第三环节的探究过程中，教师引导学生学会用控制变量的思想设计探究影响铜生锈的因素的实验。学生分组交流后，将设计方案写在学案上。教师与学生一起评析各种方案的优缺点，并确定最佳方案。同时，教师提供一组实验设计方案，请学生评析和改进实验，再通过对比实验来验证改进。该环节培养了学生变量控制、系统设计、批判质疑、设计改进的高级思维能力及创新能力。

在教学策略上，首先，教师注重情境的创设，通过动画的自述引入，呈现、评析错误方案，通过回归教材、归纳总结、尝试设计等环节层层深入，引导学生在轻松愉快的环境中完成实验设计，使学生排除畏惧心理，认识到生活中处处有化学、化学中处处有生活的道理。其次，教师注重实验的设计，给学生一个探索实践的课堂。教师将学生置于探索者、发现者的地位，引导学生在了解基本概念的基础上，自主探究对比实验中的控制因素与可变因素，并在交流对话、合作探究中完善实验设计。再次，注重知识的迁移运用，给学生一个能力提高的课堂。教师借助多媒体教学手段，将自然、社会等各个领域中的相关知识有效整合进本课教学，努力折射实验设计的独特魅力。

案例 3

1. 石灰石的利用[1]教学实录

探究任务 1：探究碳酸盐的检验原理和方法。

教师：问题 1，课前老师给每个小组发了小块的珊瑚石和鹅卵石，它们中是否含有碳酸钙，请同学们设计实验检验。

学生分组实验，汇报现象和结论。

教师：问题 2，刚才的检验方法是利用了碳酸钙能与稀盐酸反应生成二氧化碳，二氧化碳通入澄清的石灰水能使之变浑浊的性质而设计出来的。现在，屏幕上出现了一组物质的化学式（碳酸钠、碳酸钾、碳酸氢铵等），请同学们思考两个问题：（1）这些物质在组成上与碳酸钙有哪些相似之处？（2）它们能与稀盐酸反应放出二氧化碳吗？

教师演示碳酸钠与稀盐酸的反应实验。

教师（总结）：两者都能发生反应放出二氧化碳气体。化学上把这类含有碳酸根的物质统称为碳酸盐。由碳酸钙的检验思路，我们可以推广得出碳酸盐的检验思路，这就是——取样，滴加稀盐酸，将生成的气体通入澄清石灰水。

探究任务 2：探究碳酸钙的分解。

教师：问题 1，英法侵略者的大火烧毁了圆明园，为什么这些质地坚硬的汉白玉石材一经大火就“粉身碎骨”了呢？

教师演示实验 1“碳酸钙的高温灼烧”。

教师：问题 2，石灰石灼烧后变酥、变脆，说明碳酸钙在受热情况下发生了什么反应？得到什么物质呢？

教师演示实验 2，将灼烧后的产物放入冷水中（块状固体被泡开，放出热量），

[1] 缪徐．“石灰石的利用”教学设计与点评反思 [J]. 中学化学教学参考，2011，(4)．

取上层清液，向其中通入二氧化碳气体（发现澄清的溶液变浑浊）。

教师：问题3，这说明刚才取出的澄清液体是什么？

学生：澄清的石灰水。

教师：问题4，澄清石灰水的有效成分是氢氧化钙，这氢氧化钙是如何得到的呢？请同学们阅读教材，寻找答案。

学生阅读、思考、讨论、表达。

教师总结。

2. 案例点评

本课题的探究问题要素属于初中阶段的物质性质探究。在探究过程中，教师提出问题、设计方案、演示实验，引导学生表达交流、解释结论。在探究思维要素上，主要有假设检验、理论解释。从探究水平来说，经历了执行、解释的过程，属于定性探究和局部探究。从探究知识技能基础要素来说，本探究内容属于元素化合物知识。本节课的探究素材来源于实验现象事实，探究教学的目的是为了获得知识。从探究教学环境要素来说，本节课的核心探究主要是课堂内实验探究。

本课主要有两个核心探究点：(1) 探究碳酸盐的检验原理和方法；(2) 探究碳酸钙的分解。在第一环节的探究过程中，教师提出问题，请学生设计实验方案。学生设计实验方案后，教师进行演示实验，引导学生总结碳酸盐的检验方法。该环节培养了学生系统设计、假设检验的能力。在第二环节的探究过程中，教师提出问题，并进行演示实验，学生分析现象得出结论。该环节培养了学生的分析归纳能力。

在教学策略上，首先，教师注重新知识与旧知识及日常生活知识的联系。其次，探究实验的设计运用不完全归纳的思路，由碳酸钙的检验推及碳酸盐的检验，符合个别到一般的认知规律。最后，将石灰石、生石灰和熟石灰三者进行相互转化，充分利用了个别与整体的关系。本案例的不足之处是给学生的思维空间和动手空间较少，可以尝试将演示实验改为学生分组实验，在关键问题的分析环节给学生更多的时间和空间。

案例 4

1. 基于科学研究体验的“原子核的组成”教学设计[1]

探究任务 1：质子的发现。

教师提供信息：资料一，说到放射性肯定要谈居里夫人，1903 年，皮埃尔·居里与玛丽·居里由于发现镭而获得诺贝尔物理学奖，给人们留下深刻印象的是他们的奉献精神。其实为了研究放射性对人体的影响，皮埃尔·居里把自己作为试验品，让胳膊裸露在放射性射线下数小时，以记录射线对皮肤的渐进烧伤反应，而居里夫人也在长期病痛之后，死于由过度辐射引起的血癌。资料二，卢瑟福提出了原子的有核模型，并发现了放射性的本质——元素的自发衰变。放射性元素的原子核放出射线后自身衰变成了另一种元素。

问题：从什么角度分析原子核由更小的微粒组成？

学生：不可能用显微镜观察到。

（其他学生大笑）

学生：一种原子的原子核会衰变成另一种原子的原子核，这说明原子核可以改变，原子核还有它的内部结构。

学生：原子核是极小的粒子，要探测其内部组成，就要让原子核发生变化，如高能量使其分解，通过这种变化看看有什么共同的东西从核中释放出来。

教师（提供信息证据）：卢瑟福最早致力于这方面的研究。1919 年，他在用 α 粒子（即氦原子）轰击氮原子核时，发现可产生出一种新的、射程更长、质量更小的粒子，并发现它带有一个单位的正电荷，推测其数目应与电子数相同，卢瑟福把他发现的这种粒子命名为“质子”。若用 α 粒子去轰击其他元素的原子核，也都产生类似的转变，并产生质子，说明质子是各种原子核里都有的成分。

学生有所感悟，初步体会到成功的喜悦。

教师适时启发、解释以帮助学生理解。

探究任务 2：中子的发现。

教师（提供信息）：资料一，质子发现后人们的困惑。一些科学家经过测量，发现氢原子的原子核的质量数约为质子数的 2 倍，所以原子核内还应有质量与质

[1] 范国芳，童宝康. 基于科学研究体验的“原子核的组成”教学设计 [J]. 化学教学，2010，(4).

子差不多的中性粒子。1920年，卢瑟福提出了原子核中可能存在一种中性粒子的预言："在某些条件下，一个电子有可能更紧密地与氢核（质子）相结合，从而形成一个中性偶极子。"但他在较长时间内无法测定该粒子存在。资料二，1930年，德国科学家玻特和贝克用 α 粒子轰击铍核时，发现并未发射出质子，而放出了一种新的射线，这种射线几乎不能使气体电离，在电场和磁场中也不发生偏转。1931年，居里夫妇重复了玻特和贝克的实验，并用这种未知射线去轰击石蜡。结果竟从中打出了质子。但令人惋惜的是，由于错误的判断，他们均与"中子"失之交臂！1932年1月底，查德威克获悉居里夫妇的实验，测出射线的速度不到光速的十分之一，排除了是 γ 射线的可能，然后又做了两项工作，成功证实了这种射线就是中子流。为此，他当之无愧地成为"中子之父"，并因此获得1935年的诺贝尔物理奖。

教师：问题1，根据上述材料，中子的质量、电性有何特点？

学生：原子核的质量数约为质子数的2倍，中子质量应与质子差不多。

学生：中子流几乎不能使气体电离，在电场和磁场中也不发生偏转，说明是不带电的。

学生：中子的质量较大，其射线的能量很大。用它去轰击石蜡，能打出质子。

教师：问题2，评价卢瑟福的预言。

学生：卢瑟福的预言是不准确的，中子应是独立的微粒。

教师：问题3，你认为查德威克除了排除了该射线是 γ 射线的可能外，还需要做哪两件工作？

学生：测出其质量应与质子的质量差不多。

学生：排除该粒子是由质子和电子组合而成的可能，即证明中子应是独立的微粒。

探究任务3：同位素的发现。

教师：在天然放射性逐渐被认清的基础上，人们知道有些放射性元素的原子虽然质量、放射性显著不同，但化学性质却完全一样。于是同位素被发现了。同位素的化学性质完全一样意味着什么？放射性为何显著不同？

学生：同位素的化学性质相同是因它们的核外电子数相同，且具有相同电子层结构。由于质子数＝核电荷数＝核外电子数，质子数相同，但由于它们的中子数不同，这就造成了各原子质量会有所不同，并导致其某些物理性质（如放射性、形成气体后的密度、扩散速度等）有所不同。

教师通过讲授，落实核素、同位素及质量数与中子数和质子数的关系等知识教学。

教师请学生结合原子核组成的研究史，谈学习体会。

学生：科学家探索原子核的结构经历了艰难的过程。

学生：实验、假设、模型等科学方法在化学研究中起着极其重要的作用。

学生：人类对原子核结构的认识是一个不断发展的过程。夸克的发现，并不意味着人类对原子结构的认识到了最后阶段。

学生：科学是没有国界的，对原子核的认识，既有个人的突出贡献，又是集体智慧的结晶。

学生：机遇偏爱有准备的头脑。

……

2. 案例点评

本案例的探究问题要素属于物质组成和结构的探究，核心探究问题主要是描述探究。在探究过程中，教师提出问题，学生形成假设、收集证据、反思评价。在探究思维要素上，主要有假设猜想、分析综合、抽象概括、归纳推论、理论解释、反思论证。从探究水平来说，属于定性探究、局部探究和非实验探究。本节课的探究素材来源于化学史，探究教学的目的是为了获得知识和方法。从探究教学环境要素来说，本节课的核心探究主要是课堂内的纸面探究。

在本案例中，教师围绕着“原子核的组成”以化学史实为线索设计了 3 个探究任务，“质子的发现”“中子的发现”“同位素的发现”。在“质子的发现”这一任务中教师提供科学史资料，让学生运用归纳推理、假设猜想等高级思维能力进行假设猜想，最后教师又以科学史做证据验证学生的假设；在“中子的发现”这一探究任务中，学生基于科学史资料进行分析综合、归纳推理、抽象概括和反思评价，高级思维能力得到进一步锻炼；“同位素的发现”这一探究环节侧重于学生对同位素异同点的解释，而理论解释也是高级思维要素之一。

在教学策略上，教师发掘知识背后的化学史素材，精心设计科学探究，让学生既体验到科学的艰辛，又体验到探究的快乐，实现了知识技能、过程方法和情感态度与价值观的三维教学目标，这是值得借鉴的。

案例 5

1．“生活中的过氧化氢”教学设计[1]

探究任务 1：过氧化氢的强氧化性。

教师：问题 1，凡是能杀菌消炎的物质体现了什么化学性质？

学生：强氧化性。

教师：问题 2，强氧化性的物质还兼有什么功能？

教师演示实验 1：验证过氧化氢的漂白性。学生两人一组，在 2 个小烧杯中分别倒入 20mL 的水和 10% 的过氧化氢的溶液，把 2 个新鲜的小红萝卜分别放入两个小烧杯中，观察两分钟。

探究任务 2：过氧化氢的弱还原性和酸性。

教师：问题 1，通过对说明书上所写药物相互作用的识读，过氧化氢除了强氧化性以外，还有什么化学性质？

学生：过氧化氢的弱还原性及酸性。

教师：问题 2，一种物质身上体现两种相互对立的性质，这种情况你见过吗？

学生交流讨论。

教师（总结）：一种物质的身上会出现氧化性和还原性两种互相矛盾的性质，这种现象比较普遍，这正体现了马克思主义哲学辩证法的核心——矛盾的观点。在刚刚学过的周期律的知识中，氢氧化铝就体现了相互矛盾的两种性质。

学生实验验证过氧化氢的氧化性和还原性。

教师（总结）：过氧化氢无论是作氧化剂还是作还原剂，反应后本身变成的物质不会对环境造成污染，是理想的一种氧化剂或还原剂。

2．案例点评

本课题的探究问题要素属于物质性质探究，核心探究问题主要是描述探究和

[1] 王红．“生活中的过氧化氢”教学设计 [J]. 化学教育，2010（增刊 I）.

因果探究。在探究过程中，教师提出问题，学生形成假设，进行实验、解释结论、表达交流。探究思维要素，主要有假设检验、变量控制、方案设计与实施。从探究水平来说，本探究属于定性探究、实验探究和局部探究。从探究物质条件来说，本探究需要具备一定的实验条件。本节课的探究素材来源于生产、生活实际，探究教学的目的是为了获得知识和方法。从探究教学环境要素来说，本节课的核心探究主要是课内外结合的实验探究。

在本课中，教师从知识的角度拆解出两个核心探究点：（1）过氧化氢的强氧化性；（2）过氧化氢的弱还原性和酸性。在探究过氧化氢的强氧化性时，教师引导学生根据过氧化氢说明书中介绍的过氧化氢是杀菌消炎物质预测体现了过氧化氢的哪些化学性质，学生提出强氧化性，并在教师的引导下提出过氧化氢兼有漂白性，并通过漂白性实验进行验证。在探究 2 中，教师引导学生再看说明书中药物相互作用，引导学生分析过氧化氢还有什么化学性质，学生提出弱还原性和酸性。在探究 1 中，教师提出问题，学生进行猜想假设、收集证据、解释结论，培养了假设检验、想象、分析综合和说明解释的能力。

在教学策略上，首先，教师选择的素材贴近学生生活而且能引起学生兴趣。其次，教师将过氧化氢的氧化性、弱还原性和酸性统一于过氧化氢的说明书这一项素材中，实现了教学素材和知识型内容的统一。建议在学生分析完过氧化氢的氧化性和还原性后，教师引导学生从氧元素的化合价上分析过氧化氢同时具有氧化性和还原性的原因，这对于学生高级思维能力的培养有进一步的意义。

案例 6

1.“乙烯与溴加成反应”探究式教学实录[1]

探究任务：乙烯与溴发生了什么反应？

教师：问题 1，请从已学的烷烃的性质和乙烯结构出发猜想乙烯与溴的反应，写出反应方程式，并说明依据。

学生：书本上是 $CH_2=CH_2+Br_2 \rightarrow CH_2BrCH_2Br$，我们也支持这种写法，因为乙烯中含的是 C=C，不饱和的碳应该会有变成饱和碳的趋势。反应时乙烯中碳

[1] 梁杏娟，郭君瑞，陈玲文.“乙烯与溴加成反应”探究式教学实录 [J]. 化学教学，2011，（11）.

碳双键中的一个键断裂。

学生：我们认为可能乙烯中的碳碳双键断裂，发生反应：

$CH_2=CH_2+2Br_2 \rightarrow 2CH_2Br_2$。

学生：前面我们学过乙烷不能与溴水反应，但可以与溴蒸气在光照条件下发生取代反应。因此我们认为，乙烯可能会与溴蒸气在光照下发生取代反应：$CH_2=CH_2+Br_2 \xrightarrow{光照} CH_2=CHBr+HBr$，断裂 C−H 键，生成的 $CH_2=CHBr$ 会继续与溴发生取代反应。

学生：我们认为乙烯中 C−H 键有可能与 C＝C 中的一个断裂键发生反应：$CH_2=CH_2+5Br_2 \xrightarrow{光照} CBr_3CBr_3+4HBr$。

学生：我们认为可能乙烯中的所有键都断裂，发生反应：$CH_2=CH_2+2Br_2 \rightarrow 2C+4HBr$。

教师展示方程式：

（1）$CH_2=CH_2+Br_2 \rightarrow CH_2BrCH_2Br$

（2）$CH_2=CH_2+2Br_2 \rightarrow 2CH_2Br_2$

（3）$CH_2=CH_2+Br_2 \xrightarrow{光照} CH_2=CHBr+HBr$

（4）$CH_2=CH_2+5Br_2 \xrightarrow{光照} CBr_3CBr_3+4HBr$

（5）$CH_2=CH_2+2Br_2 \rightarrow 2C+4HBr$

教师：问题 2，设计实验验证乙烯与溴发生了哪种反应。

学生设计实验并实施，把带导管的橡胶塞塞到充满乙烯的矿泉水瓶中，把导管的另一端插入盛有溴的四氯化碳溶液的试管中。挤压矿泉水瓶，把乙烯鼓入溴的四氯化碳溶液中。溴的四氯化碳溶液缓慢褪色。

学生（讨论）：乙烯可以与溴反应，但反应后的混合溶液中没有黑色固体，则得出不可能按式（5）发生，式（1）、（2）和（3）、（4）对比，（3）、（4）有 HBr 生成，所以应设计实验检验产物中有没有 HBr。

学生设计实验：（1）在反应混合液中加入 Na_2CO_3 溶液或紫色石蕊试液检验 H^+；（2）在反应混合液中加 $AgNO_3$ 溶液检验 Br^-。

教师（反问）：这样的设计一定能说明该反应的类型吗?

学生：如果 Br_2 没有反应完，由于 $Br_2+H_2O \rightarrow HBr+HBrO$ 则加入以上试剂一定会有现象，再说我们也不知道有机物中的溴原子能否与 $AgNO_3$ 溶液反应。

学生：即使 Br_2 反应完，取反应后的溶液进行检验也不一定正确，因为我们不知道 HBr 的性质，如溶不溶于 CCl_4 及其常温下的状态。

教师提供信息支持：

（1）能与 $AgNO_3$ 溶液反应的是 Br^-，有机物中的溴原子不与 $AgNO_3$ 溶液反应。

（2）Br_2 和 HBr 的沸点和溶解性见下表。

名称		Br_2	HBr
常温下的沸点		58.8℃	-66.8℃
溶解性	水	难溶	易溶
	CCl_4	易溶	难溶

学生重新设计实验，在乙烯与溴反应后的试管口放湿润的 pH 试纸检验 HBr。

实验过程：挤压矿泉水瓶，把乙烯鼓入溴的四氯化碳溶液中，把湿润的 pH 试纸放在试管口。

实验现象：pH 试纸变红色。

教师：试纸变红色就能说明有 HBr 生成吗?

学生（反思）：Br_2 易挥发，有可能通入乙烯使 Br_2 挥发出来。

（至此，学生的思维僵住）

教师（启发）：同学们刚才都想到把乙烯通入溴的四氯化碳溶液中，我们能否反其道而行之?

学生重新设计实验，在充满乙烯的矿泉水瓶中倒入适量溴的四氯化碳溶液，迅速塞好瓶塞，充分振荡。

实验现象：橙色褪去，矿泉水瓶瓶身凹陷。

学生（解释）：橙红色褪去说明乙烯与溴反应生成无色物质，瓶身凹陷说明乙烯与溴反应后气体体积减少。由于 HBr 是难溶于 CCl_4 的气体，如按式（3）、（4）进行，反应后气体体积不可能减少，前面我们学习了 CH_2Cl_2 常温呈液态，所以 CH_2Br_2 和 CH_2BrCH_2Br 也呈液态，所以应该按式（1）、（2）进行反应。

教师（启发）：到底是按式（1）还是按式（2）进行? 请同学们从断键角度进行讨论。

学生（讨论）：我们认为不可能断裂 C＝C，因为断一个键比断两个键更容易。

教师提供信息支持：碳碳双键的键能为 $615kJ \cdot mol^{-1}$，碳碳单键的键能为

$348kJ \cdot mol^{-1}$。

学生（质疑）：会不会先断 C=C 中的一根键生成 CH_2BrCH_2Br，然后再断 C−C 键呢？

学生：不可能的，根据前面学习的乙烷与 Br_2 的反应，只断了 C−H 键，可见 Br_2 不能使 C−C 键断裂。

得出结论：乙烯与溴的反应是乙烯分子碳碳双键中的一根键断裂发生反应：$CH_2=CH_2+Br_2 \rightarrow CH_2BrCH_2Br$，该反应称为加成反应。

教师及时引导启发、提供信息支持，引导学生总结概括出乙烯与溴的反应。

2. 案例点评

这个案例是基于有机化合物的具体化学反应进行的探究教学，改变了传统的实验验证、教师给出化学反应方程式的教学方式，学生在教师的引导下像科学家那样思考、探究，体验科学研究的艰难过程和成功的喜悦。它的探究问题要素属于物质性质探究，核心探究问题主要是描述探究。在探究过程要素上，教师提出问题，学生形成假设、设计方案、进行实验、收集证据、解释结论、交流表达、反思评价，经历了一个比较完整的探究过程。探究思维要素，主要有假设检验、方案设计与实施、分析综合、理论解释、反思论证。从探究水平来说，本探究属于定性探究、实验探究和完整探究。从探究物质条件来说，本探究需要具备一定的实验条件。探究教学的目的是为了使学生获得知识、体验过程方法。从探究教学环境要素来说，本节课的核心探究主要是课内的实验探究。

在这个案例中，教师围绕着"乙烯与溴的反应"设计了层层递进的 2 个驱动问题。在问题 1 中，学生运用联想发散、推理等高级思维活动进行充分的假设猜想并解释猜想的依据。在问题 2 中，学生设计检验生成物中有没有 HBr 来验证乙烯与溴发生何种反应，通过反思评价实验方案，发现行不通。教师及时点拨，学生发现可以通过反应前后气体体积的变化来证明乙烯与溴发生何种反应，最终得出乙烯与溴发生加成反应。在这一过程中，学生的分析综合、抽象概括、批判质疑等高级思维能力得到发展。

在新课程教学改革中，教师如何将知识充分展开进行化学探究，如何实现学科过程方法目标的达成，如何挖掘教学内容的思维张力，如何培养学生的高级思维能力，对于这些问题的解决，该案例具有很好的示范功能。

（二）应用主题的探究教学案例资源及评析

案例 7

1. 坏血病的克星——维生素 C 的探究 [1]

探究任务 1：探究维生素 C 水溶液是否具有酸性。

学生提出问题 1：维生素 C 俗称抗坏血酸，维生素 C 是否具有酸性呢？如果有，其酸性强弱呢？

探究实验：将 10 片维生素 C 片研碎，加入 100mL 蒸馏水溶解，过滤除去维生素 C 片含有的不溶性辅料，得到无色透明的维生素 C 溶液，按以下方案探究：①使用 pH 试纸；②滴加紫色石蕊试液；③取适量氢氧化钠溶液加入两滴酚酞，再滴加维生素 C 溶液；④向碳酸钠溶液中滴加维生素 C 水溶液；⑤取维生素 C 溶液，滴加酚酞，再滴加氢氧化钠溶液；⑥取维生素 C 溶液加入镁条；⑦取维生素 C 溶液加入氧化铁；⑧取维生素 C 溶液加入氢氧化铁。

探究结果如下表。

“维生素 C 溶液是否为酸性”探究实验总结（室温 18℃）

实验步骤	实验现象
滴加少量维生素 C 溶液于 pH 试纸上。	pH 试纸变红。
取少量维生素 C 溶液，滴加紫色石蕊试液。	石蕊试液变红。
取少量氢氧化钠溶液加入两滴酚酞，再滴加维生素 C 溶液。	溶液由红色逐渐褪为无色。
取少量维生素 C 溶液加两滴酚酞，再滴加氢氧化钠溶液。	溶液由无色逐渐变为红色。
取少量维生素 C 溶液，滴加碳酸钠溶液。	产生大量无色气体，该气体可使澄清石灰水变浑浊。
取少量维生素 C 溶液，加入镁条。	镁条表面产生大量无色气体。
取少量维生素 C 溶液，加入氧化铁。	隔夜基本看不到氧化铁粉末溶解。
取少量维生素 C 溶液，加入氢氧化铁。	隔夜基本看不到氢氧化铁粉末溶解。

[1] 徐亮亮．坏血病的克星——维生素 C 的探究 [J]. 中学化学教学参考，2011，（4）.

学生通过资料了解维生素C易溶于水并显酸性，0.5%水溶液的pH值为3，与醋酸酸性相近。

探究任务2：探究不同饮料中维生素C的含量。

探究实验：①分别向相同（不同）浓度的淀粉溶液中加入少量不同（相同）浓度的碘水，滴入农夫果园饮料，当溶液蓝色褪去时即为I_2与饮料中的维生素C恰好完全反应，记录所消耗的饮料滴数（每个实验分别重复进行三次，取平均值）。

②向浓度为0.6%的淀粉溶液中加入少量浓度为0.06%的碘水，分别滴入15种不同饮料，当溶液蓝色褪去时即为I_2与饮料中的维生素C恰好完全反应，记录所消耗的饮料滴数（每个实验分别重复进行三次，取平均值）。

③向浓度为0.6%的淀粉溶液中加入少量浓度为0.06%的碘水，分别滴入打开时间不同的农夫果园饮料，当溶液蓝色褪去时即为I_2与饮料中的维生素C恰好完全反应，记录所消耗的饮料滴数（每个实验分别重复进行三次，取平均值）。

探究结果如下表1、表2、表3、表4。

表1　不同浓度的碘水对饮料中维生素C测定的影响（室温18℃）

淀粉溶液浓度	碘水浓度	饮料名称	所用饮料滴数
0.6%	0.02%	农夫果园	2
0.6%	0.04%	农夫果园	7
0.6%	0.06%	农夫果园	11
0.6%	0.08%	农夫果园	16
0.6%	0.10%	农夫果园	20

表2　不同浓度的淀粉溶液对饮料中维生素C测定的影响（室温18℃）

淀粉溶液浓度	碘水浓度	饮料名称	所用饮料滴数
0.2%	0.06%	农夫果园	9
0.4%	0.06%	农夫果园	10
0.6%	0.06%	农夫果园	10
0.8%	0.06%	农夫果园	10
1.0%	0.06%	农夫果园	11
1.5%	0.06%	农夫果园	12
2.0%	0.06%	农夫果园	14

表 3　不同饮料中维生素 C 的测定结果（室温 18℃）

淀粉溶液浓度	碘水浓度	饮料名称	所用饮料滴数
0.6%	0.06%	康师傅冰红茶	2
0.6%	0.06%	娃哈哈冰红茶	5
0.6%	0.06%	统一冰红茶	2
0.6%	0.06%	雀巢原叶冰红茶	2
0.6%	0.06%	水溶 C100（柠檬味）	3
0.6%	0.06%	美汁源果粒橙	3
0.6%	0.06%	脉动（橘味）	7
0.6%	0.06%	农夫果园	10
0.6%	0.06%	果粒奶优（草莓）	23
0.6%	0.06%	汇源（桃汁味）	47
0.6%	0.06%	美年达（西柚味）	大于 50 滴不褪色
0.6%	0.06%	美年达（青苹果味）	大于 50 滴不褪色
0.6%	0.06%	美年达（橙味）	大于 50 滴不褪色
0.6%	0.06%	佳得乐（蓝莓味）	大于 50 滴不褪色
0.6%	0.06%	芬达（橙味）	大于 50 滴不褪色

表 4　饮料打开后存放时间对饮料中维生素 C 含量的影响（室温 18℃）

淀粉溶液浓度	碘水浓度	饮料名称	存放时间 /h	所用饮料滴数
0.6%	0.06%	农夫果园	0.1	10
0.6%	0.06%	农夫果园	12	12
0.6%	0.06%	农夫果园	24	18
0.6%	0.06%	农夫果园	36	41

2. 案例点评

本课题的探究问题要素属于初中物质性质探究，核心探究问题属于描述探究和关系探究。在探究过程中，学生提出问题、设计方案、分组实验验证，教师引导学生表达交流、对实验方案进行优化并解释结论。探究思维要素主要有假设检验、变量控制、方案设计与实施。从探究水平来说，探究经历了执行、解释、选择、评价的过程，属于定量探究。从探究知识技能基础要素来说，本探究属于元素化合物知识。本节课的探究素材来源于生活实际，探究教学的目的是为了获得知识和方法。从探究教学的环境要素来说，本节课的核心探究主要是课堂内实验探究。

本课主要有两个核心探究点：（1）探究维生素 C 水溶液是否具有酸性，属于定性探究；（2）探究不同饮料中维生素 C 含量比较，属于定量探究。在第一环节的探究过程中，学生提出问题，教师引导学生利用已有知识设计实验方案并进行分组实验，根据实验现象得出结论。该环节旨在引导学生对已经学习的酸、碱、盐和指示剂的知识进行复习，培养了学生假设检验、说明解释的高级思维。在第二环节的探究过程中，教师引导学生分组交流，设计实验方案，验证不同浓度的淀粉溶液、碘水、不同品牌的饮料以及开瓶后存放不同时间的饮料对维生素 C 测定的影响。首先，通过控制变量法分析得出了用于测定的淀粉溶液和碘水溶液的最佳浓度范围，让学生在探究过程中体会“对比实验是探究自然事物变化规律的一种有效的方法”。其次，对市场上销售的 15 种饮料分别进行了测定，得出了冰红茶类饮料在维生素 C 含量上具有良好的性价比，让学生“零距离”接触并应用定量分析的方法对身边的物质展开探究。最后，对打开后存放不同时间的农夫果园饮料进行了测定，发现随着存放时间的延长，饮料中维生素 C 含量不断降低，最好随开随喝。该环节培养了学生变量控制、系统设计的高级思维及创新能力。

在教学策略上，首先，教师选取的维生素 C 的素材贴近学生的生活，能引起学生的兴趣。其次，教师对素材进行充分的挖掘和加工，使得本案例中情景素材和知识线索浑然一体，保证了知识探究和方法学习的整体性。最后，在教学过程中，教师引导学生自己提出问题并有效地抓住学生的问题，让学生在动脑动手的过程中利用已有的化学知识解决生活中的实际问题，真正感受到化学这门学科的价值和魅力，为进一步深入学习化学知识提供稳定的“认知驱动力”。

案例 8

1. 化学史教学案例——水分子中的化学史[1]

探究任务 1：水的组成元素的确定。

教师：问题 1，通过哪些实验能够确定水是由氢、氧两种元素组成的？

学生：氢气与氧气燃烧的实验以及电解水的实验都可以证明水是由氢、氧两种元素组成的。

教师提供资料：1784 年，英国化学家开文迪许发现氢气与氧气化合生成水；1800 年英国化学家尼科尔森电解水，在阴、阳两级分别得到了氢气和氧气。建立元素概念的艰难历程：自古以来，人们一直认为水是组成世间万物的一种元素。例如，我国有“五行说”（金木水火土），古希腊有“四元素说”（水土气火）。英国的物理学家、化学家罗伯特·波义耳最先认识到这种物质观是错误的。早在 1661 年波义耳就指出物质由元素组成，元素应该是不能用化学方法再分解为更简单的物质的一种实物，但是这种观点真正被人们接受是在 100 多年以后，开文迪许发现氢气与氧气化合生成水，尼科尔森电解水实验的成功，才使人们认识到水不是一种元素，逐步接受波义耳的元素观念。

教师：问题 2，为什么在我们现在看来再简单不过的一种常识性的知识，其发展历程却如此漫长而艰辛？

学生：要打破人们固有的认识是很困难的。

学生：人的认识是随着科学的进步尤其是实验技术的提高而发展的。

探究任务 2：水分子的确定。

教师提供资料 1：

反应物甲的质量 /g	反应物乙的质量 /g	生成物丙的质量 /g
30	16	46
60	32	92
15	8	23
10	5.33	15.33

教师：问题 1，分析上表，猜想科学家会从中发现哪些规律？

[1] 徐敏，刘春生．化学史教学案例——水分子中的化学史 [J]. 化学教育，2009，（6）.

学生：科学家会从中发现质量守恒定律。

教师：科学家不仅能从中发现质量守恒定律，而且还能发现各反应物与生成物之间的质量比是恒定的。当时的科学家把这一定律称为当量定律。

教师提供资料 2：1803 年，道尔顿通过定量实验发现：碳的两种氧化物中碳与氧的质量比分别为 5.4：7 和 5.4：14。同时发现与同质量的碳化合的氧的质量比为 1：2。由此提出倍比定律：当两种元素化合生成一种以上的化合物时，与一定质量的某种元素化合的另一种元素的质量之间成简单整数比。

教师：为什么在不同的化合物中同一种元素的含量比恰好为正整数呢？为什么反应前后物质的质量会守恒？科学家在思考这些问题时可能对物质的组成产生怎样的认识？

学生：科学家可能认识到物质是由原子构成的。只有认识到物质是由原子构成的，质量守恒定律、倍比定律、当量定律才能成立。

教师提供资料 3：原子学说的发展。

教师：问题 2，原子论的确立过程对你有何启示？

学生：没有想到我们习以为常的质量守恒定律居然能够帮助科学家认识到物质是由原子构成的，这让我们重新认识到质量守恒定律的价值。

学生：科学家根据宏观物质之间的定量关系推测出物质是由微观的、看不见的原子构成的，这种思维方法值得我们学习。

教师提供资料 4：1805 年，法国化学家盖·吕萨克、德国自然科学家亚历山大·冯·洪堡特精确测定水的组成。他们用电火花点燃氢气和氧气的混合物，发现氢气、氧气、水蒸气的体积比永远是 2：1：2。盖·吕萨克做了大量有关气体反应的实验，又归纳了其他化学家所做的气体实验，进而得出规律：气体在相互化合时，参加反应的气体体积间成一个简单的整数比。盖·吕萨克认为由于化合时原子的整数比才能导致体积的整数比，于是提出假说：在同温同压下，相同体积的气体（无论是单质还是化合物）中含有相同数目的原子。盖·吕萨克认为这将是支持原子论的又一有力证据。然而最先反对这一假说的恰恰是道尔顿。道尔顿认为原子论与盖·吕萨克假说之间存在不可调和的矛盾。

教师：问题 3，你认为原子论与盖·吕萨克假说之间存在怎样的矛盾？2 个氢原子与 1 个氧原子如何形成 2 个“水原子”？（矛盾:要想生成 2 个“水原子”，

必须将1个氧原子分为两半，配到两个“水原子”中，这与原子不可分割的观点是对立的）

教师提供资料5，矛盾的解决——阿伏加德罗定律的产生：1811年，意大利科学家阿伏加德罗为了合理解释道尔顿原子论与盖·吕萨克气体简比定律的矛盾，提出了分子的概念，纠正了盖·吕萨克假说的谬误之处。阿伏加德罗指出，在同温同压下，相同体积的气体（无论是单质还是化合物）中含有相同数目的分子。阿伏加德罗认为简单气体的分子由2个原子构成。

学生依据阿伏加德罗定律确定水的分子式：$2H_2 + O_2 = 2H_2O$。

探究任务3：水的相对分子质量的测定。

教师：问题1，为什么科学家不直接测定原子的质量？人们将6.02×10^{23}个微粒的集体定为1mol，道尔顿把氢原子的相对重量定为1，你认为两者在思想方法上有何共同之处？

学生：原子看不见摸不着，质量微小无法直接测定，将氢原子的相对重量定为1，作为比较其他元素原子相对重量的基础，这是采用了化小为大的方法。

教师：问题2，道尔顿的计算思路正确吗？具体计算错在哪儿？

学生：道尔顿的错误在于，他武断地认为水分子就是由1个氧原子和1个氢原子构成的，这是他出错的根本原因。

教师（总结）：正因为道尔顿不接受阿伏加德罗定律，将原子、分子混为一谈，导致水乃至很多物质的化学式、元素的相对原子质量长期处于混乱状态。由此可见，阿伏加德罗定律对确定物质组成、元素的相对原子质量具有重大意义。

探究任务4：水分子结构的确定。

教师：当人们已经明确水分子的组成后，你认为接下来人们会研究水分子的哪些方面的问题？

学生：氢、氧两种原子是如何结合成为水分子的？

学生：为什么氢、氧两种原子的比例一定是2∶1？

学生：水分子具有怎样的结构？

教师（总结）：同学们思考的问题也正是历史上科学家们研究的问题，我们将在“物质结构”模块中学习。

2. 案例点评

本课题的探究问题要素属于物质组成与结构探究，核心探究问题主要是描述探究和关系探究。在探究过程中，由教师提出问题，学生进行联想、抽象概括、说明解释。探究思维要素主要有解释和选择。从探究水平来说，本探究属于其他形式的探究和局部探究。从探究物质条件来说，本探究需要储备一定的化学史资料。本节课的探究素材来源于科技动态信息，探究教学的目的是为了应用知识和方法。从探究知识技能基础要素来说，学生需要具备一定的元素化合物知识。从探究教学环境要素来说，本节课的核心探究主要是课内外结合的实做探究。

在本课中，教师从探究主题的角度分解出四个核心探究点：(1) 水的组成元素的确定；(2) 水分子的确定；(3) 水的相对分子质量的测定；(4) 水分子结构的确定。在核心探究 1 中，教师提出问题，学生根据已有的元素化合物及相关实验知识回答，证明水是由氢、氧两种元素组成的。同时，教师给出两个化学事实及建立元素概念的艰难历程的史料，引导学生思考科学研究的过程给予后人的启示。在核心探究 2 中，教师通过给出化学史料中的数据，引导学生找规律，重温科学家发现质量守恒规律的过程。教师再给出当量定律及相关史料，引导学生获得启示。在核心探究 3 中，教师介绍道尔顿原子论的内容并给出他测定原子量的方法，然后引导学生思考。学生通过反思体会到科学家采用了化小为大的方法，非常可贵的是学生发现了道尔顿武断地认为水分子就是由 1 个氧原子和 1 个氢原子构成的错误假设。该过程对于培养学生批判质疑的高级思维能力具有重要意义。在核心探究 4 中，教师引导学生提出问题，学生提出一些涉及物质结构的问题，对于培养创新能力具有重要价值。

在教学策略上，教师以水为载体，把学生放在反思者的位置，引导学生在追寻元素、原子、分子等基本概念的历史生成过程中体会质量守恒定律、阿伏加德罗定律对化学发展的重大意义。这种设计将情景素材与本节课的知识内容完美地整合为一体，留给学生的印象也会是整体性和持久性的。

案例9

1.“暖宝宝使用前后主要成分的探究”教学实录[1]

探究任务1：暖宝宝使用前的主要成分验证。

教师：问题1，如何验证产品中的铁粉和食盐？

学生：直接用磁铁吸引铁粉。

学生：用硝酸酸化的硝酸银溶液检验氯离子。

教师：问题2，以上两个方案完整吗？可操作性强吗？（引导学生注意检验物质的两个重要的注意点：①除干扰物质，自来水中氯离子的干扰等；②样品处理，如离子检验首先要形成溶液、取样检验等）

学生根据教师的提示，进一步修正方案。

教师演示实验，对铁粉进一步验证并对氯离子进行检验，帮助学生完成验证。

探究任务2：暖宝宝使用后的主要成分探究。

教师：问题1，这些常见的物质我们都曾接触过，它们能单独供热吗？要想知道暖宝宝供热原理，我们不妨先研究暖宝宝使用后的成分是什么，每位同学可以观察表面皿中的样品。（1）NaCl还存在吗？（演示实验：氯离子的检验）（2）铁粉是否参加反应？（3）铁元素可能形成怎样的化合物？

教师提供资料1：投影展示“资料链接：暖宝宝使用后铁元素以相应价态氧化物的形态存在”。

教师：问题2，样品中不同价态的铁如何检验？

学生回顾可能的方法并判断选择最佳方案，分组实验，完成不同价态铁的检验实验并填写表格。

学生点评其他学生设计的方案，适时纠正方案设计中的不当之处。初步得出结论：样品试液中同时存在Fe^{2+}和Fe^{3+}。

教师：问题3，想一想，你的假设被成功验证了吗？

学生再次交流自己的检验方案，尝试发现问题。

学生：酸性$KMnO_4$溶液褪色可能是由样品试液中残留的活性炭导致。

教师：（1）暖宝宝使用后，样品中的铁粉完全反应了吗？对检验结果有影

[1] 顾晔．“暖宝宝使用前后主要成分的探究”教学实录[J]. 化学教育，2011，（12）．

响吗?

（2）结合对氯离子的检验，思考酸性 $KMnO_4$ 溶液褪色是否一定是 Fe^{2+} 的还原性导致的。

学生结合教师的启发，通过对实验方案的质疑对探究结论进行修正，再次得出结论：暖宝宝使用后的样品中肯定存在三价铁，也可能存在二价铁。

教师总结、评价学生的质疑结果，在相关问题上予以解答或帮助（如为排除酸性条件下氯离子的干扰，选用铁氰化钾检验 Fe^{2+} 等）。

2. 案例点评

本课题的探究问题属于高一化学的物质检验探究，核心探究问题主要是描述探究和因果探究。在第一环节的探究过程中，教师提出问题，学生设计方案、进行实验、交流表达、修正实验方案。在第二环节的探究过程中，学生提出假设、设计方案、实验探究、验证假设。探究思维要素主要有假设检验、假设创造、变量控制、方案设计与实施假设检验。从探究水平来说，本探究属于定性探究、实验探究和局部探究。从探究物质条件来说，本探究需要具备一定的实验条件。本节课的探究素材来源于生活实际，探究教学的目的是为了获得知识和方法。从探究教学环境要素来说，本节课的核心探究主要是课堂内实验探究。

在本课中，教师从探究主题的角度拆解出两个核心探究点，带学生进入实验探究状态，在验证过程中呈现常见的物质检验思路，为后面的自主探究打下基础。在核心探究 2 中，探究“暖宝宝”使用后的成分，该部分设计为学生的分组探究，探究重点是铁的氧化物中的价态。教师指导学生按照“提出假设→设计方案→实验探究→验证假设”的基本探究思路，在 Fe^{2+}、Fe^{3+} 的检验过程中发现问题、分析问题并尝试解决问题，最后对整个实验过程进行质疑、回顾和小结。该环节对于培养学生的假设检验、系统设计、批判质疑、设计改进的高级思维能力具有重要价值。

在教学策略上，首先，教师用贴近生活实践的实验素材让学生学习“真”化学。教师以“暖宝宝使用前后主要成分的探究”为素材将元素化合物知识和物质的检验融为一体。其次，教师用不完美的探究结果换取学生求真务实的科学态度。本次实验对暖宝宝使用后成分的探究结果是不完美的——是否存在二价铁的化合物未能确定。这种设计理念可以培养学生科学探究的价值观，这也是学生面临实际问题时不能回避的。

案例 10

1.“84 消毒液性质的探究”教学设计 [1]

探究任务：84 消毒液的化学性质。

教师：问题 1，根据 84 消毒液的组成，大家觉得它应该有什么样的化学性质呢？

学生讨论，提出猜想。

教师：84 消毒液是一种溶液，我提议大家先探究其酸碱性。现在请大家设计探究该溶液酸碱性的实验方案。

学生（讨论后得出）：在 84 消毒液中滴加酸碱指示剂或使用 pH 试纸。

学生在教师提议下统一使用酚酞指示剂，观察现象，汇报交流，得出结论——84 消毒液呈碱性。

教师：问题 2，84 消毒液中滴加酚酞试液显红色，为什么又会迅速褪色？

学生：84 消毒液有漂白性。

教师：84 消毒液真的有漂白性吗？请你设计方案探究其有无漂白性。

学生讨论后，提出实验方案：取一小片红纸滴加 84 消毒液，观察现象。

学生小组实验，观察现象，汇报结果，得出结论——84 消毒液具有漂白性。

教师：那么能不能由此确定，84 消毒液中滴入酚酞后溶液红色迅速褪去就是漂白性的缘故呢？

学生讨论。

教师（启发）：溶液变红，必须要具备什么条件？

学生：溶液碱性和酚酞。

教师：也就是说，溶液褪色可以说明这两个条件中至少有一个已经不存在了。那么，有没有可能是溶液碱性的问题呢？如溶液中的 HClO 中和了碱。大家能否设计实验方案探究到底是哪一个条件不具备了？

---

[1] 朱庆斌.“84 消毒液性质的探究”教学设计 [J]. 化学教学，2010，(9).

学生设计实验方案1：向溶液中再滴入几滴酚酞试液，若溶液仍然变红，则说明溶液仍为碱性而褪色是没有酚酞的缘故；反之，就是溶液碱性失去，酚酞可能仍然存在。

学生设计实验方案2：向溶液中加几滴NaOH溶液，若溶液变红，则说明溶液碱性失去，酚酞仍然存在；反之，就是溶液中没有酚酞了，溶液可能仍为碱性。

学生分成2组，分别进行方案1、2。汇报现象，得出结论——酚酞没有了。

教师：酚酞为什么没有了？

学生讨论回答，教师归纳：酚酞被氧化了，说明溶液褪色确实是漂白性所导致。

教师：问题3，84消毒液能杀菌消毒，有漂白性，到底是什么原因？

学生：因为次氯酸具有强氧化性。

教师：怎样验证它的强氧化性呢？请你们设计实验方案进行探究。

学生设计实验：在淀粉碘化钾试纸上滴几滴84消毒液的稀释液，观察试纸是否变蓝，或向Na_2S溶液中滴几滴84消毒液的稀释液，观察是否有浑浊。

学生分组实验，汇报现象，得出结论——84消毒液具有强氧化性。

教师：问题4，84消毒液和洁厕灵（主要成分是盐酸）混合使用消毒效果会不会更好呢？

教师播放视频：有一位家庭主妇清洁马桶，使用洁厕灵进行消毒，觉得还不够干净，又使用84消毒液，导致卫生间内弥漫着黄绿色气体，这位主妇被熏倒了，送到医院救治。

教师演示实验：将84消毒液与洁厕灵在锥形瓶中混合，并用湿润的淀粉碘化钾试纸检验Cl_2，实验完毕立即在锥形瓶口塞上一个装满碱石灰的干燥管。

教师：用化学方程式和离子方程式表示84消毒液与洁厕灵的反应。

学生：$NaClO + 2HCl = NaCl + Cl_2\uparrow + H_2O$

$ClO^- + 2H^+ + Cl^- = Cl_2\uparrow + H_2O$

教师：这体现了次氯酸的什么性质？

学生：氧化性。

教师总结：84消毒液的性质（如下图）。

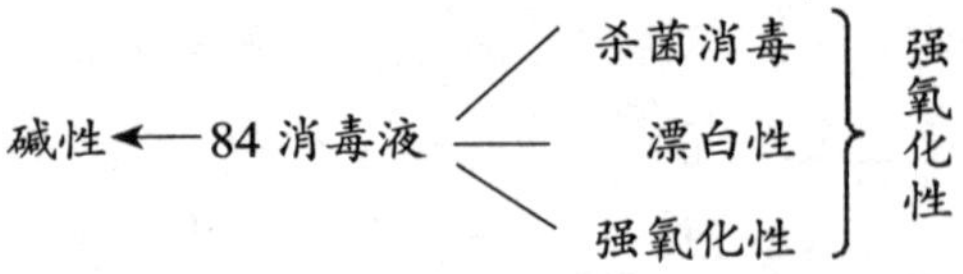

教师：问题 5，请阅读 84 消毒液的产品说明书并解释使用注意事项。

教师提供信息资料，84 消毒液产品说明书：本产品是次氯酸钠和氯化钠的混合溶液，有效成分是次氯酸钠。使用注意事项：(1) 本产品若不慎接触到皮肤，请用清水冲洗。(2) 本产品不适用于碳钢和铝制品的消毒。(3) 本产品易使有色衣物脱色。(4) 本产品应置于避光、阴凉处保存。

学生（讨论）：(1) 碱性和强氧化性对皮肤有腐蚀性，使用 84 消毒液时，最好戴上手套。(2) 铝具有两性，能和碱反应。(3) 漂白性。(4) 不稳定性。

教师归纳总结。

2. 案例点评

本案例的探究问题要素属于物质性质探究，核心探究问题主要是描述探究和因果探究。在探究过程中，教师提出问题，学生设计方案、进行实验、收集证据、解释结论、交流讨论。探究思维要素主要有控制变量、实验设计和实施、分析综合、抽象概括、归纳推论、理论解释。从探究水平来说，本探究属于定性探究、实验探究和局部探究。从探究物质条件来说，本探究需要具备一定的实验条件。本节课的探究素材来源于生产、生活实际，探究教学的目的是为了应用知识和方法。从探究教学环境要素来说，本案例的核心探究主要是课堂内的实验探究。

本案例中，教师设计了 5 个层层深入的探究问题，在探究问题 1 中，学生通过观察酚酞滴入 84 消毒液中显红色，得出 84 消毒液呈碱性，但他们发现溶液很快褪色了。教师及时提出探究问题 2，学生猜测 84 消毒液具有漂白性，并进行实验验证猜想，从而得出 84 消毒液具有漂白性。教师立即提出问题引导学生深入探究，培养了学生思维的严密性和分析综合的能力。在探究问题 3 中，教师引导学生根据 84 消毒液杀菌消毒和漂白性猜测 84 消毒液具有强氧化性并通过实验验证。探究问题 4 和 5 都是针对真实情境进行的解释探究，在解释的过程中，学生的知识得到迁移，能力得到锻炼。

从教学策略上来说，本案例涉及的素材与学生的生活联系紧密，对学生未来的生活具有一定的指导意义，所以能激发学生的探究兴趣。教师启发引导学生进行多层次的深入探究。在问题 2 中，教师没有让学生浅尝辄止，而是引导学生进行严密、深入的探究。整个教学设计体现了化学知识从生活中来、到生活中去的新课程理念。建议该教学设计结合“化学与生活”模块进行教学。

案例 11

1.“豆腐中某些成分与性质的检验”教学设计[1]

探究任务 1：探究豆腐中的某些成分。

教师让学生自主提出要探究的问题，根据学生提出的问题进行引导。

学生自由讨论，根据常识提出要探究的具体问题。

学生提出问题：豆腐可能有哪些成分？怎么检验？

学生：蛋白质、钙离子。

教师：大家知道蛋白质的鉴定方法吗？

学生小组讨论交流，小组代表回答。

教师先肯定学生的不同方法，然后选择最有效的方法：蛋白质遇到浓硝酸，微热后呈黄色沉淀。因为蛋白质分子中一般含有带苯环的氨基酸单元，浓硝酸和苯环发生硝化反应，能够生成黄色的硝基化合物，故可用来鉴定蛋白质。

学生取豆腐直接放入大试管中，滴加 2 滴浓硝酸后微热，展示实验现象，得出实验结论——豆腐中含有蛋白质。

教师：怎么证明豆腐中含有钙离子？

学生：一般都会想到选用碳酸盐溶液与 Ca^{2+} 反应生成不溶于水的白色沉淀。

$Ca^{2+} + CO_3^{2-} = CaCO_3\downarrow$

教师提供信息支持：草酸盐与 Ca^{2+} 反应生成不溶于水的白色沉淀：$Ca^{2+} + C_2O_4^{2-} = CaC_2O_4\downarrow$。$K\text{sp}(CaCO_3) = 2.9\times10^{-9}$；$K\text{sp}(CaC_2O_4) = 2.0\times10^{-9}$。

教师：CO_3^{2-} 和 $C_2O_4^{2-}$ 都可以检验 Ca^{2+}，选用哪种方法更好呢？

学生：溶度积越小，越易形成沉淀，所以选择草酸盐来鉴定钙离子。

[1] 陈辉，郑文年.“豆腐中某些成分与性质的检验”教学设计 [J]. 中学化学教学参考，2010,（7）.

教师：豆腐滤液为乳白色，产生的白色浑浊不易观察，请问如何解决？

学生:做对比实验。取相同的豆腐稀滤液于两支小试管中，一支加入草酸盐，另一支不加试剂，进行对比观察。

教师：豆腐滤液为乳白色，要想对比效果明显，是选用浓溶液的效果好还是选用稀溶液的效果好？

学生恍然大悟，决定选用豆腐的稀滤液。

学生取豆腐于小烧杯中，加水、捣碎、过滤得到乳白色的豆腐滤液，将其稀释后，取等量滤液加入两支小试管中，其中一支滴加草酸钠，另一支做对比观察。

教师深入各小组，及时解决实验中的困难。

教师：多种金属离子遇 $C_2O_4^{2-}$ 都会产生白色沉淀，如 Mg^{2+}、Ba^{2+} 等，豆腐中含有多种金属离子，仅仅通过沉淀反应观察白色沉淀会受到其他离子的干扰，请问，还可以使用什么方法直接鉴定豆腐中确实含有 Ca^{2+} 呢？

学生：可以利用物理性质，做焰色反应鉴定 Ca^{2+} 存在。

教师：传统的焰色反应用铂丝蘸取待测液在酒精灯上灼烧，由于玻璃中含有金属钠离子，故酒精灯火焰略显黄色，为了避免颜色干扰，我们改用酒精喷灯。目前，我们实验室没有那么多的酒精喷灯给大家使用，怎么办呢？

学生：使用打火机代替。

学生将豆腐的滤液溶于95%的酒精溶液后装入带有喷雾功能的塑料瓶，点燃打火机，将豆腐的滤液喷于打火机上方，观察火焰颜色，展示探究结果，得出实验结论——豆腐中含有可溶的钙离子。

教师引导感兴趣的学生课后继续完成豆腐其他成分的鉴定。

探究任务2：豆腐的某些性质的检验。

教师:问题1，请问该滤液属于溶液还是胶体？你的依据是什么？如何证明？

学生：豆腐稀滤液可能是胶体，因为豆浆是胶体；可以利用激光笔的红外线照射豆腐稀滤液，观察稀滤液是否有丁达尔效应。

学生用红外线照射豆腐的稀滤液，从垂直于光线的方向进行观察，展示实验现象，得出实验结论——豆腐滤液属于胶体。

教师：问题2，大家是否有过这样的亲身经历：夏天早晨买的豆腐、豆浆，在室内放置到中午就变质了；而密封的豆腐的保质期可以延长至三天，由此猜测豆腐可能具有什么化学性质？

学生：豆腐、豆浆可能与空气中的氧气反应，因而具有还原性。

教师：用什么方法证明豆腐具有还原性？

学生：一般会选用强氧化剂 $KMnO_4$、$K_2Cr_2O_7$ 或 H_2O_2 等。

学生选用紫红色的酸性 $KMnO_4$ 溶液，向盛有豆腐滤液的小试管中逐滴加入并振荡，观察颜色变化。

教师：高价金属的阳离子也具有较强的氧化性，据此，我们还可以选用什么方法证明豆腐具有还原性？

学生：选用 $FeCl_3$ 溶液。

教师：浅黄色的 $FeCl_3$ 溶液滴入乳白色的豆腐滤液后，颜色变化不易观察，怎么办？能否想办法让 $FeCl_3$ 溶液像 $KMnO_4$ 溶液一样变色明显呢？

学生：在 $FeCl_3$ 溶液中先滴入硫氰化钾，溶液显血红色，证明 Fe^{3+} 存在，然后滴入豆腐滤液，如果红色褪去，可说明豆腐具有还原性。

学生向小试管中滴入一滴 $FeCl_3$ 溶液和一滴硫氰化钾溶液，溶液变为血红色，再向变红的溶液中逐滴加入豆腐滤液并振荡，观察颜色的变化，展示探究结果，得出实验结论——豆腐具有还原性。

2. 案例点评

本案例是物质成分检验和物质性质的探究，核心探究问题主要是描述探究。在探究过程中，学生提出问题，教师引导探究，学生形成假设、设计方案、进行实验、得出结论、表达交流。探究思维要素主要有假设检验、变量控制、方案设计和实施。从探究水平上来说，本探究属于定性探究、实验探究、局部探究。从探究物质条件来说，本探究需要具备一定的实验条件。本节课的探究素材来源于生产、生活实际，探究教学的目的是为了应用知识和方法，从探究教学环境要素来说，本节课的核心探究主要是课内外结合的实验探究。

在本案例中，教师根据学生的已有知识设计了两个核心探究环节。在核心探究 1 进行钙离子检验的过程中，学生设计用 CO_3^{2-} 来检验，教师没有进行评价，而是提供了草酸钙和碳酸钙的溶度积信息，学生分析推理后认为 $C_2O_4^{2-}$ 作为沉淀剂更好，并在教师的启发引导下设计对比实验进行验证。接着，教师提出 $C_2O_4^{2-}$

作为沉淀剂的不足，引导学生用焰色反应进行实验验证，从而得出豆腐中含有钙离子的可靠结论。在核心探究 2 探究豆腐的还原性这一过程中，教师通过豆腐的保存这一宏观现象引导学生推测豆腐具有还原性；在学生设计实验的过程中，教师引导启发学生设计具有明显现象的实验方案。在两个核心探究中，学生体验了猜想预测、实验设计、进行实验、收集证据、得出结论的一般探究过程，经历了假设检验、实验设计与实施、分析综合、优化改进等高级思维过程。建议教师结合“化学与生活”模块将本课题开发成课外探究活动，整体设计可以再开放一些。

在教学策略上，教师选取来源于学生日常生活的素材，容易激起学生的探究兴趣，在教学设计上注重过程方法的培养。

第三章 考试评价中的探究案例资源研究

随着探究式教学研究的深入，对学生的探究能力的考查引起了各类考试评价者的关注，中考、高考考试说明分别对化学实验与探究能力的考查提出了明确的要求。本研究从问题要素、过程要素和问题解决过程中需要经历的高级思维活动三个角度分别对 2009 ~ 2011 年新课程实验区高考化学试卷中的实验探究题和 2010 ~ 2012 年部分地区中考化学试卷中的实验探究题进行了分析。

一、考试评价中的化学探究主题资源概述

根据总课题组研制的化学探究活动主题资源的编码分类框架，本研究将实验探究题的问题要素界定为物质性质探究、物质分离探究、物质检验探究、物质反应规律探究、物质组成与结构探究和物质制备探究六类。通过对中考和高考的部分实验探究题的问题要素分析（统计结果如下图所示）可得出以下结论：(1) 中考试题以物质性质探究和物质检验探究为主，涉及的物质有 H_2、O_2、Fe、CO、CO_2、CaO、$CaCO_3$、Na_2CO_3 等，几乎覆盖了初中化学中的所有核心物质。(2) 中考试题较少涉及反应规律探究和物质组成与结构探究。其中，反应规律探究主要包括对质量守恒定律的探究、对金属活动性顺序的探究和对钢铁腐蚀条件的探究。(3) 中考试题几乎覆盖物质分类和物质制备探究。(4) 高考试题以物质检验和物质制备探究为主，其中涉及的元素为高中化学课程内容中要求的核心元素，如硫、铁等。(5) 在高考试题中，关于物质分离的探究多与工业生产相结合，其素材来源包括矿物提取、海水资源的综合利用等。(6) 近三年的高考题中很少出现反应规律的探究。纵观全部新课程高考化学试题，可见关于反应规律的探究基本集中在对影响化学反应速率的因素的探究上。

中考、高考实验探究试题的探究问题要素分析

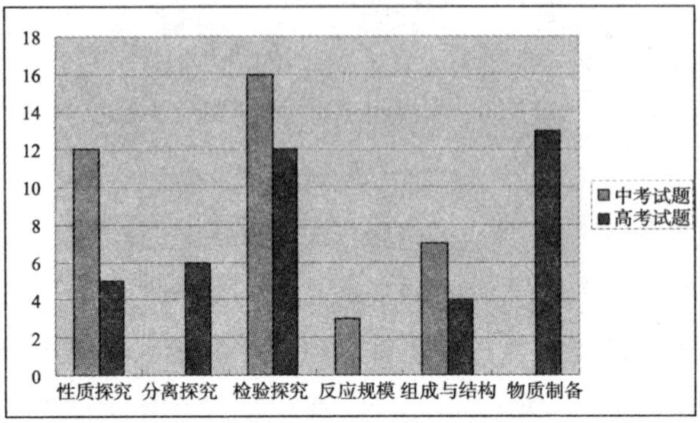

根据总课题组研制的化学探究活动主题资源的编码分类框架，本研究将实验探究题的过程要素界定为提出问题、形成假设、设计方案、进行实验、收集证据、解释结论、交流表达和反思评价八个要素。考虑到纸笔评价测试的特殊性，未对进行实验和交流表达要素进行分析。通过对中考和高考中部分实验探究题的过程要素分析（统计结果如下图所示）可得出以下结论：（1）中、高考试题中均未对提出问题要素进行考查。实验探究试题都是在明确探究问题的前提下展开的。（2）中考实验探究题的试题结构基本上按照探究环节展开（从提出问题开始，到评价反思结束），因此，对于形成假设、设计方案、收集证据、解释结论、反思评价等要素的考查比较均衡。而高考实验探究题则比较关注对设计方法、解释结论的考查，而对于形成假设、收集证据的考查则比较薄弱。

中考、高考实验探究试题的探究过程要素分析

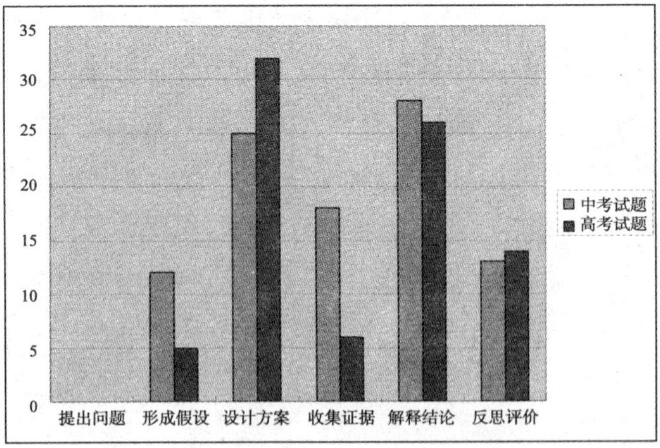

根据总课题组研制的化学探究活动主题资源的编码分类框架，本研究将实验

探究问题解决过程中需要经历的高级思维活动的类型界定为联想、想象和比较、论证、质疑和批判、系统思考、变量控制、系统设计、分析综合、抽象概括和模型建构等。通过对中考和高考中部分实验探究题的问题解决过程中需要经历的高级思维活动的分析（统计结果如下图所示）可得出以下结论：（1）中、高考试题中均未涉及对联想、抽象概括、模型建构等高级思维活动的考查，均比较重视对分析综合思维活动的考查。（2）总体来看，高考实验探究题更加关注对各种高级思维活动的考查，特别是对于系统思考、系统设计、分析综合等高级思维活动的考查在高考试题中尤为突出。（3）相比较而言，中考试题中比较关注对论证思维活动的考查。

中考、高考实验探究试题问题解决过程中的高级思维活动分析

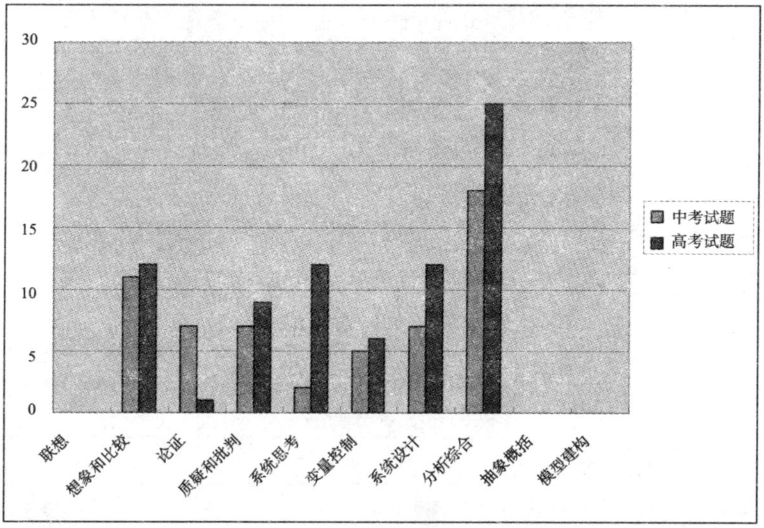

将考试评价中的探究案例资源的分析结果与目前中学化学探究式教学实践中存在的问题和局限进行对比可见，两者既有共性又有差异。其中，共性表现在两者均存在较多总结归纳、较少论证解释，较多假设检验、较少假设创造，较多统一限定的探究、较少开放发散的探究，较多基于元素化合物知识的探究、较少有关概念原理知识的探究等问题和局限。而两者的差异主要表现在两个方面：其一，相比于课堂教学中的探究活动，实验探究试题更加关注高级思维过程和多轮次探究，这也是导致学生在实验探究问题解决过程中遇到困难的主要原因。其二，相对于课堂教学中的探究活动，实验探究试题更加忽视对学生认识能力发展的考查，

更加缺少对学科观念和思路方法的体现。

二、考试评价中探究主题资源的案例分析

案例 1

1. 2011 年北京市高考题

甲、乙两同学为探究 SO_2 与可溶性钡的强酸盐能否反应生成白色 $BaSO_3$ 沉淀，用下图所示装置进行实验（夹持装置和 A 中加热装置已略，气密性已检验）

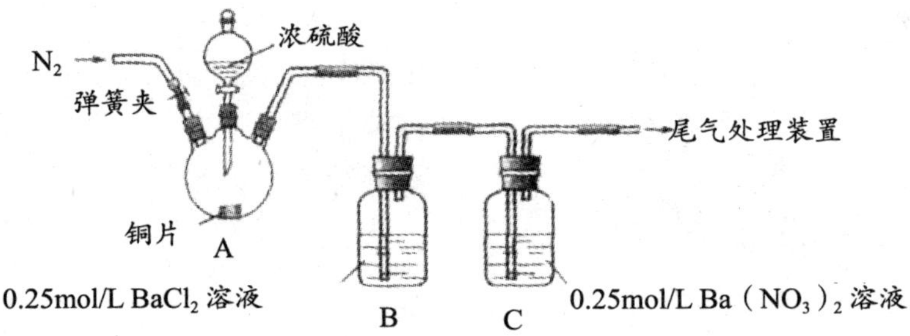

实验操作和现象：

操作	现象
关闭弹簧夹，滴加一定量浓硫酸，加热。	A 中有白雾生成，铜片表面产生气泡；B 中有气泡冒出，产生大量白色沉淀；C 中产生白色沉淀，液面上方略显浅棕色并逐渐消失。
打开弹簧夹，通入 N_2，停止加热，一段时间后关闭。	________________
从 B、C 中分别取少量白色沉淀，加稀盐酸。	均未发现白色沉淀溶解。

（1）A 中反应的化学方程式是 ________________。

（2）C 中白色沉淀是 ________，该沉淀的生成表明 SO_2 具有 ________ 性。

（3）C 中液面上方生成浅棕色气体的化学方程式是 ________________。

（4）分析 B 中不溶于稀盐酸的沉淀产生的原因，甲认为是空气参与反应，乙认为是白雾参与反应。

①为证实各自的观点，在原实验基础上：

甲在原有操作之前增加一步操作，该操作是 ____________；乙在 A、B 间

增加洗气瓶 D，D 中盛放的试剂是 ________。

②进行实验，B 中现象：

甲	大量白色沉淀
乙	少量白色沉淀

检验白色沉淀，发现均不溶于稀盐酸。结合离子方程式解释实验现象异同的原因：________。

（5）合并（4）中两同学的方案进行实验，B 中无沉淀生成，而 C 中产生白色沉淀，由此得出的结论是 ________。

2. 案例点评

本案例的探究问题要素属于物质性质探究，核心探究问题主要是描述探究。题目提出探究问题"SO_2 与可溶性钡的强酸盐能否反应生成白色 $BaSO_3$ 沉淀"，学生在解决问题的过程中需要形成假设、设计方案、解释现象、交流表达。探究思维要素主要有假设检验、方案设计、分析综合、归纳推论、理论解释。从探究水平来说，本探究属于定性探究。本探究素材来源于实验现象事实，完成探究任务需要的知识技能基础是元素化合物知识。

学生在问题解决过程中需要经历系统思考、变量控制、归纳推理等高级思维活动。例如，在进行假设猜想的过程中，学生需要从反应环境和反应体系两个方面对影响实验的物质因素进行系统分析，考虑哪些物质可能进入试剂瓶 B 导致生成白色沉淀 $BaSO_4$。其中，来自于反应环境（空气）的 O_2 可能将 SO_3^{2-} 氧化为 SO_4^{2-}（这一假设已由题目给出），而反应体系中涉及的物质有 Cu、浓硫酸、$CuSO_4$、SO_2，其中能造成"白雾"的只有浓硫酸。据此，学生提出假设——"白雾"可能为浓硫酸，并进一步利用反应信息对假设进行检验。该反应需要加热，在此条件下，可达到浓硫酸的沸点，使其以酸雾的形式溢出。在进行方案设计时，学生需要通过变量控制分别设计甲、乙两同学的实验方案。甲同学的目的是除去空气中的氧气，因此其操作是"通 N_2 一段时间"；乙同学的目的是除去浓硫酸酸雾，因此试剂瓶中应盛放饱和 $NaHSO_3$ 溶液。在分析论证、获得结论的过程中，学生需要对现象进行分析综合、归纳推理等高级思维活动。学生结合实验方案分析出甲仅仅是排除了空气，但并没有除去二氧化硫中混有的硫酸，因此会产生大量沉淀，方程式为 $SO_4^{2-} + Ba^{2+} = BaSO_4\downarrow$；而乙虽然排除了二氧化硫中混有的硫酸，但没有排尽空气，由于空气可氧化二氧化硫生成硫酸，所以也会生成硫酸钡沉淀，方程式为 $2Ba^{2+} + 2SO_2 + O_2 + 2H_2O = 2BaSO_4 + 4H^+$。但由于白雾的量要远多于装置中氧气的量，所以产生的沉淀少。学生结合上述分析结论进行归纳推理，得出结论。

这道实验探究题目对教师的启示主要有以下两个方面：（1）在实验探究教学中，要关注“异常现象”，组织学生对其进行分析推理、提出假设并进行验证。为此，教师要对学生进行方向性的指引，即让学生明确导致“异常现象”的因素的可能来源（反应体系或反应环境中的物质、实验操作等）及常用的解决方案。（2）在实验探究教学中，要注意培养学生对实验现象、数据等证据的分析、推理和概括能力。

案例 2

1. 2009 年天津市高考题

海水是巨大的资源宝库，在海水淡化及综合利用方面，天津市位居全国前列；从海水中提取食盐和溴的过程如下：

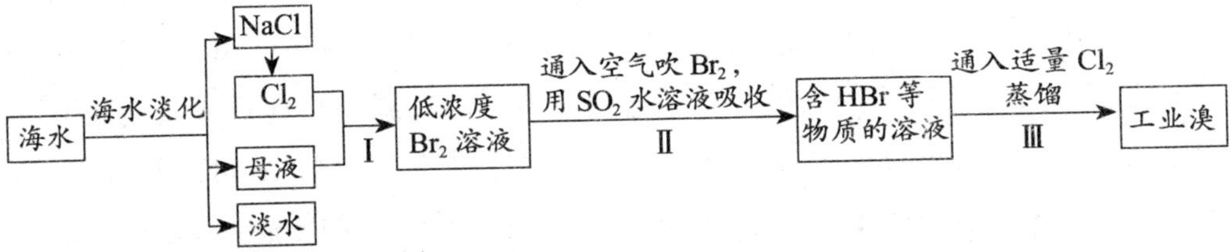

（1）请列举海水淡化的两种方法：__________、__________。

（2）将 NaCl 溶液进行电解，在电解槽中可直接得到的产品有 H_2、__________、________或 H_2、________。

（3）步骤Ⅰ中已获得 Br_2，步骤Ⅱ中又将 Br_2 还原为 Br^-，其目的为________。

（4）步骤Ⅱ用 SO_2 水溶液吸收 Br_2，吸收率可达 95%，有关反应的离子方程式为__________，由此反应可知，除环境保护外，在工业生产中应解决的主要问题是____________。

（5）某化学研究性学习小组为了解从工业溴中提纯溴的方法，查阅了有关资料，Br_2 的沸点为 59℃。微溶于水，有毒性和强腐蚀性。他们参观生产过程后，绘制了如下装置简图。

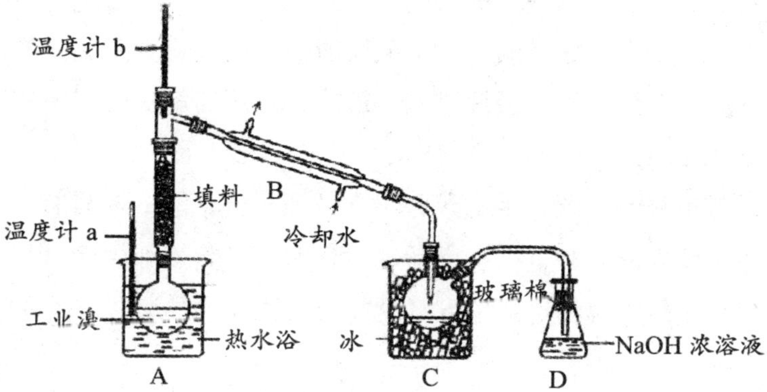

请你参与分析讨论：

①图中仪器 B 的名称：______________。

②整套实验装置中仪器连接均不能用橡胶塞和橡胶管，其原因是_______。

③实验装置气密性良好，要达到提纯溴的目的，操作中如何控制关键条件：_______。

④ C 中产生液体的颜色为_______。为除物中仍残留的少量 Cl_2，可向其中加入 NaBr 溶液，充分反应后，再进行的分离操作是____________________。

2. 案例点评

本案例的探究问题要素属于物质分离探究，核心探究问题主要是因果探究（为什么）和开发探究（怎么做）。题目提出探究问题，学生在解决问题的过程中需要设计方案（例如，实验室提溴时如何控制关键条件、所需要的分离操作）、解释结论（例如，解释海水提溴流程中步骤Ⅱ的目的等）、交流表达、反思评价（例如，思考在海水提溴工业生产中应解决的主要问题）。探究思维要素主要有方案设计、分析综合、优化改进等。从探究水平来说，本探究属于定性探究。本探究素材来源于生产实际，完成探究任务需要的知识技能基础是元素化合物知识和化学实验知识。

在问题解决过程中，学生需要经历系统思考、分析综合、抽象概括等高级思维活动。例如，在分析海水提溴步骤Ⅱ的目的时，学生需要从流程图中获取证据证明“步骤Ⅰ得到的是低浓度的 Br_2 溶液，步骤Ⅱ是将Ⅰ中的溴单质吹出后再吸收”，并对步骤Ⅰ中得到的溴溶液和最后得到的工业溴进行对比分析，发现两者的差异在于 Br_2 的浓度不同，并在此基础上概括得出结论，步骤Ⅱ的目的是“富集溴元素”。又如，在思考溴的工业生产中应解决的主要问题时，学生需要系统分析溴单质工业生产中所涉及的反应，关注所需要的反应物和生成物，并从生产设备、所需条件等多角度进行系统思考，最终确定所需解决的主要问题是“强酸对设备的严重腐蚀”。

这道实验探究题目对教师的启示是：在选取探究活动的素材时，应充分关注工业生产中的相关素材；在进行探究活动设计时，应将工业生产过程与实验室探究有机结合起来，组织解释论证、方案设计与实施等多种形式的探究活动。

案例 3

1. 2010 年广东省高考题

某科研小组用 MnO_2 和浓盐酸制备 Cl_2 时，利用刚吸收过少量 SO_2 的 NaOH 溶液对其尾气进行吸收处理。

（1）请完成 SO_2 与过量 NaOH 溶液反应的化学方程式：$SO_2 + 2NaOH =$ ____。

（2）反应 $Cl_2 + Na_2SO_3 + 2NaOH = 2NaCl + Na_2SO_4 + H_2O$ 中的还原剂为______。

（3）吸收尾气一段时间后，吸收液（强碱性）中肯定存在 Cl^-、OH^- 和 SO_4^{2-}。请设计实验，探究该吸收液中可能存在的其他阴离子（不考虑空气中的 CO_2 的影响）。

①提出合理假设。

假设 1：只存在 SO_3^{2-}。假设 2：既不存在 SO_3^{2-} 也不存在 ClO^-。假设 3：______。

②设计实验方案，进行实验。请在答题卡上写出实验步骤以及预期现象和结论。限选实验试剂：$3mol \cdot L^{-1} H_2SO_4$、$1mol \cdot L^{-1} NaOH$、$0.01mol \cdot L^{-1} KMnO_4$、淀粉碘化钾溶液、紫色石蕊试液。

实验步骤	预期现象和结论
步骤 1：取少量吸收液于试管中，滴加 $3mol \cdot L^{-1} H_2SO_4$ 溶液至溶液呈酸性，然后将所得溶液分置于 A、B 试管中。	
步骤 2：	
步骤 3：	

2. 案例点评

本案例的探究问题要素属于物质检验探究，核心探究问题主要是开发探究(怎么做)。题目提出探究问题，学生在解决问题的过程中需要提出假设、设计方案、收集证据、获得结论、交流表达。探究思维要素主要有系统假设、变量控制、方案设计、分析综合等。从探究水平来说，本探究属于定性探究。完成探究任务需要的知识技能基础是元素化合物知识。

在问题解决过程中，学生需要经历比较、系统思考、变量控制、系统设计、演绎推理等高级思维活动。例如，在提出假设的过程中，学生首先需要对吸收液的成分及吸收过程中发生的反应进行系统思考，即吸收液为“吸收过少量 SO_2 的 NaOH 溶液”，由此可知，吸收液的成分为 Na_2SO_3 和 NaOH，在吸收氯气的过程中，一方面 Na_2SO_3 会与 Cl_2 反应，生成 NaCl 和 Na_2SO_4（题目信息给出），另一方面，NaOH 会与 Cl_2 反应生成 NaCl 和 NaClO。在进行上述系统思考的基础上，再与题目已知对比，可知，探究任务中欲检验的离子为 SO_3^{2-} 和 ClO^-，结合题目已经给出的假设，可提出第 3 条假设“可能同时存在 SO_3^{2-} 和 ClO^-”。又如，在进行方案设计的过程中，学生首先需要进行变量控制，即检验 SO_3^{2-} 时避免 ClO^- 的干扰，反之亦然。因此，选择方案时，学生需要考虑利用 SO_3^{2-} 或 ClO^- 特有的性质，同时结合题目提供的实验步骤中所营造的溶液的酸碱性环境，对实验方案进行系统设计，选择用紫色石蕊试液检验 ClO^-，用 $KMnO_4$ 检验 SO_3^{2-}。在收集证据、获得结论的过程中，学生则需要利用学过的元素化合物知识进行演绎推理，分析得出预期现象和相应的结论，即加入硫酸的试管，若存在 SO_3^{2-}、ClO^-，则分别生成 H_2SO_3 和 HClO；在 A 试管中滴加紫色石蕊试液，若先变红后褪色，则证明有 ClO^-，否则无 ClO^-；在 B 试管中滴加 $0.01mol \cdot L^{-1}KMnO_4$ 溶液，若紫红色褪去，则证明有 SO_3^{2-}，否则无 SO_3^{2-}。

从测查结果看，学生在方案设计和预期现象及结论部分的作答情况不太理想。反思目前的探究教学，可以发现问题的根源所在。在目前的大多数探究教学课堂活动中，教师仅满足于让学生设计方案，例如，当教师布置任务“设计实验方案验证 SO_2 具有还原性”后，仅要求学生想到“与 $KMnO_4$（或氯水等）反应”即可，并不要求学生深入思考“当观察到什么现象时证明假设成立”，致使很多学生在设计方案时仅“凭感觉猜测”，在实施实验的过程中不知道该观察些什么。因此，在测查中，学生自然不能就方案、证据、结论进行系统思考，不能完整作答。这一现象对于教师开展探究教学的启示在于，在要求学生设计实验方案时，应注意培养学生系统思考、科学推理等高级思维活动，让学生不仅对实验方案本体进行交流讨论，还要对预期现象及相应的结论进行分析阐述。

案例 4

1. 2009 年安徽省高考题

Fenton 法常用于处理含难降解有机物的工业废水，通常是在调节好 pH 和 Fe^{2+} 浓度的废水中加入 H_2O_2 所产生的羟基自由基氧化降解污染物。现运用该方法降解有机污染物 p-CP，探究有关因素对该降解反应速率的影响。

（实验设计）控制 p-CP 的初始浓度相同，恒定实验温度在 298K 或 313K（其余实验条件见下表），设计如下对比实验。

（1）请完成以下实验设计表（表中不要留空格）。

实验编号	实验目的	T/K	pH	$c/10^{-3}mol \cdot L^{-1}$	
				H_2O_2	Fe^{2+}
①	为以下实验作参照	298	3	6.0	0.30
②	探究温度对降解反应速率的影响				
③		298	10	6.0	0.30

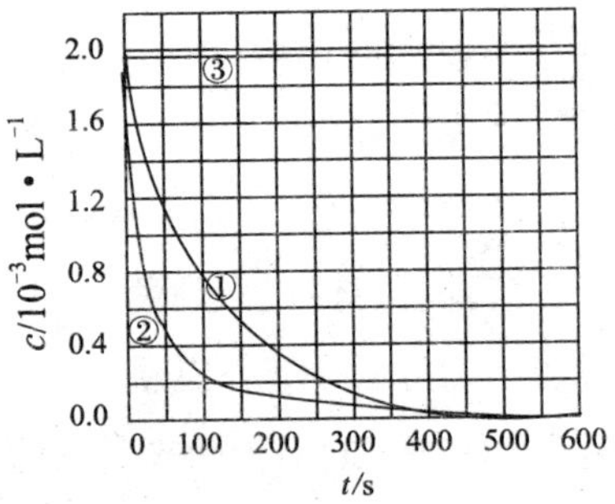

（数据处理）实验测得 p-CP 的浓度随时间变化的关系如右上图。

（2）请根据右上图实验①曲线，计算降解反应在 50 ~ 150s 内的反应速率：

v（p-CP）________________。

（解释与结论）

（3）实验①②表明温度升高，降解反应速率增大。但温度过高时反而导致降解反应速率减小，请从 Fenton 法所使用试剂 H_2O_2 的角度分析原因：________。

（4）实验③得出的结论是：pH = 10 时，________________。

（思考与交流）

（5）实验时需在不同时间从反应器中取样，并使所取样品中的反应立即停止下来，根据上图中信息，给出一种迅速停止反应的方法：________________。

2. 案例点评

本案例的探究问题要素属于物质反应规律探究，核心探究问题主要是描述探究（是什么）和开发探究（怎么做）。题目提出探究问题，学生在解决问题的过程中需要设计方案（例如，设计实验探究有关因素对降解反应反应速率的影响、设计方案使反应立即停止）、收集证据、解释结论（例如，分析温度升高使降解反应速率减小的原因）、交流表达。探究思维要素主要有变量控制、方案设计、分析综合、演绎推理等。从探究水平来说，本探究属于定量探究。本探究素材来源于生产实际，完成探究任务需要的知识技能基础是元素化合物知识和概念原理知识。

在问题解决过程中，学生需要经历变量控制、系统设计、分析综合、归纳推理等高级思维活动。例如，在设计实验方案探究有关因素对降解反应速率的影响时，学生需要结合实验目的运用变量控制思想确定各实验中的温度、浓度、pH等变量，对实验方案进行系统设计。在对实验结论进行解释的过程中，学生需要综合分析体系中物质、物质的性质及影响反应速率的因素，找到导致“温度升高，降解反应速率下降”这一反常现象的原因。在设计“使反应迅速停止”的方案时，学生需要结合题目提供的数据信息，进行演绎推理，找到实现目的的方案。

这道实验探究题目不满足于对影响速率因素的探究，更将探究结论加以运用——控制反应，体现了研究化学反应速率的价值。这提示教师，在进行探究教学设计时，除了关注探究任务所承载的具体化学知识外，还要关注其功能价值的实现，主要包括发展学生对化学现象、化学问题的认识和让学生了解化学在生产、生活中的应用价值。

案例 5

1. 2009 年广东省高考题

某实验小组利用如下装置（部分固定装置略）制备氮化钙（Ca_xN_2），并探究其实验式。

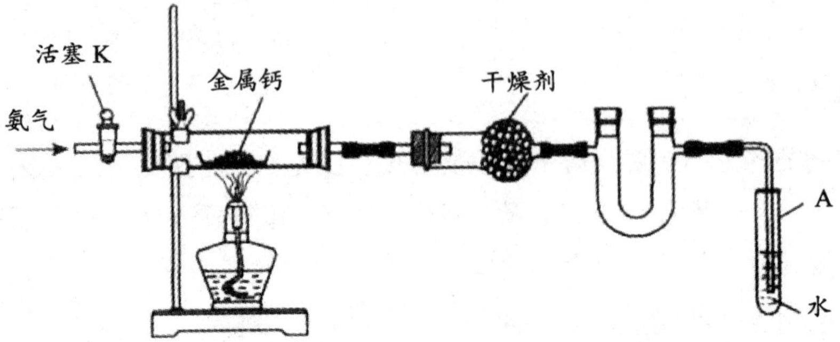

（1）按图连接好实验装置。检查装置的气密性，方法是______。

（2）反应过程中末端导管必须插入试管 A 的水中，目的是______。

（3）制备氮化钙的操作步骤是：①打开活塞 K 并通入 N_2；②点燃酒精灯，进行反应；③反应结束后，______；④拆除装置，取出产物。

（4）数据记录如下。

空瓷舟质量 m_0/g	瓷舟与钙的质量 m_1/g	瓷舟与产物的质量 m_2/g
14.80	15.08	15.15

①计算得到实验式 Ca_xN_2，其中 x=______。

②若通入的 N_2 中混有少量 O_2，请比较 x 与 3 的大小，并给出判断依据：__________。

2. 案例点评

本案例的探究问题要素属于物质组成探究，核心探究问题主要是描述探究。题目提出探究问题"确定氮化钙的实验式"，学生在解决问题的过程中需要理解方案、设计方案、解释结论、交流表达。探究思维要素主要有方案设计、分析综合等。从探究水平来说，本探究属于定量探究。完成探究任务需要的知识技能基础是元素化合物知识。

在解决问题的过程中，学生需要经历系统思考、变量控制等高级思维活动。例如，学生在解释反应过程中末端导管必须插入试管 A 的水中的原因时，需要对完成探究任务所依据的原理和影响实验结果准确度的因素进行系统思考。学生首先要认识到，本实验是通过计算钙元素与氮元素的质量比确定其分子组成，而获得钙元素和氮元素的质量的方法是质量差法，因此，决定测定结果准确度的因素即为两者的质量。在此基础上，学生进一步思考可能影响其质量的因素，可知需要阻止氧气进入反应体系。因为若氧气进入反应体系，则会与单质钙反应生成氧化钙，从而影响参与反应的氮元素的质量。通过上述系统分析，可知该操作的目的是防止空气进入硬质玻璃管中与钙反应。又如，在进行实验方案设计时，需要进行变量控制，即控制影响测定准确度的因素。通过对问题（2）的分析可知，实验过程中主要要避免氧气的进入，因此，在反应结束后，需要继续通入氮气以至钙冷却到室温，以防止空气中的氧气与单质钙反应。

这道实验探究题目本身难度不大，影响因素也比较单一，但是学生解决问题时依然感觉到比较困难。这主要与学生在日常探究学习活动中较少进行定量探究、较少对影响定量实验准确度的因素进行系统分析有关，建议教师在探究教学中关注此类探究活动的设计。

案例 6

1. 2011 年南京市中考题

一碳化学是以分子中只含一个碳原子的化合物（如 CO、CH_4 等）为原料来合成一系列化工原料和燃料的化学。

（1）工业上用天然气和水蒸气在高温条件下发生反应，得到 CO 和 H_2，该反应的化学方程式为________，得到的 CO 和 H_2 的混合气体被称为合成气，合成气在工业上可用于合成一系列化工原料和新型燃料，还可用于冶炼某些金属。

（2）某科学兴趣小组的同学在实验室模拟了合成气的制备，并设计实验验证合成气的还原性。

Ⅰ. 用甲烷和水蒸气在高温条件下反应得到合成气。根据（1）中所写的化学方程式，合成气中 CO 和 H_2 的质量比为______。

Ⅱ. 用合成气还原足量氧化铜，实验装置如下图所示：

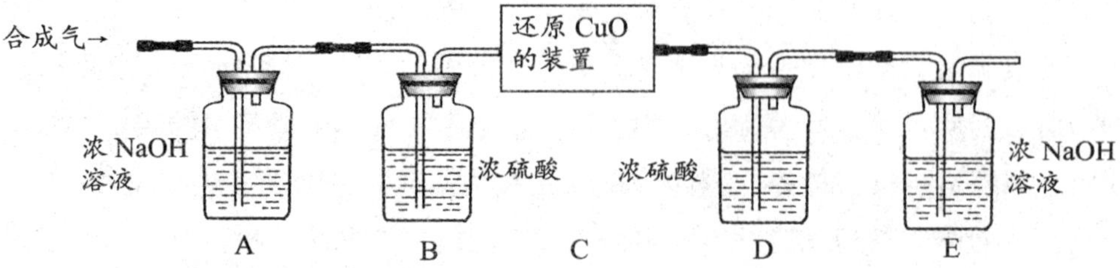

设计实验步骤：

①连接好装置并检查气密性。

②装入药品，通入一段时间合成气。

③分别称量装置 D、E 的质量。

④缓缓通入合成气，加热装置 C，使其充分反应。

⑤停止加热，继续通入合成气至恢复到室温。

⑥再次分别称量装置 D、E 的质量。

完善实验设计：经过讨论，同学们认为，装置 E 后还应添加一个酒精灯，并在实验步骤_________(填实验步骤的序号)中点燃(点燃前应对气体验纯)。

进行实验。该小组的同学按上述步骤进行实验，并记录了实验现象和数据：

	装置 D 的质量	装置 E 的质量
反应前	292.4g	198.2g
反应后	296.0g	201.5g

①装置 C 中出现____________色物质。

②称量数据如上表所示。

现象分析和数据处理：

①甲同学根据装置 C 中的现象，认为是合成气中的 CO 和 H_2 还原了 CuO。

②乙同学通过对上表数据的分析，推测除了 CO 和 H_2 以外，制得的合成气中可能还有未反应的 CH_4，且 CH_4 也还原了 CuO。试通过计算说明他的推测依据：____________________。

③丙同学提出，实验步骤⑤中通入的气体会带走装置 E 中的部分水蒸气，使实验产生误差。你认为该误差对乙同学的推测结果是否有影响？____________(选填“是”或“否”，并说明理由)。

拓展探究：该小组同学对于 CH_4 是否真的能够还原氧化铜提出了质疑并进行探究。

查阅资料：甲烷具有还原性，可以还原氧化铜，生成 CO_2 和 H_2O；白色的无水硫酸铜遇水会变成蓝色。

实验设计：该小组同学拟用纯净的甲烷气体和如下装置进行实验。

①上图装置 F 中盛放的试剂名称是____________。

②上图装置的正确连接顺序是____________(填字母,且每套装置限用一次)。

实验反思：除了可能是 CH_4 也还原了 CuO 外，出现上表数据关系还可能是因为________________________________(写出一个原因，并说明理由)。

2. 案例点评

本案例的探究问题要素属于物质性质探究,核心探究问题主要是描述探究(是什么)和因果探究(为什么)。题目提出探究问题，学生在解决问题的过程中需要设计方案(完善实验步骤、组装装置等)、解释结论(通过计算说明乙同学的推测依据)、反思评价。探究思维要素主要有方案设计、分析综合、反思论证等。从探究水平来说，本探究既包含定性探究，也包含定量探究。完成探究任务需要的知识技能基础是元素化合物知识。

在问题解决过程中，学生需要经历论证、质疑和批判、系统设计和分析综合等高级思维活动。例如，学生在分析合成气还原足量氧化铜实验的实验现象和实验数据、说明乙同学的推测依据的过程中，需要将已有知识、实验现象和数据进行整合，并进行分析综合，进而对其结论进行论证。又如，学生在考虑如何组装装置来达到通过实验研究 CH_4 还原 CuO 反应的目的时,需要综合考虑主反应发生、产物检验方法及顺序、尾气处理等问题，对实验方案进行系统设计。

由于实验条件、时间等因素的限制，学生很少有机会经历定性、定量相结合的实验探究活动，因此，在考试中遇到利用数据推导对结论进行论证的问题时会感到非常困难。教师在教学过程中可以利用研究性学习等其他课程学习活动，组织学生开展较为复杂的探究活动，并及时收集、整理实验现象和数据，并将此作为课堂讨论的素材。

案例 7

1. 2011 年汕头市中考题

2010 年 4 月 28 日某媒体题为《排污工程施工，毒气放倒三人》的报道，引起某兴趣小组同学的思考。

提出问题：排污管道中的毒气有什么成分？

查阅资料：

I. 排污管道中的大部分有机物在一定条件下发酵会产生 CO、CO_2、H_2S、CH_4 等。

Ⅱ. H_2S 气体能与 $CuSO_4$ 溶液反应生成黑色沉淀。

提出猜想。小组同学对排污管道气含有上述气体中最少 3 种成分的猜想如下：

猜想 1：有 CO、CO_2、H_2S；　猜想 2：有 CO、CO_2、CH_4；

猜想 3：有 CO、H_2S、CH_4；　猜想 4：有 CO_2、H_2S、____；

猜想 5：有 CO、CO_2、H_2S、CH_4。

实验方案：小组同学共同设计了下图所示的装置并进行探究（夹持仪器已省略）。

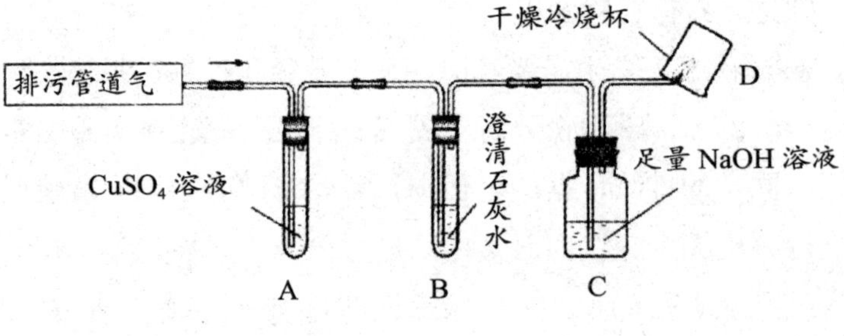

问题讨论：

（1）如果 A 装置没有明显变化，则猜想____成立；如果 B 装置没有明显变化，则猜想____成立。

（2）在验证猜想 1 的实验中，装置 C 中 NaOH 溶液的作用是________；若要进一步验证气体燃烧后的产物，操作是：迅速把烧杯倒过来，向烧杯内注入____，振荡。

（3）要确证猜想 5 中是否有 CH_4，某同学认为图示装置有不足之处，需要在装置 C 与 D 之间加一个________装置。改进后，若气体燃烧，且 D 装置内壁出现__________，证明气体中一定含有 CH_4。为了进一步确定气体中是否含有 CO，可分别测定燃烧产物中 H_2O、CO_2 的质量。其方法是：将燃烧产物依次通过盛有________、________的装置，分别称量吸收燃烧产物前、吸收燃烧产物后装置的质量，通过计算、分析得出结论。

2. 案例点评

本案例的探究问题要素属于物质检验探究，核心探究问题主要是描述探究（是什么）。题目提出探究问题“排污管道中的毒气有什么成分”，学生在解决问题的过程中需要提出假设（排污管道中毒气的可能组成）、设计方案、收集证据（若证明气体中有甲烷，则需要观察到什么现象）、解释结论。探究思维要素主要有假设检验、方案设计、分析综合。从探究水平来说，本探究属于定性探究。完成探究任务需要的知识技能基础是元素化合物知识。

在问题解决过程中，学生需要经历比较、变量控制等高级思维活动。例如，学生在提出假设时，需要将毒气的可能成分与已有假设进行对比，确定猜想 4 中的另一种气体为 CH_4；学生在问题讨论中确定哪一种假设成立时，也要经历比较的过程，要比较各种假设的差异，要将现象与假设进行比较。又如，学生在完善猜想 5 的验证方案时，要经历系统的思考过程，不仅要想到通过燃烧产物中同时存在水和二氧化碳来证明甲烷的存在，还要考虑到是否存在干扰因素。而原方案中，燃烧前混合气体经过多个洗气瓶，会带出水蒸气，对燃烧产物的检验产生干扰，因此，在燃烧前，要进行干燥。

这道实验探究题对教学的启示有两个方面。一是在探究教学过程中，教师不仅要让学生进行假设猜想，还要让学生说明提出假设的依据，以训练学生运用联想、想象、比较和系统思考等高级思维提出假设的能力，避免“瞎猜”式假设。二是在探究教学过程中，教师要让学生进行完整的实验方案设计，让学生在设计方案过程中自主运用变量控制思想，并逐步学会系统设计。

案例 8

1. 2010 年海南省中考题

为探究铁锈蚀的影响因素，某兴趣小组做了如下实验。

实验方案：将 3 枚洁净的铁钉同时置于如图所示环境下的试管中，观察铁钉的锈蚀情况。

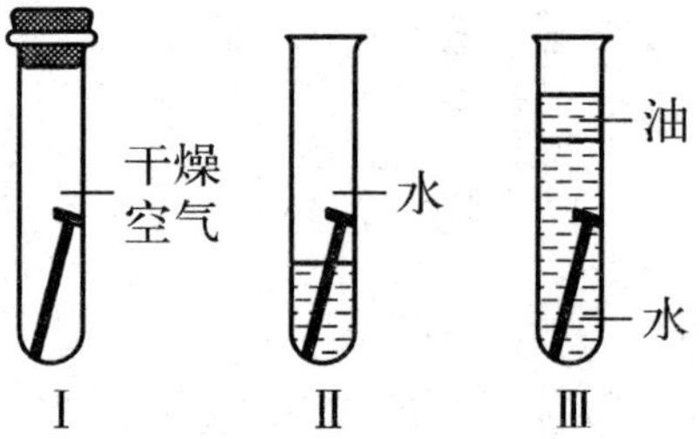

实验现象：3 天后，Ⅰ、Ⅲ中铁钉不生锈，Ⅱ中铁钉明显生锈。

获得结论：

（1）对照实验Ⅰ、Ⅱ，可知铁锈蚀的条件之一为________。

（2）防止铁锈蚀的一种方法是______________。

拓展探究：

（3）小明发现海边的铁器很容易生锈，从而猜测氯化钠能加快铁的锈蚀。请设计实验方案验证小明的猜想：__________________。

2. 案例点评

本案例的探究问题要素属于物质反应规律探究，核心探究问题主要是关系探究。题目提出探究问题，学生在解决问题的过程中需要设计方案、解释结论。探究思维要素主要有方案设计、分析综合等。从探究水平来说，本探究属于定性探究。

在问题解决过程中，学生需要经历比较、变量控制和分析综合等高级思维活动。例如，在确定铁锈蚀的条件时，学生需要对比 3 支试管中铁丝所处环境的差异；在考虑防止铁锈蚀的方法时，学生要从铁锈蚀的条件入手，以消除铁锈蚀的条件为思考的出发点来考虑防止锈蚀的方法；在设计方案验证小明的猜想（氯化钠能加快铁的锈蚀）时，要对影响锈蚀的因素进行变量控制。

这道实验探究题的素材来源于教材中的实验，但是在原有基础上进行了丰富。教师在教学过程中可以将这道题目中的部分素材还原到课堂探究活动中，将关于钢铁锈蚀的探究活动设计成多轮次探究，即先探究钢铁锈蚀的条件，再创设问题情境（如海滨城市的自行车钢圈腐蚀严重等），让学生进一步提出假设，并设计实验验证假设。

案例 9

1. 2011 年盐城市中考题

有机物 A 在氧气中燃烧后只生成二氧化碳和水，为确定 A 的组成，某同学进行了如下探究。

猜想：

猜想一，A 中只含 C、H 两种元素。

猜想二，A 中含 C、H、O 三种元素。

实验：

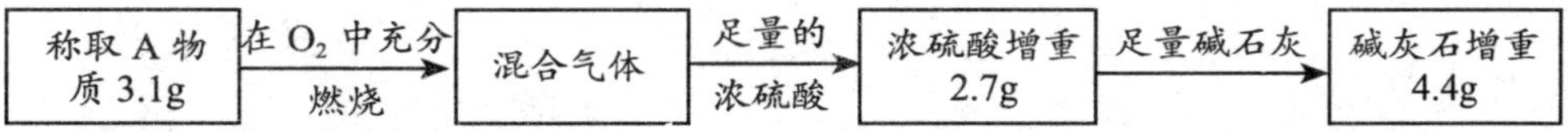

结论：

猜想____（选填“一”或“二”）正确。

反思：

有机物 A 中所含元素的质量比为__________。

2. 案例点评

本案例的探究问题要素属于物质组成探究，核心探究问题主要是描述探究（是什么）。题目提出探究问题，学生在解决问题的过程中仅需要解释结论（确定哪一种猜想正确及所含元素的质量比）。探究思维要素主要有方案设计、分析综合。从探究水平来说，本探究属于定量探究。完成探究任务需要的知识技能基础是元素化合物知识。

在问题解决过程中，学生主要需要经历的高级思维活动是分析综合。学生需要根据浓硫酸和碱石灰的增重确定有机物中碳元素和氢元素的质量，与有机物 A 的质量进行比较，两者之和小于 3.1g，推断出其中含有氧元素，并进一步推算出其质量。

这道实验探究题提供了很好的探究角度和素材，但是设问过于简单，对高级思维的考查比较单一。在现有素材基础上，教师可以让学生提出假设（或部分假设），并让学生说明提出假设的依据，也可以为学生提供实验设计的基本思路，让学生完成实验方案等。

下　篇

项目学校探究教学主题案例研究

本篇精选了项目学校开展探究教学的一些典型主题，共呈现了不同地区的学校的 13 个案例。每个案例分别从研究背景和目的、具体教学设计、教学过程、案例实施策略等四方面进行展示，涵盖了初中、高中的全部重要内容。在每个案例的最后，作者对案例的实施进行了精当的点评，指出其中值得学习的地方，并给出了行之有效的改进建议。

课题 1

关于质量守恒定律的拓展探究活动

江苏教育学院附属级中学初中部　毛宣

一、案例研究的背景和目的

1. 研究背景

南京 29 中是位于南京市鼓楼区的重点中学，这次参加了子项目“化学学科探究式教学研究及探究活动的设计与开发”的课题研究，研究主题为“化学创造性探究教学的实践研究——概念原理教学案例”。学校对探究教学的研究已经有近 10 年的历史，教师和学生都具备进行探究性教学的基础，但是目前的探究教学在概念原理方面的探究较少，多轮次和生成性的探究还有更大的发展空间。29 中的学生思维活跃，知识面广，求知欲强，开展创造性探究教学对于教师的专业发展和学生高级思维的培养都具有重要意义。

2. 研究目的

本节课整体是一个深层次的拓展创新探究活动，与一般意义上的探究质量守恒定律不同，本课更多是在多种反应并存的复杂开放体系中让学生通过经历提出问题、假设创造、系统设计、实验验证、形成结论等环节，就镁带燃烧这一实例从更深层次探究、应用质量守恒定律，加深对质量守恒定律本质的理解，实现质量守恒定律的灵活运用。本课旨在引导学生学会发现问题、预测假设，同时培养学生分析综合、归纳推理、说明解释、批判质疑等多种高级思维能力，促进学生系统思考、整体把握、创新性解决问题的能力。

二、具体教学设计

探究环节	情境素材证据	问题线索（教师行为）	学生活动	知识线索（教师讲解）	设计意图
提出问题	实验方案：讨论镁带在开放体系中燃烧反应前后的固体质量变化。	1. 我们知道物质之间能够发生化学反应，那么镁带在开放体系中燃烧，反应前后，物质质量发生怎样的变化呢？即镁带和燃烧后物质的质量有何关系呢？ 2. 镁带在空气中燃烧，只是和空气中的氧气反应吗？和氮气、二氧化碳反应吗？	1. 根据镁带燃烧后的情况考虑反应后物质质量发生变化的原因，产生认识冲突，提出问题链，进一步探究。 2. 根据查阅的资料，提出问题。	通过化学反应现象可知：化学反应后白色固体的质量取决于散失氧化镁的质量和参加反应的氧气的质量，而散失的氧化镁的质量是不可控的。	1. 确定具体研究领域。 2. 引发学生思考。根据反应原理，理论上应出现三种情况，分析实际差异，提出并确定具体的研究问题。
猜想假设	1.（1）质量减小；(2) 质量不变；（3）质量增大。 2. 镁带还可能和空气中的氮气、二氧化碳发生反应。	根据提出的问题，进行猜想，形成假设。	1. 思考原因，初步作出假设：化学反应后白色固体的质量小于或等于或大于反应前镁带的质量。 2. 有其他的反应发生。	1. 化学反应后白色固体的质量等于参加反应镁带的质量和氧气的质量之和。在开放体系中：（1）当散失的白烟大于参加反应的氧气的质量时，化学反应后白色固体的质量比镁带减小。（2）当散失的白烟等于参加反应的氧气的质量时，化学反应后白色固体的质量不变。（3）当散失的白烟小于参加反应的氧气的质量时，化学反应后白色固体的质量增大。 2. 可能和空气中的氮气、二氧化碳发生反应生成其他物质。	培养学生自主分析问题的能力。

（续表）

探究环节	情境素材证据	问题线索（教师行为）	学生活动	知识线索（教师讲解）	设计意图
制订方案	实验方案：实验小组取不同长度的镁带进行对比实验。	1. 反应后的白色固体的质量和镁带的长度是否有一定关系呢？ 2. 有其他反应发生吗？	1. 设计对比实验方案，设计实验探究表格。 2. 查阅资料。	1. 指导学生取不同长度的镁带进行对比实验。从定量选取一定长度的镁带得知实验的现象及结论与选取的镁带长度有关。 2. 查阅资料。镁的化学性质很活泼，固体镁在常温、干燥的空气中，一般是比较稳定的，不易燃烧，但在熔融状态时，容易燃烧。在空气中，和氧气反应，生成白色的氧化镁；和氮气反应，生成棕黄色的氮化镁；和二氧化碳反应，生成氧化镁。	对猜想要做出证实的意识，经历制订科学探究活动计划的过程。
进行实验	进行探究实验。	具体的实验步骤如何？	学生分组，依照方案相互协作，进行实验，记录数据。	探究实验的主要步骤：1. 分组点燃不同长度的镁带。 2. 称量反应前各物质的质量总和。 3. 记录实验现象和实验数据。	让学生亲自动手，经历探究实验，培养控制实验条件的意识。
收集证据	实验数据证据。	1. 实验结论如何？ 2. 镁带主要和空气中的氧气反应吗？	1. 学生进行实验结果汇报。 2. 对资料分析总结，得出结论。	第一组：反应前后固体物质质量总和相等。 第二组：反应前固体物质质量总和等于反应后物质质量。 第三组：反应前固体物质质量小于反应后物质质量。 第四组：反应前固体物质质量小于反应后物质质量。	让学生既敢于表达自己的观点，又善于倾听别人的意见；培养学生的证据意识。

（续表）

探究环节	情境素材证据	问题线索（教师行为）	学生活动	知识线索（教师讲解）	设计意图
解释结论	选取反应物镁带的长度不同，同一反应在相同条件下进行实验会有不同的现象。	在开放体系中进行质量守恒定律的讨论。	总结实验结论，得出质量守恒定律及对其本质的认识。	1. 实验结论：假设一不正确、假设二、三正确。 2. 理论结论：查阅资料，氮化镁是黄色，镁在氧气含量较多时不会和二氧化碳反应，或者即使反应，碳很快被氧化。	使学生了解宏观、微观解释现象的方法，进而树立物质观、物质粒子观。
反思评价	质量守恒定律发现史——波义耳加热金属。	总结本次探究任务所涉及的研究方法。	总结探究活动的程序、设计思路。	1. 本次探究实验所涉及的方法有：从定性上升到定量，定量选取镁带的长度，能够更细致、更深层次地掌握质量守恒定律，加深对质量守恒定律的本质理解，实现质量守恒定律的灵活运用。 2. 对没有学过的知识可以通过查阅资料、分析比较得出结论。	引导学生回顾整体探究过程，培养学生批判的思维，使学生加深对科学本质的认识。
表达交流	1.探究练习。 2. 对蜡烛燃烧的探究猜想。		交流。	1. 获得答案。 2. 谈收获与体会。	引导学生加深对化学探究的认识，培养学生的探究兴趣。

三、教学过程

1. 提出问题

师：什么是质量守恒定律？为什么化学反应前后质量守恒？

生思考、回答。

师：那么镁带在开放体系中燃烧，反应前后，物质质量发生怎样的变化呢？即镁带和燃烧后物质的质量有何关系呢？

生：根据质量守恒定律，参加反应的镁和氧气的质量等于反应后生成的氧化镁的质量，反应后固体的质量是镁带和氧气的质量之和，大于镁带的质量。

学生讨论后加以质疑并补充。

生：镁带在开放体系中燃烧，燃烧后有部分氧化镁成为白烟散失，若参加反应的氧气的质量大于反应后散失的氧化镁的质量，反应后固体的质量大于镁带的质量；若参加反应的氧气的质量等于反应后散失的氧化镁的质量，反应后固体的质量等于镁带的质量；若参加反应的氧气的质量小于反应后散失的氧化镁的质量，反应后固体的质量小于镁带的质量。

2. 实验探究镁带在开放体系中燃烧后质量是否改变

生猜想，设计实验方案，选取不同长度的镁带进行多组对比实验，得出数据，填写下表。

方案组号	1	2	3	4	5	6	7	8
镁带长度（cm）	2	7	8	9	10	15	20	25
反应前固体质量（g）	21.9	22.0	22.0	22.0	22.0	22.1	22.2	22.3
反应后固体质量（g）	21.9	22.0	21.9	21.9	21.9	22.0	22.0	22.1
固体质量变化	不变	不变	减少 0.1g	减少 0.1g	减少 0.1g	减少 0.1g	减少 0.2g	减少 0.2g

得出结论：

（1）选取较长的镁带的同学称量反应后固体的质量总是小于反应前镁带的质量。

（2）选取较短的镁带的同学称量反应后固体的质量总是等于反应前镁带的质量。

（3）不可能得到同学们预测的反应后固体的质量大于反应前镁带的质量的结论。

3. 基于资料的探究

师：想一想，为什么不可能得到同学们预测的反应后固体的质量大于反应前镁带的质量的结论呢?

生各抒己见，分析讨论，得出结论，加以解释。

（1）镁带燃烧所需的温度较高，刚开始燃烧所散失的氧化镁的质量已经达到参加反应的氧气的质量，所以反应后固体的质量不可能大于镁带的质量。

（2）镁带燃烧时间越长，放出的热量越多，温度升高，使散失的氧化镁越多，所以，反应后固体的质量小于镁带的质量，镁带越长，质量差越大。

师给出资料：

镁的化学性质很活泼，固体镁在常温、干燥空气中一般是比较稳定的，不易燃烧，但在熔融状态时，容易燃烧。在空气中和氧气反应，生成白色的氧化镁；和氮气反应，生成棕黄色的氮化镁；和二氧化碳反应，生成氧化镁和碳。

生分析综合、归纳推理、理论论证，得出结论。

（1）反应后的固体是白色，而氮化镁是棕黄色的，所以在此条件下，镁带主要和氧气发生反应。

（2）因为在反应后不见有黑色固体生成。该反应在氧气充足时一般不发生或发生后又有反应：$C + O_2 \overset{点燃}{=\!=} CO_2$。

（3）CO_2 在空气中含量少，因此镁条燃烧前后质量的测定，主要考虑镁和氧气发生的反应。

四、案例实施策略

初三学生如何实施创新性探究？如何在探究的过程中引发学生的质疑，培养学生的创造性高级思维？通过质量守恒定律的实验探究教学的实施，我总结出如下策略：

（1）教师要充分备课，对探究的主题要明确。如在本节课的探究过程中，教师对于镁带在空气中燃烧前后质量改变的结论自己首先要有科学的质疑和解释，才能在学生探究过程中给予合理的指导，引导学生获得最有价值的结果。

（2）教师提出的核心探究问题具有创新性，学生就会认为问题有很大的研究价值，敢于质疑，提出问题，设计出积极有效的解决方案。

（3）教师在设计方案探究时，对探究的关键问题要设置一定的台阶，选用合适的仪器，引导学生将探究进行下去。例如，指导学生设计可行的定量实验方案，选取适当长度的镁带，改用电子天平更直观准确地得到固体质量等。

（4）在学生实施探究时，教师对于学生的探究活动放要放得开，收要收得准，增加生生交流互动的机会。例如，对于在开放体系中的实验进行质量守恒探究时，因为学生有时考虑问题不全面或实验方案不完善而导致错误的结论，教师要让更多的学生在探究过程中展现自己的思维，将探究教学与创新能力培养结合起来。

五、专家点评

质量守恒定律是常规探究教学课题，大多数教师会基于教材引导学生进行探究实验验证，并且以质量守恒定律的得出作为学习的终点。本案例属于化学反应规律的探究，是教师在学生基本掌握了质量守恒定律后增加的一次拓展性探究活动，在开放体系、复杂背景中应用质量守恒定律，鼓励学生从新颖独特的角度看问题，集中系统地培养学生的各种高级思维能力，这一举措是值得借鉴的。

本案例的实施有很多亮点，分析如下：

本案例的研究主题是镁条燃烧中的质量问题。镁条燃烧是学生熟悉的化学反应，但是因其反应剧烈无法在密闭空间进行，因而没有被作为学习质量守恒定律时的化学反应证据。在学习质量守恒定律后，教师选用了这个学生熟悉的化学反应作为拓展学习的素材。这个素材可挖掘的空间很大。首先，反应前后均有固体物质可称量，可直观地测出开放体系的质量变化。其次，对不同水平的学生，这个素材都有可分析的内容，也就是说每个学生都可以积极参与。水平较低的学生只考虑镁条和氧气的反应，可以预测反应后固体质量大于镁条质量；思维稍缜密的同学会考虑到白色粉末的散失，提出质疑；知识更丰富或考虑更全面的学生会想到镁条与空气中其他成分的反应以及多个反应共同发生时反应前后物质间的质量关系。可见，对镁条燃烧这一案例的分析是一个思维不断深入的过程，通过质疑、交流，每个人的思考都更加系统完善。

本案例的假设预测环节设计得较成功，教师不满足于学生预测出反应前后质量变化的三种情况，而是要学生带有依据地预测。学生先分析“化学反应后白色固体的质量等于参加反应镁带的质量和氧气的质量之和”，再分析在开放体系中的各种情况，这一环节的落脚点不在于假设的结果，而在于对质量守恒定律的正确应用以及在开放体系背景下对反应体系的系统分析。

案例中主要采用了实验探究和基于文献的探究两种探究方法，两种方法相辅相成、互相补充，使学生体会到对研究方案进行系统规划、运用多种研究方法互相补充映证的重要性，也使得研究方案更加严谨，研究结论更加可信。这一过程对学生综合分析、理论论证、逻辑推理等思维能力的培养很有价值。

本案例组织学生实验的过程策略也是有效的。各组学生选用不同长度的镁条，在相同条件下进行实验，既实现了控制变量条件下获得多组数据，又使实验任务不会很重。因为实验过程是相同的，所有小组可获得相同的实验技能训练机会，体会到合作研究的重要，一举多得。

拓展性探究在日常教学中的运用还不多，因此教师的经验相对较少，就本案例来说也还有改进的空间。主要建议有两个：第一，本案例是对质量守恒定律学习结果的拓展应用，教师在教学过程中鼓励学生应用质量守恒定律自主分析解决问题的环节只有假设参与反应的氧气质量等于固体增重质量这一次，在后续逐步引入的复杂情境中，没有再给学生分析、解释、质疑的机会，这对学生能力的培养是一种遗憾。第二，本探究活动以镁条长短作为影响质量变化的调节变量，对于为什么选择这一变量作为研究对象，课堂讨论得还不够充分，对学生发散思维、系统思考、批判质疑能力的发展不够充分，可进一步优化。

（点评人：黄燕宁）

课题 2

走进微观世界

北京市第三十五中学　佟威

一、案例研究的背景和目的

1. 研究背景

《义务教育化学课程标准（2011 年版）》中强调化学概念是化学课程内容的重要组成部分，是化学知识的骨架。化学基本概念教学是引领学生认识化学科学、感受化学科学、持续化学学习的基石。本课题教学的内容是涉及物质微粒观的基本概念教学，是学生从宏观的物质世界跨进微观世界的第一课。如何更好地帮助学生打开微观物质世界的大门，设计出基于学生认知发展的微观概念教学模式，一直困扰着我们。直到 2012 年学校参加了“高端备课”的课题研究，通过与专家进行多次探讨，我们决定尝试应用“概念解释型探究教学模式”进行全新的教学尝试。

目前的探究教学主要基于元素化合物的探究，在概念原理和物质结构方面的探究较少，初中化学的概念探究教学案例更少。开展重视概念形成过程的探究教学，对于教师的专业发展和学生高级思维的培养具有重要意义。

2. 研究目的

梁永平先生在《化学科学理解的基本视角及其核心观念》中谈到，“微观认识是化学科学理解或解释其基本问题物质及其转化规律性的独特思维方式”。采用“概念解释型探究教学模式”进行“分子、原子”这一课题的教学有助于学生深层领悟“微粒观”这一化学学科独特的认识世界的方式。

本节课的学习是在学习物质的变化和性质的基础上，由宏观世界转向微观世界的开端，通过对物质微粒性和微粒基本特征等探究活动，让学生认识科学研究的方法之“假说与模型”的方法，体验科学探究的艰辛与快乐。本节课的根本目的是引导学生用微粒观认识物质及其变化，从而发展学生对物质世界的微观本质的认识。

二、具体教学设计

教学环节	教师活动	学生活动	设计意图
情境引入，认识物质的微粒性	展示演示实验。提问：你看到了什么现象？请解释原因。 问题1：请你用图示的方法表示酒精蒸发，并且谈谈你为什么要这样画。 归纳：通过同学们画的图示，我发现同学对物质构成有不同的看法： （1）物质是由更小的物质构成的。 （2）物质是由粒子构成的。 这些都是我们的猜想，即假说，为了验证我们的猜想，我们需要寻找证据并进行实验。 视频《闻氯气的气味》。 问题2：同学为什么能闻到氯气的气味呢？ 展示分子的图片。 观看利用扫描隧道电子显微镜拍摄出的分子图片，感受分子的真实存在。 问题3：在我们的日常生活中有无数的事例可以证明物质是由无数不可见的粒子所构成的。你能举出一些实例吗？ 介绍假说模型的科学研究方法。	讨论，解释。 学生：电子天平的示数在减小。说明酒精在减少。 交流绘画感想。 回答1：酒精挥发了。 回答2：酒精小微粒跑掉了。 回答3：酒精小微粒的间隔不一样。 学生：我没有把试管放到鼻孔附近，但也闻到了刺激性气味，可以说明有看不到的酒精微粒在运动。 观看。 思考回答。 学生：一堆煤放在墙角，墙角变黑了，是因为分子在不断运动。 思考。	通过展示实验现象，引发学生思考，使学生回忆物理课学过的知识，思考物质的微粒性。 通过画图，充分展示学生对微观世界认识的前概念，培养学生发散、联想的创新思维能力。 应用闻氯气气味的实例解决由于其他气体干扰导致气体变化不明显的问题，为物质微粒性提供了更确凿的实例。 引导学生学习科学研究的方法，建立模型构建的高级思维方式，为后续原子构成等知识的学习做准备。
探究分子、原子的特征	布置任务：请同学们阅读资料或进行实验探究。 问题1：这些资料或实验现象为分子的哪些基本特性提供了证据，为什么？ 问题2：请你运用分子原子观点解释生活中的现象。	思考，回答提问。 学生：酚酞和氨水的实验说明酒精分子能够运动，而且温度越高，运动速度越快。	引导学生通过对分子的基本特征的认识，学习归纳推理、类比推理的研究方法。

（续表）

教学环节	教师活动	学生活动	设计意图
从微观角度看物质、看变化	问题 1：请你从微观角度说说物理变化和化学变化的区别。 1. Flash 播放水蒸发的过程。 2. 请根据资料演示电解水的过程。共同探讨得出物理变化和化学变化的本质区别。 问题 2：比较液氧与氧气有哪些相同点和不同点。请你思考得出分子和原子的定义。 播放视频。共同探讨得出分子、原子的定义。 练习：请你用图示的方法表示下列变化和物质。	思考并回答问题。 学生：物理变化中分子不变；化学变化中分子再分成原子，原子又重新组合成新分子。 思考宏观现象与微观粒子的联系。 学生：液氧和氧气的化学性质相同，且都是由氧分子构成，所以说明分子是保持物质化学性质的最小微粒。 动手尝试画图。	引导学生通过观看视频和动手演示等方法，认识物理变化和化学变化的实质。 引导学生通过列表对比氧气和液氧的相关信息，进一步体验对比的学习方法。 引导学生学会用图示的方法生动再现物质构成和物质变化的微观过程，进一步巩固对物质构成的认识。
初步认识原子的构成	问题：分子由原子构成，那原子可以再分吗？谈谈你心中的原子。 温馨提示：回忆物理课上学习过的金属能导电的原因。 提出假说：原子不是实心球体。原子内部一定存在带正电和带负电的微粒。 实验验证：如何通过实验验证哪种原子模型是正确的呢？ 展望：要得到准确的原子构成，我们还需要进行实验。在第四单元我们将进一步探讨原子的构成。	思考。 分析得出金属原子中一定含有带正电微粒和带负电的电子，形成假设。	引导学生整合物理课学过的知识和资料，通过组内、组间的交流碰撞，主动建构原子内部结构的概念模型。 思考。 为第四单元卢瑟福的散射实验的学习做铺垫，激发学生的创造性思维。
展望	提问：原子内部的带正电的微粒还能再分吗？它们之间有相互作用力吗？ 总结：人类对事物的认识是有过程的。关于原子构成的问题还有待我们继续探讨学习。	讨论分析。	展望对物质构成进行深层次研究的前景，激发学生的学习兴趣。

（续表）

教学环节	教师活动	学生活动	设计意图
布置拓展作业	1. 自制分子模型。请你查阅相关资料，在生活中寻找合适的材料，自制分子模型。 2. 绘制分子、原子相关概念的思维导图。 请你根据对本堂课学习内容的理解，自己试着画一个能够体现概念间的关系的思维导图。	思考。	学生通过完成作业，进一步复习、巩固分子、原子的相关知识，并体会从微观角度研究物质和变化对于生产和生活的重大意义。
教学反思	1. 从课堂提问来看，感觉学生对从微粒观的角度认识物理变化和化学变化还是不能掌握得很好，从后续的学生练习来看，有些学生还是不能正确作答。所以我又设计了学生可以在课下进行自由练习的白板课件，这就摆脱了课堂的局限，也发挥了白板的交换功能，让学生真正受益。 2. 学生容易掌握微粒的定性知识，从定量的角度去理解进而达到应用层次则有困难。有部分学生在这一环节的计算还存在问题，需要教师在以后的教学中加强练习。		

三、教学过程

（一）核心探究 1：对物质微粒性的探究

素材 1：展示演示实验酒精的挥发，电子天平显示示数减小。

教师：问题 1，你看到了什么现象？请解释原因。请你用图示的方法表示酒精蒸发，并且谈谈为什么要这样画。

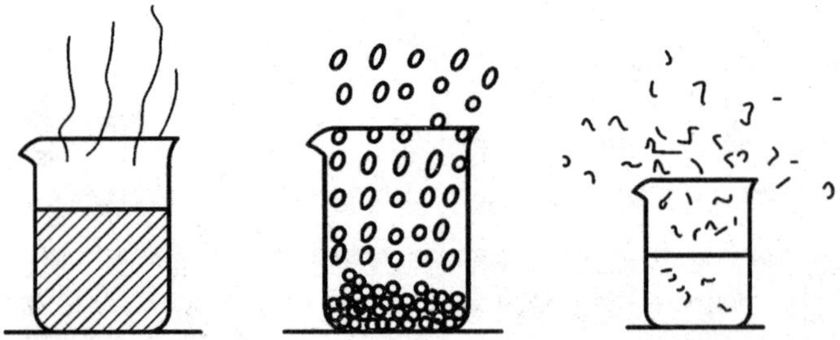

学生独立思考，然后绘制酒精挥发的图示，交流展示。

学生：在我的印象中，漫画都是这样表示的。酒精挥发变成气态了，所以线就表示酒精蒸气。

学生：我们在物理课上学过，生活中的物质是由分子组成的，分子特别小，组成了世界万物，我画的小圈表示酒精的小微粒。

学生：因为我们在物理课上学过，物质都在做无规则的运动，分子是组成物质的最小单位，可以保持物质的原有性质。酒精减少就是因为构成酒精的小微粒扩散了。微粒间有间隔，间隔不一样。

教师：通过同学们画的图示，我发现同学对物质构成有两类不同的看法：（1）物质是由更小的物质构成的；（2）物质是由粒子构成的。这些都是我们的猜想，即假说，为了验证我们的猜想，我们需要寻找证据和进行实验。

素材2：视频《闻氯气的气味》。

教师：问题2，大家为什么能闻到氯气的气味呢？通过观看这个短片，你更支持哪个假说呢？

学生：我更支持第二个假说，因为物质是由小微粒——分子构成，所以我在做这个实验时把试管放在和我的鼻孔有一定距离的位置，而不是把它放在鼻孔附近，所以一定是构成物质的分子飘进了我的鼻孔。

教师：问题3，你看见黄绿色的小微粒了吗？为什么看不到呢？

学生：没有。因为分子太小了。

教师：下面我就带领大家走进微观世界，如果我们能亲眼看到构成物质的微粒——分子，那就能直接找到证明物质是由小微粒构成的最有力证据了。

素材3：展示分子图片。

学生观看利用扫描隧道电子显微镜拍摄出的分子图片，感受分子的真实存在。

教师：问题4，在我们的日常生活中有无数事例可以证明物质是由许多不可见的粒子构成的。你能举出一些实例吗？

学生小组讨论，联系生活实际，交流展示。

学生：衣服晾干了，证明分子在不断运动。

学生：把一堆煤放在墙角，墙变黑了，也是因为分子在运动的缘故。

（二）核心探究2：探究分子的基本特征

教师：刚才同学们在描述分子时，已经描述出了分子的一些特征，如小、能运动、有间隔，即提出了分子基本特征的假说，下面我们就来一起为这些假说寻找证据并进行实验验证。

素材1：展示资料。

资料1：每一滴水大约有1.67×10^{21}个水分子，如果用10亿人来数一滴水里的分子，每人每分钟数100个，日夜不停，需要数3万多年才能数完呢。

资料2：水的一个分子大约只有0.03×10^{-21}克重，也就是说，在小数点后头还得挂上22个“0”呢。

学生观看资料，独立思考回答上述资料为分子的哪个特征提供了证据。

学生：资料1说明分子的体积小、资料2说明分子的质量很小。

素材2：实验探究氨水和酚酞的反应。

教师演示实验1：

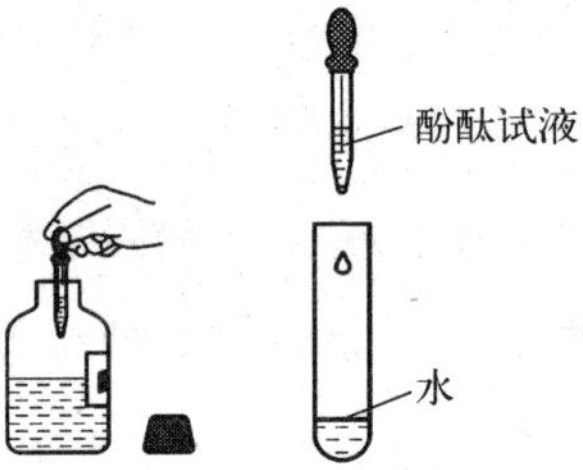

教师：问题1，你看到什么现象？得到什么结论呢？

学生回答:仍为无色。说明水不能使酚酞变红，水分子不能使酚酞分子变红。

教师演示实验2：取实验1的溶液于试管中，向其中慢慢滴加浓氨水。

教师：问题2，你看到什么现象，得到什么结论呢？

学生回答：试管中的液体变红。说明氨水可以使酚酞变红，氨分子、水分子可以使酚酞分子变红。

学生分组进行下列实验，并交流讨论。

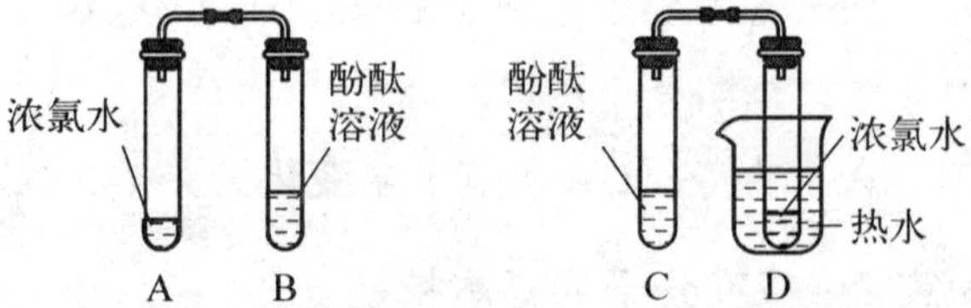

教师：问题3，你看到什么现象？思考这个现象为分子的哪个特征提供了证据。

学生:B比C更快变红,A、D不变色。这个实验为分子的不停运动提供了证据。

教师：问题4，这个实验还能说明分子能运动的特征和哪些因素有关呢?

学生：温度越高，分子运动的速度越快。

素材3：实验探究酒精和水的混合实验。

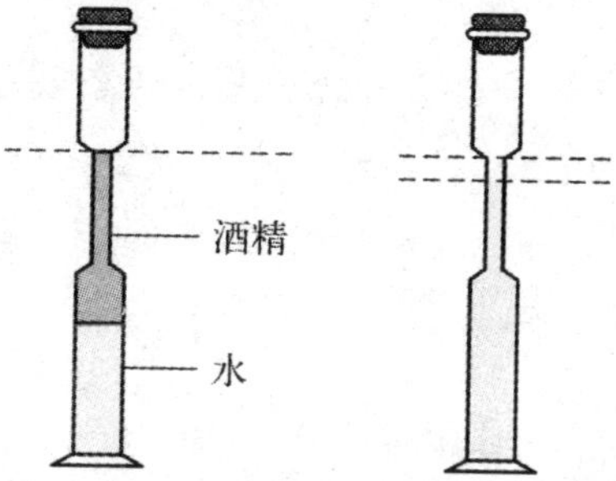

教师：问题5，你看到什么现象？思考这个现象为分子的哪个特征提供了证据。

学生：分子间是有间隔的。

素材4：实验探究压缩水和空气。

教师：问题6，通过这个实验，你能得到什么结论呢?

学生：不同状态的物质间隔不同。

教师：问题7，请你运用分子原子观点解释生活中的现象。

（1）一般的物质有热胀冷缩的现象。

（2）湿衣服在阳光下和通风处比在阴凉背风处更容易干。

学生：物质受热时，温度升高，分子间间隔变大，所以体积变大，温度降低时则反之。

学生:在阳光下和通风处,温度更高,空气流动更快,水分子运动速度也更快,所以更快干。

（三）核心探究3：探究物理变化和化学变化的实质

教师:问题1，请你用分子、原子观点解释物理变化和化学变化有什么不同。

素材5：动画演示水蒸发的微观过程。

学生观看动画，独立思考，交流探讨。

学生:水蒸发是物理变化，水蒸发的过程中，水分子不变，只是间隔在改变。

教师：问题2，化学变化中分子、原子是否改变呢？请你根据资料所给的信息，演示一下电解水的微观过程。

素材6：小资料。

(1)水是由水分子构成的。一个水分子是由两个氢原子和一个氧原子构成的。

(2)氢气是由氢分子构成的。一个氢分子是由两个氢原子构成的。

(3)氧气是由氧分子构成的。一个氧分子是由两个氧原子构成的。

学生讨论交流，动手拆分和组合水分子，演示电解水的微观过程，并交流展示。

学生：在电解水的过程中，每个水分子再分成一个氧原子和两个氢原子，每两个氢原子组合成一个氢分子，每两个氧原子组合成一个氧分子。氢分子聚集在一起形成氢气，氧分子聚集在一起形成氧气。

素材7：动画演示电解水的微观过程。

学生：观看动画，独立思考化学变化的实质。

学生：化学变化的实质是分子再分成原子，原子再重新组合成新分子。

学生课后完成拓展学习任务，练习白板课件作业：请你展示氧气被压缩和氧化汞受热分解的微观过程。

四、案例实施策略

为在探究过程中更好地展现和发展学生的高级思维，培养学生勇于探索的科学精神，教师在实施本课的教学时可采取以下策略。

1.用科学的方法探查学生的认知发展点，准确确定探究点

如在本节课对物质微粒性的探究中，教师就采用让学生用图示表示酒精蒸发的方法探查学生对物质微粒性的已有认知，发现学生对物质微粒性的认知是有差别的，多数学生还没有从微观的角度分析问题的意识，少数学生能联想到物理课学习的分子的知识，知道分子能运动、有间隔等。所以，教师确立了三个核心探究问题：物质微粒性的探究、分子基本特征的探究及对物理变化和化学变化的实质的探究。

本节课是学生走进微观世界的第一课，关系到学生能否适应从微观视角思考问题。所以教师的教学设计一直本着关注学生的已有认知、从学生熟悉的身边事物发现问题的原则，帮助学生克服想象的困难。

2. 注重培养学生的高级思维能力，提高学生的科学素养

（1）对比法。对比是逻辑思维的重要组成部分，也是化学研究的重要方法。学生可以在对比中寻找事物的异同，在对比中获得正确的结论，发现有价值的观点，同时也可学到科学的学习方法。例如，在探究分子能不停运动的基本特征时，教师对课本实验进行了改进，增强了对比的效果，学生自然从不同的对比中得出分子不停运动的基本特征和温度越高分子运动越快等结论。

（2）假说——模型的科学研究方法。由于本课是基于观念建构的概念教学，所以教师在教学中应该更注重概念的形成过程。教师在探究物质微粒性的问题时，渗透了假说——模型的探究方法，让学生在头脑中留下研究微观世界的重要思路和方法，大大改善了学生的学习效果，也为后面探究分子的特征和原子的构成奠定了方法基础。

五、专家点评

在本案例中，教师将教学目标定位在引导学生用微粒的观点认识物质及其变化，而不仅仅是让学生获得分子、原子的概念。为此，教师设定了三个探究主题：物质是由微粒构成的；微粒的基本特征；物质变化的本质。前两个主题的落脚点为用微粒的观点看物质，后一个主题的落脚点为用微粒的观点看物质的变化。

仅有探究主题还不能构成探究教学，必须将探究主题转化为具有驱动性的探究问题。针对用微粒的观点看物质，教师设计的探究问题是“酒精为什么会挥发”，学生基于物理知识等已有经验，提出物质由微粒构成的假设，对学生而言，这个假设是有创造性的，可以用来解释很多现象，比如，为什么可以闻到氯气的气味。在新问题得到有效解释的过程中，学生假设的理论也得到印证。

闻气味的教学素材的另一个功能是引出关于微粒基本特征的“为什么闻得到氯气的气味却看不到氯气的微粒”这一轮探究问题，学生可以很容易地提出假设，论证的证据是分子图片。在这一环节中，教师引导学生将微观分子与宏观物质及一些现象进行对应，一方面帮助学生形成宏观微观转换的视角认识物质的能

力，另一方面引导学生在用微粒观点解释宏观现象时，通过推理发现更多的微粒特征，并将其应用于更多的现象解释。

对探究的第三个主题，教师直接给出了问题“请你从微观角度说说物理变化和化学变化的区别”。有了前面对物质的微观认识，学生实际上是通过想象、推理对变化前后构成物质的微粒进行比较，形成有关假设。

从上述分析可以看出，本案例中的探究活动目的指向微观模型的构建与发展，鼓励学生完成创造性假设。探究主题间逻辑清楚，逐级发展。探究活动形式多样，对学生而言，探究问题具有生成性。这样的探究活动充分发展了学生的高级思维能力，有利于学生创新能力的提升。

本案例中使用的一些教学策略也很有特点。首先，教师特别关注学生原有的认识。在讨论酒精为什么挥发时，教师要求学生画出酒精挥发的图示。在本节课中，学生对物质的认识是发展了的，所以下课后，学生再画这张图也一定会发生变化，会有更多的内涵。

其次，在本节课中，教师精心设计了学生微观认识的发展层级，从原有的对物质构成的模糊认识到静态地认识物质由微粒构成，再到认识构成物质的微粒的运动性、间隙性，最后动态地看到物质变化中的微粒间的相互作用与转化。这样的层级构建，使学生对物质及其转化的认识更为深刻与系统，为日后微粒观的进一步发展留下了空间。

本案例中，教师在组织学生进行有关解释、论证、质疑等活动时不惜时间，不急于给出学生答案，而总是对学生进行追问，这样的解释、论证、质疑活动极大地促进了学生思维的系统性、灵活性、精致性，是促进学生认识发展、提升学生创新能力的有效策略。

本案例还有一个特别值得借鉴的地方是：教师具有很强的研究意识，也掌握了科学的研究方法。无论是教学起点的设置、教学过程中学生认识层级发展的设计，还是教学终极目标的确定以及教学效果的检测，都有深入的教学研究作为支撑。可见，养成研究意识和习惯是教师专业发展的重要途径。

（点评人：黄燕宁）

课题 3

碳单质的化学性质

广东东莞中学 袁静如

一、案例研究的背景和目的

1. 研究背景

《义务教育化学课程标准（2011 年版）》要求，将科学探究作为课程改革的突破口，贯穿于化学学习的全过程，体现在课程理念、课程标准、课程内容之中，还指出科学探究是学生积极获取化学知识、认识和解决化学问题的主要实践活动，是一种重要而有效的学习方式，也是化学课程的重要学习内容。作为一种重要的学习方式，科学探究能使学生在获得化学知识和技能的同时，受到科学方法的训练，体验探究的乐趣，形成和发展探究能力，对发展学生的科学素养有不可代替的作用。东莞中学初中部作为东莞市重点初中，在探究教学领域走在全市前列，无论是教师还是学生都有扎实的探究基础和超前的探究意识，比较适合开展探究教学。

2. 研究目的

本研究希望通过探究教学案例的实践研究，侧重研究师生在猜想与假设、实验设计环节的科学实验探究过程中的表现，进而了解学生在假设预测和实验设计环节的创造性思维的发展过程，同时了解教师进行探究教学的能力现状，并针对教师专业发展中存在的教学理论和教学实践脱节、教学知识结构单薄、科研能力不足等问题给出切实的建议，研究解决教师在实际过程中如何发挥指导作用、要注意什么问题、可进行的教学策略是什么、怎样合理评价学生等实际问题，提高教师的课堂教学能力，最终促进教师的专业成长，进而实现教师专业素养的提高。

在探究碳单质的还原性时，教师先引导学生通过对比碳燃烧的两个化学方程式的异同，使学生认识到碳能夺取氧气中的氧元素，让学生学会运用对比归纳的高级思维，然后通过设置有梯度的问题引发学生、进一步预测碳能否夺取氧化铜中的氧元素。学生通过假设预测，设计实验证实猜想，充分发挥能动性，有意识、主动地进行探究，形成了实验设计的严谨思维，懂得了深入思考实验设计的各种影响因素，学会如何一环扣一环地进行探究实验的设计，假设能力、设计实验能力都有很大提高。

二、具体教学设计

教学环节	教师活动	学生活动	设计意图
引入课题	材料展示： 它，之所以坚强无比，是因为内部团结一致，无懈可击！ 它，之所以软弱无能，是因为内部各自为政，不堪一击！ 问题 1：金刚石和石墨的化学性质是否差异很大？	猜谜语，并对比两者的差异。	通过猜谜语活动，引导学生回顾金刚石和石墨的物理性质；通过对比，引发学生思考两者的化学性质的差异。 培养学生的对比归纳能力。
认识常温下碳化学性质的稳定性	材料展示：钻石广告语和千年字画。 问题 2：钻石、字画为何能长时间保存下来？	思考，回答提问。	引导学生认识碳单质常温下化学性质稳定。
课前回顾	要求学生完成学案中课前回顾内容（写出要点）： （1）碳原子的结构示意图为____，最外层电子数为____，____（填“易”或“不易”）得失电子。 （2）常温下，碳的化学性质：____。 （3）碳和氧气的反应。 请写出木炭在氧气中充分燃烧时的化学方程式：________。 简单说明练习答案。 问题 3：为何常温下碳单质化学性质稳定？	独立完成。 观察碳原子结构，思考。	引导学生巩固已有知识，为深入学习新知识打好基础。 引导学生发现结构决定性质，培养学生的科学推理能力。

（续表）

教学环节	教师活动	学生活动	设计意图
认识碳能燃烧，而且氧气用量不同，反应产物不同	问题 4：不是常温下，碳单质的化学性质是否稳定？ 问题 5：碳燃烧后只会生成二氧化碳吗？ 问题 6：反应物由什么元素组成？生成物应该有什么特点？还可能生成什么物质？ 材料展示：展示两幅漫画，分析原因。	思考，回答提问。	提醒学生注意室内生火要保持通风，保证安全。引导学生学会利用元素守恒思想推测产物，归纳、总结反应物的用量会影响产物种类，培养学生的科学归纳推理能力。
探究碳具有夺取氧元素的能力	引导学生对比碳燃烧的两个反应方程式。 问题 7：两个反应有什么相同点？体现碳有什么特点？ 问题 8：碳能夺取氧化铜中的氧元素吗？ 问题 9：如果反应，会有什么物质生成？是 CO 还是 CO_2？ 问题 10：如何设计实验证明生成物是 CO 还是 CO_2？ 选择什么药品、装置？ 演示碳还原氧化铜的实验，引导学生观察现象，收集证据。 归纳总结：高温时，碳有还原性。	分析反应化学方程式的异同，思考并回答问题。 分析反应，思考问题，形成假设；进行组内、组间交流，设计实验证实猜想。 观察实验，收集证据。 交流思考。	引导学生通过对比分析，认识到碳能夺取氧气中的氧元素。 引导学生通过分析化学反应，进行组内、组间的交流碰撞，主动设计实验，证实猜想。 引导学生利用实验现象，分析实验结论，证实猜想。 引导学生了解夺氧的能力叫还原性。

（续表）

教学环节	教师活动	学生活动	设计意图
延伸与拓展	课堂检测：完成6道练习题。	独立完成。	让学生通过完成练习，进一步复习、巩固碳的三点化学性质。
教学反思	碳单质是初中学生在学习氧气之后首次全面学习的固态非金属单质，此节内容起承上启下的作用，无论从教材的位置看，还是从学生的知识贮备、能力水平上分析，碳的学习都可以作为提高学生探究、学习水平的最佳选择。本节课充分挖掘化学实验在探究学习中的功能，设计了两个探究活动，包含看图探究、对比方程式探究以及实验探究。尤其在碳还原反应生成物实验探究活动中，学生提出假设预测后，通过设计实验方案、论证方案及实施验证，不仅能形成完整知识，而且在上课时兴趣较高，积极参与，通过小组合作学习极大提高探究能力和创造力。由于本实验涉及高温条件，需要用酒精喷灯，只能教师进行演示实验，学生无法亲手验证自己的猜想，比较遗憾。另外，实验现象最终只能说明生成的气体含有二氧化碳，无法证明还有可能同时存在一氧化碳，结论还要经过进一步实验或理论推导来确定。由于课堂时间有限，只能让学生先接受课本结论，引导学生理论分析如何证明同时存在一氧化碳和二氧化碳、验证的先后次序、如何排除干扰等问题，鼓励学生课后再利用化学兴趣班活动时间探究是否含一氧化碳。如果教师事前准备工作做得更充分，能在课堂上提供课前研究的证据，及时解决学生的疑惑点，效果会更理想。		

三、教学过程

（一）探究活动一：碳的可燃性

教师：问题1，碳燃烧后生成什么物质？

教师引导学生分析反应物由什么元素组成，生成物应该有什么特点。

学生：含有碳、氧两种元素，生成物也含有碳、氧两种元素。

教师（总结）：这是元素守恒的原理。

教师：问题2，除生成二氧化碳外还可能生成什么物质？

学生：一氧化碳。

学生观看投影的两幅图，独立思考，进行分析，然后回答问题。

学生：因为是中毒死亡，碳燃烧后应该生成一氧化碳。

教师：问题3，为什么碳燃烧后生成一氧化碳而不是二氧化碳？

学生仔细分析图画细节。

学生：房间门窗紧闭，空气有限，氧气不足。

结论：氧气充足时，$C + O_2 \xlongequal{燃烧} CO_2$。

氧气不足时，$2C + O_2 \xlongequal{燃烧} 2CO$。

教师引导学生对比细节，整理归纳学生的答案，从中归纳出不同条件下物质反应结果的不同。

学生：比较分析碳和氧气反应的有关化学方程式的异同。

教师：问题4，反应的不同点是什么？

学生：生成物不同。

教师：问题5，反应的共同点是什么？

学生对比两个反应方程式，进行分析，然后回答问题。

学生：都是碳反应。

学生：都是化合反应。

学生：都有氧气参加反应。

学生：都需要点燃。

教师：问题6，能否用一句话形象地归纳碳在这两个反应中的变化？

学生：碳夺取了氧气中的氧元素。

教师引导学生对比两个反应方程式，帮助学生整理归纳答案，为下一个问题的提出做铺垫。

（二）探究活动二：碳还原氧化铜

教师：问题1，碳能夺取氧气中的氧元素，那么碳能否夺取氧化铜中的氧元素？

学生：能，都是氧元素，照拿不误。

学生：不能，氧化铜是化合物，氧气是单质。

学生（迟疑）：不清楚。

还有学生不回答，作观望状。

教师不给出明确答案，利用该疑惑调动学生的积极性。

教师：问题2，如果能反应，会生成什么物质？怎样设计实验进行验证？

教师设计探究活动流程，提供研究方向和思路引导学生进行探究活动。

（三）探究活动三

教师：问题1，碳能否夺取氧化铜中的氧元素？如果能，反应会生成什么物质？

学生根据开展探究活动的要求，每4人一组进行猜想和实验设计两个环节的探究活动，然后进行表达交流。

学生不知怎样着手研究。

教师耐心帮助学生运用元素守恒的原理分析产物，思考氧化铜失去氧元素后变成铜，碳夺取氧化铜中的氧元素后会生成什么。

学生难以回答。

教师引导学生回忆CO_2的检验方法。

教师选择安装实验需要的仪器，引导学生分析反应物的状态、反应的条件，提出问题：我们学过的装置中哪套比较合适？

学生：实验室用氯酸钾制取氧气的实验装置。

教师用投影展示氯酸钾制取氧气的实验装置图，提醒学生注意把生成的气体通入澄清石灰水进行验证。

学生猜想生成CO并用反证法证明。

教师向学生提问为何这样设计，了解学生设计的思维动态。

学生：不知如何直接证明CO，既然生成物有两种可能，用反证法，否定其中一种物质，就证明了另一种物质。

教师肯定了学生的做法，适当介绍一氧化碳的化学性质，解答学生不会检验CO的疑惑。

学生猜想生成CO_2并提出检验方法。

鉴于学生思路清晰，设计能力强，教师只需重点关注细节，如画图是否规范、有无缺漏。提醒学生导管处的连接要用胶管，试管口要用胶塞，否则会导致漏气。

教师组织学生表达交流，选择学生代表介绍设计思路和方案。

教师：问题2，大家觉得发言的同学回答有什么不完善之处吗？

学生：根据质量守恒定律，产物一定含有铜。

教师：问题3，如何验证生成铜呢？

学生：铜是红色的，固体出现黑变红的现象就能证明。

教师：问题4，产物除了生成CO或CO_2，还有没有其他可能性？

学生：可能同时生成CO和CO_2。但怎样同时验证两种产物呢？

教师：这个问题既要证明二氧化碳又要证明一氧化碳，首先要考虑验证的先后次序，先验证什么物质呢？

学生有的说CO，有的说CO_2。

教师引导学生回顾两种物质的验证方法，CO_2用澄清石灰水验证，CO要经过反应后转化为CO_2，所以先验证CO_2，不过验完CO_2后要注意把可能残留的CO_2吸出去以免干扰一氧化碳转化生成的CO_2验证。让有兴趣的学生课后进一步研究。

四、案例实施策略

1. 以探索、解释与交流为核心，设计并展开探究活动

以创新为核心的科学探究教学模式注重学生的自主性和能动性，教师只作为一个指导者，而不是主角，学生才是活动的主角。教师查阅了大量关于这个课题的教学设计，开阔了视野，初步确定探究的重点。在该案例展开探究的过程中，教师主要是把握探究的大方向，具体探究细节交由学生完成，教师只是在关键的几个地方给学生加以指导和纠正。教师显得轻松自如，教学效果很理想。

由于教师前期准备工作做得比较充分，引导和控制学生进行有效探究比较顺利，遇到学生思维过于发散的情况，处理起来也游刃有余。而且教师不用再在课堂上拼命讲课，把更多的机会留给学生，教师有更多的时间和精力观察学生的表现，关注学习落后的学生群体。教师对实验作用的认识不再停留在用演示实验为知识服务，而是变演示实验为思维服务。教师对碳还原氧化铜的几种可能性产物的分析更全面，思维更严谨，从而带动学生也能将问题思考得更周全和严密。

2. 注意及时总结归纳引导，让学生形成知识规律和科学思考模式

科学探究活动确实在较大程度上培养了学生各方面的能力，如问题解决能力、口头表达能力、逻辑思维能力、创新思维、元认知能力等，有利于学生主动进行知识建构。

在探究活动过程中，教师从学生的思维中了解到学生的知识结构基础，有针对性地对不同程度的学生进行个别教育。对知识基础薄弱的学生，重点指导这

些学生掌握新旧知识的相关联系，提高其猜测推理能力；对基础比较扎实的学生，重点培养他们学会抓住矛盾和差异，学会对比归纳推理；对综合素质强的学生，着重引导他们关注设计过程，提高他们的演绎推理能力。

3. 注意发展学生的发散思维，使学生形成科学的推理能力

教师要尊重学生的个性，鼓励超越，培养学生的创造性思维。由于学生的思维方式各不一样，这就对指导教师提出了很高的要求，如何在充分发展学生发散思维与思维要为实验目的服务之间找到平衡点是值得思考的问题。本节课中，学生在猜测反应成分时，天马行空，随口说出很多可能性，教师一再强调要符合事实，并引导学生依据元素守恒规律进行假设，学生才比较科学合理地进行推测，这对教师的应变能力和课堂控制能力是较大的挑战。

五、专家点评

本案例是一个局部探究课例，探究活动主要是对碳的还原性的探究。教师向学生提出问题“碳能夺取氧气中的氧元素，那么碳能否夺取氧化铜中的氧元素”，这是一个有驱动性的探究问题，给了学生思考的空间。要完成这个探究活动，学生首先要通过对问题的理解和分析将其转换成“碳能否与氧化铜发生化学反应，能否生成碳的氧化物”这样的问题，然后，学生才可以形成较为明确的探究假设，进而进行实验方案的设计。

本节课中，教师给了学生较大的自主空间，学生以小组为单位独立进行实验方案设计。学生要通过对任务要素的提取、对预设的反应物和生成物进行分析，联想学过的类似化学反应及其装置，比较其中异同，形成实验方案。

特别值得关注的是，在这个探究活动中，设计实验方案是为了证明碳元素具有还原氧化铜的性质，对于物质性质的探究、化学反应是否发生的判断，我们选取的判断依据通常不是看体系在一定条件下是否产生特殊的反应现象，而是通过一些特定现象判断是否有新的物质生成，这才是化学反应发生的本质。因此这个探究活动还承载着建构物质性质探究的思维模型的作用，这也是高级思维能力的一个体现。

由于学生对产物的预设有两种，因此学生设计的产物检验的方案就会有差异，有差异就会引发比较、质疑、评价、决策等一系列高级思维活动，教师一定

要充分利用这样的机会，鼓励学生发现冲突，批判质疑，在批判质疑的过程中系统、整体、精细地思考问题，这是学生创新能力发展的重要途径。

为了探究教学的有序开展，教师采取了将实验探究活动分为猜想和实验设计两个环节的策略。这样做保证了学生对实验设计的目的的明确，也间接保证了后续实验完成的成功率。对于探究能力还不是很强的初中学生来说，这一策略是有效的。

本课例中，教师特别注意对学生发散、多角度看问题的能力的培养，当学生设计的实验方案都着眼于用碳的氧化物的生成来判断反应是否发生时，教师追问实验的预设“还有什么不完善之处”，引导学生转换分析焦点，从碳元素转移到铜元素，这种转换不仅培养了学生灵活的思维能力，也进一步强化了从生成物的存在判断反应发生的思维模式。

本案例中，教师对学生疑问的处理也是很有策略的。当学生提出一氧化碳和二氧化碳同时产生如何检验的问题时，教师不是用“现在你们还解决不了”这样的语言打发学生，而是帮助学生梳理物质检验的核心思路，虽在课堂上不予解决，却给学生留下了解决问题的正确途径，为学有余力的学生留下了很大的发展空间，这一点很值得推广借鉴。

（点评人：黄燕宁）

课题 4

碳酸钠与碳酸氢钠的性质差异探究

北京师范大学（珠海）附属高级中学　薛东方　王海燕

一、案例研究的背景和目的

1. 研究背景

碳酸钠与碳酸氢钠是两种重要的钠盐，它们在性质上有许多相似之处，但也有很大的差异性。在探究结果的呈现形式上有多种形式，有利于学生准确口头叙述、准确表述实验现象、科学记录实验现象、书写实验报告、小组合作交流等方面能力的培养与训练。基于此，本节课通过小组对 Na_2CO_3 和 $NaHCO_3$ 性质的实验探究，增强学生的表达交流能力，规范学生实验记录和实验报告的书写，让学生在表达交流中实现思路清晰、用词准确、逻辑严密，发展学生的协作交流能力。

2. 研究目的

本节课强调创造性探究教学的实施，旨在培养学生的创造力，让学生通过经历假设创造、实验设计、分组实验等环节，培养语言表达能力、组织管理能力、评价能力以及在合作学习中学会如何与他人进行合作和交流，引导学生学会发现问题、预测假设的探究方法，使学生能够经历假设创造的高级思维过程，提高创造力。

二、具体教学设计

教学环节	教师活动	学生活动	设计意图
引入课题	引入："苏氏"两姐妹在日常生活、生产中的广泛应用。请大家回顾一下碳酸钠与碳酸氢钠的俗名和用途。 根据苏氏两姐妹的这些用途，你能否推断出它们都具有哪些性质？	学生：碳酸钠俗名纯碱或苏打，可用于制造玻璃、造纸、肥皂、洗涤剂、食品等方面； 碳酸氢钠俗名小苏打，可用于制作发酵粉、灭火、制作饮料等方面。 学生回顾，交流，发言。	让学生了解碳酸钠和碳酸氢钠的俗名和用途，并通过对俗名和用途的叙述，培养学生的语言表达能力，激发学生学习化学的兴趣。 引导学生认识性质决定用途。
探究归纳方法	问题1：碳酸钠与碳酸氢钠从组成上看很相似，那么它们的性质一样吗？ 总结学生的猜测和推断。 那么你们的推断是否正确呢？现在，请同学们带着你的推测进入探究碳酸钠和碳酸氢钠性质的学习中。 问题2：（1）如何设计实验验证碳酸钠和碳酸氢钠的溶解性差异？ （2）如何设计实验验证碳酸钠和碳酸氢钠与盐酸反应的差异？ （3）在分别盛有少量碳酸钠和碳酸氢钠溶液的试管中各加入少量的氯化钡溶液，观察有什么现象。 多媒体投影表1，让各小组派代表填写相应内容。 碳酸钠、碳酸氢钠作为钠的碳酸盐应该都能与盐酸等强酸发生化学反应，那么它们与盐酸反应时的快慢程度一样吗？填写表1的最后一行，你采取什么措施能保证实验结论的真实、可信？	思考，回答提问。 学生讨论交流，回答问题。 思考、交流、讨论。 完成实验探究：同质量的碳酸钠和碳酸氢钠分别加入5mL 1mol/L的盐酸，仔细观察实验现象并填写表1。 完成实验探究：在盛有少量碳酸钠和碳酸氢钠溶液的试管中分别加入少量的氯化钡溶液，观察现象并填写表1。	采用对比的方法，使学生学会从同类化合物中找出差异性、相似性，形成规律性的知识，从而为碳酸钠和碳酸氢钠性质的比较作铺垫，培养学生发现问题、联系对比的思维能力。 引导学生认识结构决定性质，从而分析碳酸钠和碳酸氢钠结构上的差异，引出性质。 培养学生合作探究的能力，引导学生养成探讨、积极解决问题的习惯。 规范学生的操作，全面培养、提高学生的实验能力、观察能力和对实验现象的分析能力、协作交流能力。 让学生体会控制变量的实验方法。

（续表）

教学环节	教师活动	学生活动	设计意图
	问题3：碳酸钠与碳酸氢钠的组成微粒与物质所属类别有哪些差异？	观察，思考，分组交流，总结并回答问题。	引导学生从物质结构的差异探究碳酸钠与碳酸氢钠可能具有的性质。
探究归纳方法	问题4：既然两者都是钠盐，而且分别是正盐和酸式盐，那么请联系初中学习过的碳酸钙和碳酸氢钙，并结合钟乳石的形成分析它们还在哪些性质上有差异。 设问：组成相似的两种物质可以相互转化吗？两者的热稳定性又怎么样呢？你能否设计实验来判断并且验证产物是什么？ 信息：碳酸钠很稳定，加热到熔点（857℃）以上它才缓慢地分解。 碳酸氢钠却不很稳定，在150℃左右分解放出二氧化碳，温度越高分解越快。 总结学生发言，指导学生完成探究实验，并写出有关反应的化学方程式。 设计实验验证：（1）在同等条件下固体碳酸钠不分解而碳酸氢钠分解。 提问：装碳酸钠的试管内为什么有气泡从导管口逸出？ （2）检验碳酸氢钠分解产生的气体为二氧化碳气体。 （3）将碳酸氢钠分解产生的二氧化碳通入滴有酚酞的饱和碳酸钠溶液中。	回忆钟乳石的形成，组内协作交流，推测得出碳酸钠和碳酸氢钠在稳定性上也应该有差异。 学生讨论、自由发言。完成科学探究：两人一小组，利用实验台上提供的仪器和药品设计实验，仔细观察，完成表2的内容。学生都使用了如下图的装置来验证它们的热稳定性。 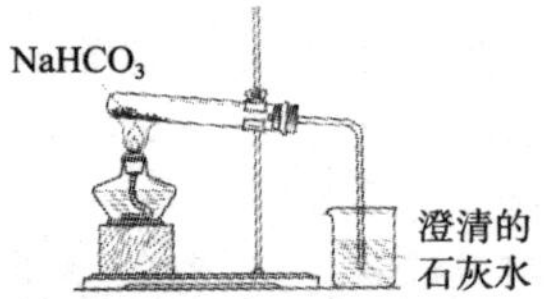 学生看到实验第二步中澄清石灰水浑浊后又变澄清了，提出疑问。 学生看到滴有酚酞的饱和碳酸钠溶液红色变浅但不消失。	利用初中学过的钟乳石的形成引入碳酸盐转化为碳酸氢盐的知识，引导学生学会利用指示剂的颜色变化判断物质酸碱性的变化。
	问题5：研究物质性质的方法有哪些？	学生归纳得出常用研究物质的方法。	让学生树立正确学习化学的意识，强化“方法为先”的观念。

（续表）

教学环节	教师活动	学生活动	设计意图
引导学生比较	问题6：桌面试剂瓶中碳酸钠与碳酸氢钠样品的颜色及状态有什么不同？	学生观察，组内交流，回答教师的问题。	引导学生探究研究物质物理性质的方法，强调“观察法”的重要性，培养学生的语言表达能力。
	问题7：为什么碳酸钠和碳酸氢钠的性质有差异？	学生组内协作交流，探讨实验方案，组间比较结果，分别陈述各自实验方案的亮点，并进行互评，指出优点及不足，提出改进方案。	引导学生自主设计实验，促进学生之间的合作交流能力、语言表达能力，让他们获得成功的体验；给他们提供更多的创造空间以提高学生的自主探究能力。
延伸与拓展	布置作业： 下图对碳酸钠和碳酸氢钠热稳定性探究装置和大家设计的装置相比，哪一个更科学？ 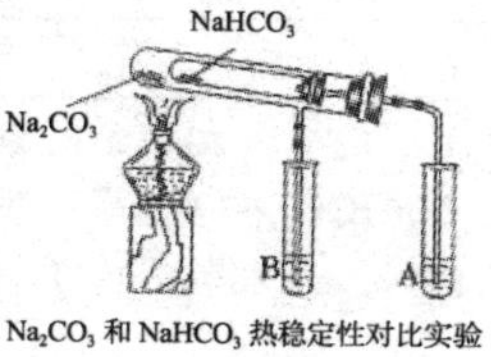 Na_2CO_3 和 $NaHCO_3$ 热稳定性对比实验 A、B里为澄清石灰水。	聆听，明确任务。	学生通过完成作业，巩固碳酸钠和碳酸氢钠的性质差异等知识，激发学习化学的兴趣，提高学习化学的能力。

（续表）

<table>
<tr><th>教学环节</th><th>教师活动</th><th>学生活动</th><th>设计意图</th></tr>
<tr><td>板书设计</td><td colspan="3">
科学探究：碳酸钠与碳酸氢钠的性质差异探究。
1. 性质差异原因。
<table>
<tr><th>物质</th><th>类别</th><th>化学式</th><th>构成微粒</th></tr>
<tr><td>碳酸钠</td><td>正盐</td><td>Na_2CO_3</td><td>Na^+、CO_3^{2-}</td></tr>
<tr><td>碳酸氢钠</td><td>酸式盐</td><td>$NaHCO_3$</td><td>Na^+、HCO_3^-</td></tr>
</table>
2. 碳酸钠与碳酸氢钠的性质比较。
<table>
<tr><th>物质</th><th>碳酸钠</th><th>碳酸氢钠</th></tr>
<tr><td>化学式</td><td>Na_2CO_3</td><td>$NaHCO_3$</td></tr>
<tr><td>构成微粒</td><td>Na^+、CO_3^{2-}</td><td>Na^+、HCO_3^-</td></tr>
<tr><td>色态</td><td>白色粉末（$Na_2CO_3 \cdot 10H_2O$ 为晶体）</td><td>白色晶体</td></tr>
<tr><td>溶解性</td><td>易溶于水</td><td>溶解度相对小</td></tr>
<tr><td>与酸反应</td><td>慢，$CO_3^{2-} + 2H^+ = H_2O + CO_2\uparrow$</td><td>快，$HCO_3^- + H^+ = H_2O + CO_2\uparrow$</td></tr>
<tr><td>与可溶性钡盐、钙盐反应</td><td>$Ba^{2+} + CO_3^{2-} = BaCO_3\downarrow$
$Ca^{2+} + CO_3^{2-} = CaCO_3\downarrow$</td><td>不反应</td></tr>
<tr><td>热稳定性</td><td>稳定，受热，难分解，$Na_2CO_3 \cdot 10H_2O$ 易风化</td><td>不稳定
$2NaHCO_3 \overset{\triangle}{=} Na_2CO_3 + H_2O + CO_2\uparrow$</td></tr>
<tr><td>用途</td><td>制作玻璃，制皂，造纸，纺织</td><td>制发酵粉，制药</td></tr>
</table>
</td></tr>
<tr><td>教学反思</td><td colspan="3">
“碳酸钠与碳酸氢钠的性质差异探究”这部分内容并不是本单元教学的难点，知识层面要求不高。作为科学探究的“区别 Na_2CO_3 和 $NaHCO_3$ 的实验”，教材的设计是以列表的形式提供信息，由学生进行实验方案的设计，且实验都简单易做，学生可以通过努力独立完成或者小组合作完成。
根据以上特点，本节课的教学目标定位在“让学生体验科学探究的过程，学会科学探究的一般方法”，并且将科学精神、探究精神融入教学当中。教师由生活话题引入，以实验探究、讨论式教学法的形式展开，引导和启发学生进行主动建构，充分发挥学生的课堂主体地位，又可充分发掘教师的辅导作用，这样更能激发学生的学习兴趣。
教师授课时，引导学生探究实验前，提前告诉学生会有的实验现象，这就改变了当初实验的初衷，从探究式变成了验证式实验。在内容处理方面，考虑到学生预习过，且对前面的知识掌握较好，因此，教师对于 4 个科学探究，给学生实验的时间比较充分，最后学生总结，既可以看到本节课的教学效果，又发挥了学生的主导性。时间分配较合理，能在 40 分钟完成本课时的内容。
</td></tr>
</table>

表 1

	碳酸钠	碳酸氢钠
化学式	Na_2CO_3	$NaHCO_3$
俗名	纯碱、苏打	小苏打
颜色、状态	白色粉末状固体	白色微小晶体
加少量水的现象	结块、放热	变湿
与氯化钡溶液反应的现象	有白色沉淀	无明显现象
水溶性	$Na_2CO_3 > NaHCO_3$	
水溶液的酸碱性	$Na_2CO_3 > NaHCO_3$	
与盐酸反应剧烈程度	$NaHCO_3 > Na_2CO_3$	

表 2

	现象	发生反应的化学方程式	结论
碳酸钠	除刚加热时有几个气泡外，没有别的变化，石灰水也不变浑浊。		热稳定性：碳酸钠>碳酸氢钠
碳酸氢钠	可看出盛碳酸氢钠的试管口处有水珠出现，导管口有连续的气泡冒出，澄清的石灰水变浑浊。	$2NaHCO_3 \overset{\triangle}{=} Na_2CO_3 + H_2O + CO_2\uparrow$	

三、教学过程

（一）核心探究 1：对碳酸钠和碳酸氢钠的溶解性差异的探究

教师：问题 1，说出碳酸钠与碳酸氢钠的俗名和用途。

学生独立思考，然后回答问题。

学生：碳酸钠俗名纯碱或苏打；碳酸氢钠俗名小苏打。

学生：碳酸钠可用于制造玻璃，造纸、肥皂、洗涤剂，生产食品等方面；碳酸氢钠可用于制作发酵粉、灭火、饮料等。

教师：问题 2，碳酸钠和碳酸氢钠可溶于水吗？

学生思考交流，然后回答问题。

学生：碳酸钠和碳酸氢钠均可溶于水，因两者均为钠盐，钠盐均易溶于水。

教师：问题3，碳酸钠和碳酸氢钠在水中的溶解度一样大吗？如果不同，谁更易溶于水？

学生两人一组进行交流讨论。

学生：两者的溶解度不一样大，因为碳酸氢钙比碳酸钙的溶解度大，所以碳酸氢钠更易溶于水。

学生：反对上述观点，应该是两者的溶解度不一样大，碳酸钠更易溶于水。

教师：问题4，如何设计实验验证碳酸钠和碳酸氢钠的溶解性差异？

学生两人一组进行交流讨论。

学生：往2支试管里分别加入少量碳酸钠和碳酸氢钠固体（等质量），再向两支试管中分别滴加3毫升蒸馏水后，振荡，观察现象。

教师提出问题，整理归纳学生的答案，提出验证碳酸钠和碳酸氢钠的溶解性差异的实验设计方案，指导学生完成实验探究过程。

（二）核心探究2：对碳酸钠和碳酸氢钠与盐酸反应差异的探究

教师：问题1，根据碳酸钠与碳酸氢钠的组成和复分解反应的条件来分析，二者能否和盐酸发生反应？

学生独立思考，然后回答问题。

学生：可以发生复分解反应，因为生成了水和二氧化碳气体。

教师：问题2，Na_2CO_3、$NaHCO_3$ 作为钠的碳酸盐应该都能与盐酸等强酸发生化学反应，那么它们与盐酸反应时的快慢程度一样吗？

学生思考交流，然后回答问题。

学生：碳酸氢钠和盐酸反应更剧烈，因其和盐酸反应需要的量更少。

学生:碳酸氢钠和盐酸反应更剧烈，因其和盐酸反应只需要一步就可以完成，而碳酸钠和盐酸反应需要两步才可以完成。

教师：问题3，如何设计实验验证碳酸钠和碳酸氢钠与盐酸反应哪一个更剧烈呢？

学生两人一组进行交流讨论。

学生：同质量的碳酸钠和碳酸氢钠分别加入5mL1mol/L的盐酸，仔细观察实验现象并填写表1。

教师提出问题，整理归纳学生的答案，提出验证碳酸钠和碳酸氢钠与盐酸反应的实验设计方案，指导学生完成实验探究过程，填写表1。

（三）核心探究3：对碳酸钠和碳酸氢钠与可溶性钡盐、钙盐反应差异的探究

教师：问题1，碳酸钠和碳酸氢钠是否都可以与氯化钡溶液反应？

学生独立思考，然后回答问题。

学生：碳酸钠可以反应，但碳酸氢钠不可以。如果碳酸氢钠与氯化钡溶液反应，生成物为碳酸氢钙和氯化钠，两者均为可溶性物质，不能满足复分解发生的条件。

教师：问题2，如何设计实验验证碳酸钠和碳酸氢钠是否与氯化钡溶液反应？

学生两人一组进行交流讨论。

学生：在盛有少量碳酸钠和碳酸氢钠溶液的试管中分别加入少量的0.5mol/L氯化钡溶液，观察现象。

教师提出问题，整理归纳学生的答案，提出验证碳酸钠和碳酸氢钠与可溶性钡盐、钙盐反应差异性的实验设计方案，指导学生完成实验探究过程，填写表1。

（四）核心探究4：对碳酸钠和碳酸氢钠热稳定性差异的探究

教师：问题1，联系初中学习过的碳酸钙和碳酸氢钙，并结合钟乳石的形成，分析它们在稳定性上有什么不同。

学生回忆钟乳石的形成，两人一组进行交流，推测得出碳酸钠和碳酸氢钠在稳定性上有差异，然后回答问题。

学生：钟乳石的形成说明碳酸氢钙不稳定，受热易分解，重新生成了碳酸钙的缘故。

教师：问题2，碳酸钠和碳酸氢钠两者都是钠盐，分别是正盐和酸式盐，那么请联系初中学习过的碳酸钙和碳酸氢钙，并结合钟乳石的形成，分析它们在稳定性上是否会有差异。

学生思考、交流，然后回答问题。

学生：有差异，碳酸钠比碳酸氢钠更稳定。

学生：碳酸氢钠和碳酸氢钙的组成相似，所以碳酸氢钠受热也易分解。

教师：问题3，碳酸钠很稳定，加热到熔点（857℃）以上它才缓慢地分解。碳酸氢钠却不很稳定，在150℃左右分解放出二氧化碳，温度越高分解越快。如何设计实验，验证碳酸钠和碳酸氢钠的热稳定性差异？

学生两人一组，进行交流讨论。利用实验台上提供的仪器和药品设计实验仔细观察，完成表2的内容。

学生都使用了如下图的装置来验证它们的热稳定性。

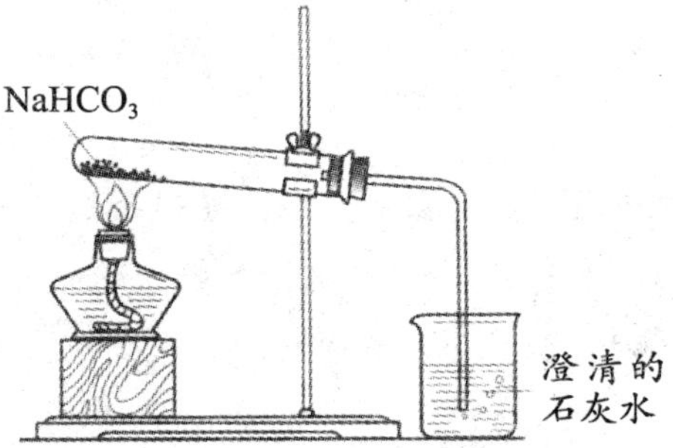

教师提出问题，整理归纳学生的答案，提出验证碳酸钠和碳酸氢钠的热稳定性差异的实验设计方案，指导学生完成实验探究过程。

四、案例实施策略

1. 对碳酸钠和碳酸氢钠性质差异原因的探究。

2. 要首先探究结构差异，结构决定性质，进一步探究性质差异。

3. 对碳酸钠和碳酸氢钠性质差异的探究。

4. 在性质研究之前，进行方法研究，强化学生“方法优先”的观念。同时，让学生分组设计实验并进行互评，给予学生足够的空间发挥其创造力及自主探究能力，让学生体会成功的喜悦，激发学生探究的欲望。

五、专家点评

本案例属于比较常规的物质性质探究案例。在探究水平要素上，本案例属于通过实验进行的定性和局部探究。

在案例实施过程中，教师从碳酸钠和碳酸氢钠的用途引入，引导学生从物质结构的角度分析物质的性质差异。在该探究环节中，教师将问题有效拆解，为问题的有效解决搭建了合适的台阶。此后，教师引领学生对该环节进行总结反思，通过反思评估，培养学生的类比推理能力。

在对教学策略进行归纳总结时，教师提出对碳酸钠和碳酸氢钠性质差异原因的探究时，首先探究结构差异，因为结构决定性质，进一步探究性质差异；在对碳酸钠和碳酸氢钠性质差异的探究时，教师提出在性质研究之前进行方法研究，强化学生“方法优先”的观念。同时，教师让学生分组设计实验并进行互评，给予学生足够的空间发挥其创造力及自主探究能力，让学生体会成功的喜悦，激发学生探究的欲望。

本案例还有一些有待改进和提升的空间。比如在引入环节，鉴于碳酸钠和碳酸氢钠是学生在生活中常见而且对用途相对熟悉的物质，所以可以直接提出问题，让学生来说说这两种物质的用途，然后引导学生通过提出的用途猜测对应的性质，再由性质追及物质组成结构的问题，这样更利于培养学生系统假设的高级思维能力。在实验设计环节也可以给学生更多的自由思考的空间，让他们根据预测出的物质性质来设计实验并进行实验验证，培养学生的系统、整体、精细思维的高级思维能力。

（点评人：高杰）

课题 5

身边的碳酸钙

南京师范大学附属中学新城初级中学　朱浩遐

一、案例研究的背景和目的

1. 研究背景

本课题不是教材中的章节内容，是教师开设的一节拓展性课，是一节理论联系实际的化学实践课，也是我们的一种尝试。鉴于刚刚讲完人教版九年级化学第六单元课题 2 “二氧化碳制取的研究”，学生对碳和碳的化合物的相关知识比较了解，对于在实验室中如何制取二氧化碳和如何检验二氧化碳等知识也很熟悉，教师利用实验室检验二氧化碳的装置及时补充检验碳酸钙存在的知识，学生易于接受。一方面能加深对原有知识的理解巩固和比较，另一方面也为后面学习酸碱盐做好铺垫。

2. 研究目的

本节课的目的主要是：（1）通过对碳酸钙性质的总结归纳引出物质中碳酸钙的检验与含量测定的方法，引导学生逐步形成“依据性质确定检验方法、从定性到定量”的基本思路，带领学生体会科学探究的过程，领会科学探究的思路，掌握科学探究的方法。（2）通过质疑、设计实验方案，进行实验探究分析，培养学生实验、分析、推理等自行获取知识和运用知识的能力，使学生在探究活动中体验乐趣并获得动手实验、总结归纳的能力。

二、具体教学设计

教学环节	教师活动	学生活动	设计意图
创设情境	创设情境，引导学生复习知识。 问题1：你知道哪些物质中含有碳酸钙吗? 组织学生交流信息，对学生课前收集到的资料进行积极评价并予以小结。	思考、回答。欣赏同学带来的物品，交流汇报收集到物品的相关信息。	采用生活实例，为学生营造一种现实而又有吸引力的学习情境，通过创设生活情境，能让学生有真实的感受，有助于开启学生的思维，并能激发他们探究的欲望，提高了学生的积极性与参与度，使学生主动地寻找结论。
检验碳酸钙的存在	问题2：如何确定这些物质中含有碳酸钙? 请学生设计实验方案，验证碳酸钙的存在。 组间巡视，观看学生做实验，并及时纠正。 实物投影学生的实验设计方案，对学生的设计方案进行点评。	思考，回答。 小组合作设计实验方案。 分组实验，做好记录。 汇报交流，确定检验方法和步骤。	引导学生思考。 引导学生学会用化学方法探究物质的组成，学会检验碳酸钙的方法。 学生从身边的事物入手，在教师的指导下，小组讨论设计实验方案并进行实验，最终形成合理的认知结构。既培养了学生的实验操作能力及团结协作能力，又培养了学生实验、分析、推理等自行获取知识和运用知识的能力，使学生的认识逐步得到发展，使学生在探究活动中体验成功的喜悦。 让学生开阔视野，打开思路，开放、发展地去掌握知识，感受到不同的观点和方法，从而更好地进行反思和评判彼此的想法和做法，加深对知识的理解。
设计实验	问题3：请设计实验测定钙尔奇中碳酸钙的质量分数。 巡视，比较各个方案的优劣。对方案的可行性进行点评。	进行组内、组间交流，建构设计方案。 小组合作，动手实验。做好数据记录。 交流汇报。	从定性到定量的实验设计，能够使学生更深刻地了解物质中碳酸钙的存在和含量。 通过层层设置问题，刺激学生思维的兴奋点，学生带着问题追根溯源，主动进入探究角色，培养学生严谨的科学态度、创新精神和实践能力。敢于表达自己的观点，又善于倾听别人的意见，培养学生的证据意识。

（续表）

教学环节	教师活动	学生活动	设计意图
延伸与拓展	引导学生质疑、思考习题中出现的问题。 资料查询——碳酸钙的性质和用途。	质疑、思考、聆听，明确任务。	让学生通过完成作业，进一步复习巩固本节课的相关知识。
教学反思	1. 对于碳酸钙检验的探究内容，上册教材中原本没有，以往是在讲授酸碱盐内容时穿插进去的，而且只介绍碳酸盐中碳酸根离子的检验方法。教师经过改进后，借助学生的已有储备知识（实验室制取二氧化碳和二氧化碳能使澄清的石灰水变浑浊的知识），从身边的事物入手，激发了学生探究的欲望和好奇心。学生通过自我设计实验方案和实验探究分析，很快掌握了检验碳酸钙存在的方法，初步学会了用化学方法探究物质的组成。 2. 以往对测定碳酸钙含量的探究仅限于相关习题的练习。教师对此进行了改进，通过抛出问题，让学生自行设计实验方案，探究钙尔奇中碳酸钙的含量。通过即时、准确的数据呈现为定量实验的设计创造了可能，使学生从量的角度了解碳酸钙含量测定的方法。教师从定性检验碳酸钙的存在到顺理成章地过渡到定量测定碳酸钙的含量，对实验的设计又提出了新的要求，使学生在不断探究中分析问题、解决问题、获得知识。 3. 整节课中学生的思维活动比较活跃、积极，既有感性认识又有理性知识，对内容的理解也更加深入、透彻。学生通过自我设计实验、探究解决问题，不仅能获取知识，同时也体验到了成功的喜悦和快乐，真正变“要我学”到“我要学”。		

三、教学过程

（一）核心探究 1：碳酸钙的性质

创设情境，复习知识。

教师出示石灰石图片、高露洁水晶牙膏、粉笔，并提问：这三者之间有什么联系吗?

学生：它们都含有碳酸钙。

教师：碳酸钙具有哪些性质呢?

学生：白色固体、不溶于水、与酸反应……

学生积极思考，踊跃回答，结合课本知识和信息储备归纳总结碳酸钙的物理性质和化学性质。

教师：你身边的哪些物质中含有碳酸钙？

学生：贝壳、珍珠、水垢、石灰石、大理石、陶瓷、珊瑚、雨花石、鹅卵石……

教师：你是怎么知道这些物质中含有碳酸钙的呢？

学生：上网查的，查阅资料知道的，老师教的，爸爸教的……

（二）核心探究 2：检验所带物品中是否含有碳酸钙

教师：今天，我看到同学们带来了许多物品，那么我们该如何确定这些物质中是否含有碳酸钙呢？

学生七嘴八舌，讨论设计实验方案。

学生：取所带样品少许于试管中，滴加稀盐酸，若产生气泡，将气体通入澄清的石灰水中，如果澄清的石灰水变浑浊，说明该气体是二氧化碳，从而推出样品中含有碳酸钙。

学生：用实验室检验二氧化碳的装置，滴加稀醋酸和澄清的石灰水，观察现象。

学生进行小组实验，探究、汇报所带物品中是否含有碳酸钙。

教师：同学们通过检验，发现我们所带的物品中有的是含有碳酸钙的，而有的是不含的，如陶瓷、雨花石、鹅卵石等，可见大家刚刚回答的答案中有些是需要纠正的。如果我在家中要检验碳酸钙的存在，没有稀盐酸，怎么办？

学生：用醋代替。

教师：很好，下面我们来看宫姝仪同学做的家庭小实验。

教师播放视频《家庭小实验：检验贝壳中是否含有碳酸钙》。

教师：看来，在我们身边有许多物质中含有碳酸钙（投影一些生活中常见的含有碳酸钙的物质图片）。

（三）核心探究 3：设计实验测定一片钙尔奇中碳酸钙的质量分数

教师：老师这里有一瓶钙尔奇，大家都知道碳酸钙是一种补钙剂，说明中说钙尔奇可以帮助防治骨质疏松症。老师想具体了解每片钙尔奇中究竟含有多少碳酸钙，质量分数是多少？你们能帮助老师测定一下吗？

学生讨论实验方案。

学生：称量一片钙尔奇的质量，记录数据。取一片钙尔奇和足量的稀盐酸，称量反应前后物质和仪器的总质量，通过质量守恒定律计算生成的二氧化碳的质量，根据化学方程式计算碳酸钙的质量，从而计算碳酸钙的质量分数。

学生：刚刚 × 同学的方案不错，但二氧化碳是气体，我觉得测定它的体积比测定质量数据更精确。我采用我们所学的知识，用洗气瓶来组装装置，见下图：

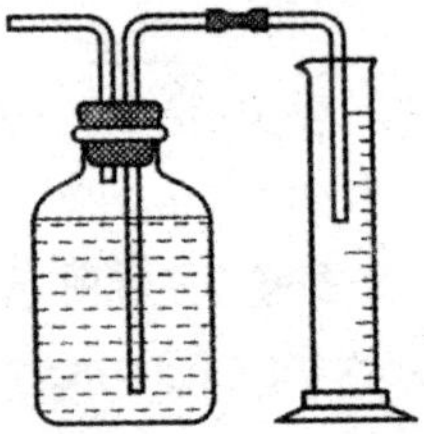

利用洗气瓶的功能测定二氧化碳的体积

通过测定排开水的体积来测定二氧化碳的体积，然后换算成质量，再根据化学方程式计算碳酸钙的质量及质量分数。

教师：可二氧化碳溶于水，那怎么办呢?

学生：因为二氧化碳不溶于油，在洗气瓶水面上滴加植物油形成隔离层，将二氧化碳与水隔离。

学生：我采用称量滤渣的质量的方法。称取一片钙尔奇的质量，然后加入足量的稀盐酸，待反应结束后，过滤取滤渣，洗涤、烘干，称量滤渣质量，用钙尔奇的质量减去滤渣的质量算出碳酸钙的质量，再除以钙尔奇的质量，从而算出一片钙尔奇中碳酸钙的质量分数。

教师：在你的方案中需加入足量的稀盐酸，多少为足量，根据什么现象判断盐酸足量?

学生：当不再产生气泡时，表明碳酸钙已完全反应。

教师：同学们设计了很多方案，下面请同学们利用老师提供的仪器选择你认为合适的方案来测定碳酸钙的质量分数。根据老师的经验，一片钙尔奇需加入10mL 的稀盐酸。

学生讨论选择确定实验方案，小组合作，实验探究。

教师进行组间巡视，观看学生的实验并及时纠正实验中存在的问题。

学生汇报测定结果：77.75%、83.33%、80.06%……

（四）核心探究 4：误差分析

教师：看来钙尔奇中碳酸钙的含量确实蛮高的，真的可以起到补钙的作用。如果我要测定鸡蛋壳中碳酸钙的质量分数，是不是也可以用这几种方案呢？（投影）小刚和小勇同学想了解鸡蛋壳中碳酸钙的含量，于是进行了实验，测定的相关实验数据如下图所示：

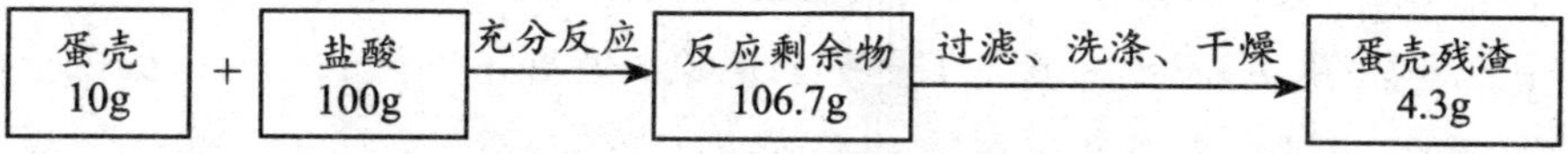

小刚根据“蛋壳残渣质量为 4.3g”，求得蛋壳中碳酸钙的质量分数，小勇根据“反应过程中减少的质量”（10g + 100g − 106.7g = 3.3g），也求得了蛋壳中碳酸钙的质量分数，但两位同学求得的数据有明显差别，请你分析其中可能的原因。

学生思考、讨论。

四、案例实施策略

1. 利用身边的多种物质来设计实验，发展学生的创新思维

引用身边的事物钙尔奇、贝壳、珊瑚、牙膏来设计实验，检验测定碳酸钙的存在和含量是培养学生创新思维的好形式。学生通过上网浏览、查阅资料、翻阅书报等形式了解碳酸钙的性质和用途，多媒体给学生提供了成果展示的舞台，向学生提供了更多的信息，拓宽了学生的视野，增强了教学内容的直观性。探究实验又给了学生动手练习的机会，调动了学生的积极性，使学生主动参与学习，不断激发探究的欲望，真正感受到化学就在身边。

2. 注重求异思维的发展，为学生提供发展创造潜能的机会

多种实验方案设计使学生的创造潜能淋漓尽致地得到了发挥。在方案设计环节，我们给予学生足够的思考时间，鼓励学生收集各种有关材料，让学生大胆地去表达，鼓励并赞美学生的有创意的答案，让学生在轻松愉悦的环境中进行自主学习。通过师生交流、生生互动进行思想的碰撞，学生在质疑中敏捷地发现问题，在探索问题的求异性中培养解决问题的能力，开阔视野，从而更好地进行反思和评判彼此的想法和做法，加深对知识的理解。

3. 立足于学生的实际来设计教学，拓展学生求知想象的空间

立足于拓展延伸学生已有的知识，促进了学生对知识的理解和掌握。整节课突破了教材的约束，使学习的过程被真正演绎成一个主动探究和求知的过程。学生认真思考，积极发言，在组内和组间交流的过程中不断碰撞出智慧创新的火花。学生通过独立思考、相互合作，加上老师的点评，充分且深刻地理解了知识。这种课外实践、实验方案设计、实验探究分析、交流讨论相结合的教学模式有效地发挥了学生的聪明才智，放飞了学生的想象，发展了他们的思维，锻炼了他们的能力，促进了综合素质的提高。

五、专家点评

本案例是基于“二氧化碳制取的研究”之后精心设计的一节利用二氧化碳的制取和性质进行拓展性探究的课。从探究的角度分析，本案例属于元素化合物知识类的物质检验的探究。案例围绕身边的碳酸钙，设计了定性和定量两个不同水平的核心探究活动。第一个探究活动属于定性探究，要求学生设计实验方案，验证碳酸钙的存在。这一探究活动主要是引导学生定性认识碳酸钙的化学性质，属于物质性质的探究。第二个探究活动属于定量探究，要求设计实验测定每片钙尔奇中碳酸钙的质量分数。这一探究活动选择了一个真实的素材，利用定性探究的结果完成定量探究过程。本案例的探究主题具有驱动性和真实价值，实现了定性探究与定量探究的结合，问题空间逐渐加大，既能进一步加深学生对二氧化碳有关知识的理解，也为后续学习酸碱盐做了知识上的铺垫。同时，两个不同水平的探究活动对学生的高级思维的挑战也逐渐加大，有利于学生高级思维和创造能力的发展。

教师在探究活动的设计中非常注重联系学生的实际生活，选取生活实例，为学生营造一种现实而又有吸引力的学习情境，如在碳酸钙化学性质的定性探究中，教师首先引导学生思考生活中的哪些物质中含有碳酸钙，如何确定这些物质中含有碳酸钙，并列出具体物质。在定量探究某物质中所含碳酸钙的质量分数时，教师选择了生活中常见的补钙保健品——钙尔奇。如此设计，学生可以充分感受到化学学习与日常生活的密切联系，因此深入学习的动机和兴趣大大增加。

教师在进行探究活动的过程中有意识地培养和发展学生比较、系统设计、批

判质疑、优化改进等高级思维，同时也注重学生的发散思维、系统思维和整体思维等创新能力的发展。

在“定性认识碳酸钙的化学性质”的探究活动中，教师设计的核心探究活动任务是设计方案和解释论证实验结果，并归纳表达出碳酸钙的重要化学性质。学生通过比较、系统设计等高级思维活动，小组合作设计出实验方案。在引导学生选择合理可行的实施方案的过程中，能够培养学生的批判质疑意识和能力。方案实施之后，教师组织学生进行交流解释，表达实验结果，学生在这一过程中锻炼了归纳推理等高级思维能力。

在“定量探究具体物质中碳酸钙含量”的探究活动中，教师设计的核心探究任务是方案设计。学生通过充分的发散思维，设计出一系列可能的实验方案，锻炼了系统、整体思维，有利于其创新能力的培养。教师通过引导学生评价、比较各种方案的合理性，并对方案中存在的缺陷进行修正，引导学生批判质疑、设计改进方案。

在教学实施过程中，教师为学生提供了充分的自主联想、发散性思考、反思评价、表达交流的时间和机会。本探究活动中，教师组织了多种学生交流活动：组织学生交流信息，对学生课前收集到的资料进行积极的评价并予以小结；让小组合作设计实验方案；让学生分组实验，做好记录，汇报交流，确定检验方法和步骤，对学生设计方案进行点评；让学生进行组内、组间交流，建构设计方案，比较各个方案的优缺点，交流汇报，对方案的可行性进行相互评价。通过交流，学生能开阔视野，打开思路，加深对知识的理解。在教学过程中，教师注意鼓励学生表达自己的观点、倾听别人的意见，培养学生的证据意识。

（点评人：姜言霞）

课题 6

燃烧和灭火

南京市第二十九中学　殷婕

一、案例研究的背景和目的

1. 研究背景

南京市二十九中教育集团所属石城初中部校区为江苏省示范初中，学校一向以“校风正，学生素质高、能力强”而受到社会赞誉，多年来一直走在教改的前沿，学校化学组的教师经验丰富、勇于探索，这些为学校开展探究性教学实践研究提供了硬件和软件的保障。参与“创造性化学探究式教学实践研究课题”对于提升学校教师的专业素质及学生的高级思维能力都有重大意义。

2. 研究目的

本课题是九年级化学第七单元的起始课题，由于内容相对比较浅显易懂，教师一般都是围绕教材落实知识点，没有给学生留太多创造性探究空间。燃烧现象在生活中处处可见，探究本课题可以提升学生解决实际问题的能力。本节课中的情境素材多来自学生身边，教师在教学中注重引导学生思考这些生活中常见的现象的原理、相互联系，掌握了原理后还能解决哪些问题。

本节课通过创设情境，激发学生自主探究的欲望；在开放性的问题情境中激励学生进行富有创造性的自主实验探究；教师在课堂上组织合作探究，引导学生交流活动成果，促进学生创造性高级思维能力的发展。

二、具体教学设计

教学环节	教师活动	学生活动	设计意图
引入课题	视频展示：展示《功夫熊猫2》视频片段，说明火的利用既可给人类带来快乐也会给人类造成痛苦。	观看短片，产生兴趣。	通过播放短片，激发学生的兴趣，使学生对物质的两面性问题产生思考。
了解燃烧的条件	问题1：燃烧有利有弊，它给我们带来了哪些帮助，又会带来什么麻烦？ 问题2：根据燃气灶点火过程猜想燃烧需要哪些条件？上述条件之间具有什么关系？如何设计实验进行验证？	思考，回答提问。 思考，讨论。 分组实验。 总结汇报。	引导学生认识掌握事物变化规律的重要性。 引导学生探究燃烧条件。
了解灭火的方法	问题3：在刚才的实验中你是如何阻止燃烧继续进行的？你使用的方法主要利用了什么原理？生活中还有哪些常见的熄灭火焰的方法？这些方法分别利用了什么原理？	独立思考，回答教师提问。	引导学生透过现象认识本质，了解到生活中处处有化学，并能利用化学原理解决生活中遇到的问题。
	问题4：展示2010年11月15日上海高楼大火图片，为什么大火未能及时扑灭？为了预防火灾，平时应注意什么？若突遇火灾，你该怎么做？	观看图片，思考讨论，回答提问。	让学生认识到生命的可贵，增强消防意识。
延伸拓展	布置作业：11月9日是“世界消防日”，请查阅资料，结合今天所学知识，写一篇关于消防安全的科普小论文。	聆听，明确任务。	通过完成作业进一步复习巩固燃烧条件和灭火方法，体会消防安全的重大意义。
教学反思	本节课在设计中主要考虑从学生出发，用学生生活中常见的变化和现象激发他们的兴趣，进而促使他们思考变化的本质，并自己设计实验，动手操作，验证假设，体会科学探究的过程。 课堂中，教师只是知识的引导者而不是传授者，学生作为学习主体，在思考中学习，将课本知识进行内化，并解决生活中可能遇到的问题，感受到学习化学不仅有趣而且有用。		

三、教学过程

教师：火的用处非常多，我们在生活中经常会用燃气灶烹调食物，下面请大家看一段燃气灶点火的视频，猜想一下燃烧可能需要哪些条件。

教师播放视频。

学生观看，思考。

学生：燃烧可能需要具有可燃性的物质，因为一开始燃气不出来，燃烧不能发生；可能需要一定的温度，我看到是电火花引燃燃气的；可能需要跟空气接触，只有从灶头中冒出的气体才能被点燃，管道中的气体因为没有跟空气接触，所以不能燃烧。

教师：说得很好！现在你们的桌上有一些材料（粉笔、棉花、纸条、木条、木炭、蜡烛、火柴、酒精灯、水、烧杯、镊子、废液缸），请大家两人一组，讨论一下，能否利用这些材料设计出实验，验证刚才对于燃烧所需条件的猜想。请大家讨论后，进行实际操作，并完成实验报告。

学生热烈讨论，操作，完成实验报告。

教师提供实验报告模板，在学生中走动，倾听方案，适当指导。

教师：好了，现在我们请几个组来汇报一下自己的实验情况。

学生：我们组验证的是燃烧需要可燃物，方案是用镊子分别夹取粉笔和纸条放在酒精灯外焰上灼烧。我们观察到纸条很快被点燃，粉笔无法燃烧，证明燃烧需要有可燃物。

学生：我们是用这样的方案证明燃烧需要可燃物的，划燃一根火柴，用镊子夹住，等到火柴燃尽，燃烧现象就无法继续了，说明燃烧需要有可燃物。

教师：大家觉得这两位同学的方法怎样？

学生：很好，第二位同学的思路很简单也很巧妙，我怎么没想到呢……我们验证的是燃烧需要氧气，方法是点燃酒精灯，后盖上灯帽，酒精灯熄灭了，这是因为没有接触到充足的氧气。

学生：我们还有这样的方法，点燃蜡烛，在蜡烛上扣一只烧杯，过一会儿蜡烛熄灭了，这说明燃烧需要氧气。

学生：我们验证了燃烧对温度的要求，用镊子分别夹取木条和木炭在酒精灯外焰上灼烧。木条很快被点燃，木炭需灼烧一段时间后才出现红热现象。这说明木炭的着火点高于木条，因为温度要达到可燃物的着火点才能燃烧。

学生：我们用了更简单的方法，取两根火柴，一根放在常温下，另一根放在酒精灯的外焰上。现象是前者不燃烧，后者燃烧了。这说明燃烧需要温度达到可燃物的着火点。

教师：同学们做得很好！大家通过努力，知道了燃烧需要三个条件：可燃物、与空气或氧气接触、达到一定的温度（这个温度被称作着火点，是物质燃烧所需的最低温度）。那么这三个条件只需满足其一还是必须同时满足呢？在回答这个问题之前，我想先问问大家，在刚才的实验中，针对不同物质的燃烧，你们都是如何阻止燃烧继续进行的呢？

学生：我熄灭火柴，是用嘴吹灭的，我利用的灭火原理是隔绝空气，因为我吹出的气体中主要是二氧化碳。

学生：我觉得不对，吹出的气体中也有一部分氧气啊，而且吹出的气体怎么能将火柴整个包裹住呢？我认为吹灭火柴的原理是带走热量，使火柴周围温度降低到着火点以下。

学生讨论，争执，各抒己见。

教师：现在我划燃一根火柴，不用嘴吹，用扇子扇，或者将燃着的火柴在空气中甩两下，火柴都会熄灭，大家想想这是什么原理呢？

学生：降低温度。

教师：非常好，其实嘴吹火柴也是一样的原理，吹出的气流不能使火柴完全隔绝氧气，但可带走一部分热量，使温度降低至火柴的着火点以下。我们总结一下，使用酒精灯的同学采用了灯帽盖灭的方式，其实是缺少了燃烧的哪一个条件？（生:空气）使用火柴的同学用嘴直接就将火吹灭了,又是什么原理呢？（生:温度降低了）请大家再看我带来的这个普通打火机，只要松开按钮，不让可燃性气体出来，火焰就消失了，这又是因为什么原因呢？（生：没有可燃物，燃烧无法继续）很好！那么也就是说燃烧若要发生，三个条件缺一不可。相反，若去掉任何一个条件，就能达到灭火的目的。

教师：看来，只要掌握原理，即时冷静地应对，想要灭火也不是一件难事。但事实果真如此吗？请大家看看这张照片，仔细阅读这段新闻，找一找发生火灾的原因。

学生：塑料隔离网、泡沫、竹片板等为可燃物，溅落的火星使温度达到可燃物的着火点，同时火灾发生时风力较大，提供了燃烧所需的氧气，三个条件同时满足，因此引发了火灾。

教师：有的同学可能会想，为什么一场火灾会造成这样严重的后果呢，难道是救援工作没跟上？实际上，在火灾发生的第一时间，上海市就迅速调集了25个消防中队、百余辆消防车进行扑救，甚至出动了直升机，但由于高层建筑火势蔓延非常快速，产生的浓烟又让直升机无法靠近，因此整整用了4个小时才将大火完全扑灭，这件事给我们什么启示呢？

学生：建筑物失火后，灭火具有一定的难度，应防患于未然！

教师：结合今天所学的燃烧条件，大家觉得我们在日常生活中为了避免火灾的发生和蔓延，应该注意些什么呢？

学生：注意用电安全；家中的燃气用完后要随时关闭，不能有管道漏气的情况；有人吸烟的话，应注意烟头不能随处乱丢；要管理好易燃易爆品……

教师：大家说得都很好，希望大家学完这部分以后，在生活中也做一个有心人，杜绝一切可能导致火灾的行为。不过，如果真遇上了火灾，也不必过于惊慌，只要掌握火场逃生技巧，也可化险为夷。请大家动手试试下面这个实验，通过实验现象，能得到什么启示呢？

教师分别取两团棉花，其中一团在水中充分浸湿，再用镊子分别夹取这两团棉花在酒精灯外焰上灼烧一会儿。

学生：现象是未蘸水的棉花很快燃烧，而蘸水的棉花不易点燃。我认为是因为蘸水棉花与氧气隔绝了，所以没办法燃烧。

学生：我觉得是因为水受热后汽化吸热，使棉花的温度无法达到着火点，故棉花不易点燃。

学生：我同意第二位同学的观点，因为水浸入棉花中，无法使棉花与空气隔绝。

学生：我仔细想了一下，同意第二位同学的观点。

教师：很好，那么通过这个实验，大家能得到什么启示呢？

学生：火灾时，应该将浸了水的棉被或大衣盖在身上再逃离火场，这样更安全。

教师：非常好！请大家看看这个实验，它能给你什么启示呢？

教师演示实验，分别点燃一高一矮两支蜡烛，用一只大烧杯将两只蜡烛同时罩住。

学生：高的蜡烛先熄灭，这可能是因为上方的氧气先被消耗了。

学生：我认为这个现象的出现是因为燃烧产生的气体较热，一开始都往上升，聚集在烧杯顶部，因此高的蜡烛先灭。

教师：大家觉得哪位同学说得更合理呢？

学生：我认为第二位同学说得更合理，因为矮的蜡烛燃烧也消耗氧气啊，可是它却过了一会儿才熄灭，说明不是氧气在高处先耗尽的问题。

教师：很好，那么通过这个实验，我们能得到什么火场逃生的启示呢？

学生：火灾发生时，应猫着腰或匍匐前进，最好用湿毛巾捂住口鼻，以免吸进有毒有害气体……

教师：也请大家牢记火警电话119，为了提高全民的消防意识，我国已将每年的11月9日定为“全国消防日”。今天我们一起研究了燃烧的条件和灭火的方法，请大家课后结合今天所学知识，查阅资料写一份关于消防安全的科普小论文。

四、案例实施策略

1.活动准备

（1）教师准备。在课前设计时，教师必须具备创新意识，不要拘泥于教材既定的框架，而应该“主动出击”，留心观察生活，探索研究问题的实际出发点，选择适当的主题，并充分考虑课题的可行性，设计情境，安排问题，收集相关资料，预设结果。对一些验证性的实验，一定要先亲自操作，对于学生可能提出的质疑要做好充分的准备，对这节课有一个整体的把握。例如，本节课在设计时，对于通过何种情境启发学生对燃烧条件进行思考的问题，教师要选择既贴近学生的生活又能激发学生思考的情境。

（2）学生准备。由于学生的认知能力和探索能力有限，为了有效地开展探究式教学活动，教师一定要留给学生充分的课前预习时间，并安排好学生在课前要做的准备工作，如对课本相关知识的预习、上网搜索相关资料、设计实验方案等，这样，在接下来的探究活动中，学生才能做到有备而来。充分的准备可以提高实验的成功率，提升学生的自我价值感和成功感，为继续开展探究式教学活动创设一个良性循环的环境。

2. 分组技巧

探究式教学活动多采用学生分组的形式进行，分组是活动顺利开展的关键。在分组时，教师应考虑以下几个问题：

（1）学生知识的平衡。由于探究式教学活动不仅需要学生动手做实验，还需要学生在以往的经验上整合知识、探索创新，因此学生原有的知识水平对实验的开展非常重要。因为学生的知识水平并不一致，在分组时，教师要充分考虑到这个因素，可以根据学生的平时成绩组成“连帮带”小组，让各种层次的学生组合，这样也可以形成一个相互促进的环境。

（2）学生能力的平衡。有些学生虽然学习成绩很好，可是动手能力、观察能力或者语言描述能力都不强，由于探究活动是一个手、脑、口协调的活动，因此在小组分配中要充分考虑学生能力的均衡，让每个组的活动进展速度基本保持一致。由于能力不是一下子就能被发现的，因此教师可以在平时多观察了解，在实验前做一些调整，让各组之间的成员水平较为均衡，这样才能创建一个健康的合作环境。

3. 评价方式

创造性的探究式教学活动要培养学生发散、联想、灵活思维的创新能力，因此切忌采用简单直白的方式对学生的活动进行正误评价。教师可以采用学生互评的方式，让学生在互相评价的过程中表达、选择、思考、领悟，在“辩”中获取“新知”。教师应善于发现学生在活动中的闪光点，激发每一位学生的兴趣，最大程度地调动每一位学生的参与积极性。

五、专家点评

燃烧与灭火是初中化学教学中的常规探究教学主题。这一主题的很多特征特别适宜学生自主探究活动的开展。

本节课中，教师充分挖掘了该主题的教学特征，给了学生较大的探究空间。在本节课中，教师共设计了三个核心问题。问题一：从燃气灶点火过程猜想燃烧需要哪些条件。这个问题的解决需要学生对燃气灶点火的过程进行要素化分解，而后再把分解出的各要素进行统筹思考，形成假设。在这个过程中学生需要运用分析、抉择、关联等多种高级思维能力，在假设的基础上，还要设计实验验证假设。实验设计的过程中，学生又要将抽提的燃烧要素与具体的实验用品、条件相对应，还要运用控制变量等实验方法保证结论的严谨性。可见，这个探究活动对培养学生的思维能力的作用很大。问题二：燃烧的三个条件是怎样的关系，是否缺一不可。为了帮助学生找到解决问题的突破点，教师提供了素材支持，这一支持既给了学生真实素材作为思维起点，使学生的学习变得直观，又给了学生思路，使学生可以通过研究灭火条件确定燃烧条件间的关系。在这一问题解决过程中，学生依然要经历把自己的实验行为与燃烧要素对应，系统分析多个要素间的关系，最终实现获得解释灭火过程的能力。在完成问题二后，学生对什么是燃烧、燃烧发生的条件、燃烧和灭火的关系都有了新的认识，因此对于如何控制燃烧反应的发生和停止也有了明确的思路和方法。于是，教师提出问题三：遇到火灾怎么办。这是帮助学生将学到的知识运用于更加多样、复杂的情境中，是对学生系统思考、方法抉择等高级思维能力和创新能力的进一步培养。

本案例中教师对教学素材的选择和运用很有特色。案例中使用了棉花、酒精灯、木炭等实验素材，燃气灶、打火机等生活素材，上海火灾的实事素材，素材种类丰富，且视角不同，起到了不同的教学功能。学生基于生活经验素材提取燃烧要素，或将生活素材中的现象与燃烧条件对应归位，训练了精细思维、分析综合、抽象概括的能力。在本探究活动中，生活经验是形成假设的基础。应用实验素材进行假设检验，检验过程中使用控制变量、对比等科学方法，得到燃烧条件的结论。上海火灾这一新闻素材的使用有利于引导学生利用所学分析、解释、应对陌生复杂问题，促进了学生整体把握、系统思考社会问题的意识和能力，发展了学生解决问题的能力。

（点评人：黄燕宁）

课题 7

铁生锈条件的探究

南京第二十九中学　曹涓　蔡红霞　韩春蓉

一、案例研究的背景和目的

1. 研究背景

南京第二十九中学进行探究教学已经有近 10 年的历史，教师具有丰富的探究教学经验，学生思维活跃，知识面广，有较强的求知欲，学校开展探究教学具备人力、物力条件，对于教师的专业发展和学生高级思维能力的发展具有重要意义。

2. 研究目的

本节课强调创造性探究教学的实施，旨在培养学生的观察能力、思维能力和创造力。学生通过经历假设创造、系统设计、模型建构等环节对铁生锈所需的条件、防锈措施进行探究，在此基础上，能够选择合适的试剂，控制变量，创造性地设计一系列对照实验探究铁生锈的条件，进而将所学知识和技能迁移，分析铜生锈的条件，并设计实验进行探究，进而发展高级思维能力，提高创造力。

二、具体教学设计

教学环节	教师活动	学生活动	设计意图
引入课题	材料展示：锈铁钉、生锈的铁制品如铁栅栏、三轮车等的图片；一半浸没在水中的生锈的铁钉。	观看实物和图片等材料。	通过展示素材，引导学生了解日常生活中铁生锈的现象，引发学生思考铁生锈的原因。
铁生锈条件的探究	问题1：日常生活中的某些铁制品为什么会生锈？铁锈的主要成分是什么？铁生锈需要哪些条件？铁生锈所需条件之间有什么关系？你能写出铁生锈反应的化学方程式吗？ 问题2：如何选择条件设计对照实验？如何设计对照实验探究铁生锈的条件？你能准确地评价其他小组同学设计的实验是否合理吗？	思考，回答提问。 分析素材，思考问题，进行组内组间交流，强化铁生锈条件的探究模型。	引导学生初步认识铁生锈的条件。 引导学生通过控制变量，设计对照实验，主动建构探究多因素影响问题的思维模型。
了解一些常见的防锈措施	问题3：所有的铁制品一定会生锈吗？在自行车的生产过程中采取了哪些防锈措施？这些防锈措施分别利用了哪些原理？ 问题4：请用所学知识解释下列问题。 1. 为什么手术刀、炊具不易生锈？ 2. 如果自行车链条生锈了，怎么办？ 3. 航行在海水中的轮船如何防锈？ 4. 为什么铝制品不易锈蚀？	分组讨论，思考。 交流思考，回答问题。	引导学生通过分析素材，再次建构铁生锈条件的探究模型。 引导学生应用铁生锈的条件解释生活中铁、铝制品生锈的原因，探究防锈措施。
延伸与拓展	问题5：铜是否也会生锈？写出铜锈主要成分的化学式。猜想铜生锈的条件。尝试利用对铁生锈条件的探究中形成的思维模型设计对照实验探究铜生锈的条件，并互相评价。	聆听，明确任务，将习得的思维方法应用于解决新情境下的问题。	学生通过解决新问题，领悟思维方法的建立强于对知识的简单识记。
教学反思	因为铁生锈需要几天的时间才能看到明显现象，因此制约了学生在课堂内的实验，如果时间允许，可以把实验过程移到课后进行，让学生每天观察实验现象。		

三、教学过程

（一）核心探究1：对铁生锈条件的探究

教师：问题1，铁生锈需要哪些条件呢？

教师提供铁生锈的图片，一半浸没在水中的生锈铁钉。

学生仔细观察，结合铁锈的物质成分进行分析，然后回答问题，对猜想的铁生锈条件进行组内和组间交流。

学生：铁要在空气中才能生锈。

学生：铁要与氧气接触才能生锈。

学生：铁要与水接触才能生锈。

教师：问题2，一半浸没在水中的铁钉，哪个部位生锈最严重，为什么？

学生仔细观察，认真分析，合理推理，回答问题。

学生：铁钉位于水和空气的交界面处生锈最严重。因为在这个部位，铁与空气和水同时接触。

教师：问题3，铁生锈需要几个条件，这几个条件之间是什么关系？

学生：铁生锈需要水和氧气，并且铁要同时与水和氧气接触，缺一不可。

教师从学生观察到的实验事实和学生给出的答案中归纳出铁生锈的条件。

（二）核心探究2：对铁生锈条件探究的实验方案设计

教师：问题1，应该设计怎样的实验探究铁生锈的条件？

学生思考回答。

学生：应该设计对照实验进行探究。

教师：问题2，在铁生锈条件的探究实验中需要准备哪些条件？

学生：需要准备几根铁钉、水、几支试管。

学生：我认为还要一些植物油，阻止空气进入水中。

教师：问题3，在实验中自来水可以用吗？用什么样的水才能达到实验要求，怎么处理？

学生：自来水不能用，因为其中有溶解的空气和其他杂质。

学生：可以用蒸馏水。

学生：还可以用煮沸并迅速冷却的水，除去其中溶解的空气。

教师：问题4，需要设计哪几个实验探究铁生锈的条件呢？

学生四人一组进行交流讨论。

学生：在试管中放一些蒸馏水，使铁钉一半浸没在蒸馏水中，一半露置在空气中，用橡皮塞塞住试管口，就像刚才老师给我们看的实验一样。

学生：在试管中只放一根铁钉，用橡皮塞塞住试管口。

学生：在试管中多放些水，使铁钉完全浸没在水中，水面上放一层植物油，阻止空气进入水中，用橡皮塞塞住试管口。

教师总结：铁生锈需要与氧气、水同时接触，这是一个有2个条件影响的典型实验，因此可以控制变量，设计2组对照实验，第1组是只具备一个条件的两个实验。在只有水的实验中，应注意将水煮沸，迅速冷却，以排除空气的干扰；在只有空气的实验中，最好加入干燥剂，以排除水的干扰。第2组是同时具备两个条件的一个实验。对于多因素影响的实验设计都可以设计成几组对照实验，第1组为只具备其中任意1个条件的几个实验，第2组为只具备其中任意2个条件的几个实验，第3组为只具备其中任意3个条件的几个实验……以此类推，直至具备所有条件的一个实验。这应该是设计多因素影响的实验的基本思路和方法，与以前学习的“探究二氧化碳溶于水时是什么物质使紫色石蕊试液变红”具有相同的思维模式，建立统一的思维模型可以使实验方案设计更缜密，不会遗漏或重复。

（三）核心探究3：防止铁生锈的措施

素材：展示不锈钢的餐具和刀具。

教师：问题1，是否所有的铁制品都会生锈？

学生：不会。如手术刀、菜刀等都不会生锈。

教师：问题2，为了防止铁生锈，自行车在生产过程中采取了哪些防锈措施？分别应用了什么原理？

学生：自行车车架刷油漆，隔绝氧气和水分。

学生：链条涂油，隔绝氧气和水分。

学生：车胎采用铝合金等材料，改变铁制品的成分。

教师：问题3，防止铁生锈时，需要控制生锈的所有条件吗？

学生讨论思考。

学生：只要控制铁生锈的条件中的一个即可。

教师带领学生总结得出：因为铁生锈的2个条件缺一不可，因此只要控制其中的一个条件，就可以防止铁生锈。在实际生产、生活中还有其他的防止铁生锈的措施，留待同学们以后进一步学习。

四、案例实施策略

1. 创设吸引学生主动参与的课堂环境。只有创设出能够吸引学生主动参与的课堂环境，才能促使学生积极思考，为发展高级思维提供条件。在本课的教学中，教师通过展示学生熟悉的各种日常生活中常见的生锈铁制品的图片和实物，引导学生观察铁生锈时所处的环境，使学生能够大胆猜想。学生通过课前实验，展示自己的实验事实，更进一步认识铁生锈所需的条件。教师通过引导学生有意识地观察生活中的一些司空见惯的现象以及进行有目的的课前准备，吸引学生主动参与课堂讨论，促使学生积极思考。

2. 紧扣具体事例，层层分析，发展学生的思维。铁生锈需要铁与氧气、水同时接触才可能发生，这是一个典型的多因素影响的问题。在设计实验探究铁生锈的条件时，学生需要仔细分析所选用的试剂，特别是选用水时，注意不能用自来水，而应该选用蒸馏水，并且还要将蒸馏水煮沸并迅速冷却，以除去其中溶解的氧气，层层分析进而选用合适的“水”。在设计一系列的对照实验时，学生需要综合考虑各影响因素，控制变量。

3. 强调建模。铁生锈问题是一个典型的多因素影响的问题，学生之前也学习过“二氧化碳溶于水时是什么物质使紫色石蕊变色”“蜡烛燃烧条件的探究”等实验的探究问题。抛开具体的问题，这三个问题具有相似的解决途径。因此，教师在课堂教学中应引导学生联想、类比，建立基本的解决问题的思维模型，发展学生的高级思维。

五、专家点评

本节课属于概念原理探究和因果探究。教师引导学生从生活中的腐蚀现象入手思考可能的原因，设计对比实验验证猜想，分析实验现象得出合理结论，利用结论解决和解释生活中铁生锈的问题。整个教学环节环环相扣，教学研究的问题主线清楚，让学生在解决生活中的现象和问题的过程中学习化学知识，充分体现了化学学科知识的价值。

在探究教学中，教师从生活中铁制品锈蚀的现象引发学生思考“铁制品在什么条件下会生锈”，通过联想日常生活中铁生锈的现象，分析综合，抽象概括，建构铁生锈条件；通过与以前学过的探究实验进行类比、归纳、演绎建构思维模型。学生在探究过程中体会到成功的喜悦，进而主动探究、乐于探究，发展高级思维能力。

本节课旨在通过教师提供的素材和学生在课前准备的实验引导学生发现问题，提出假设，控制变量，系统设计探究实验，并对实验设计进行批判质疑，对实验结果进行解释、反思、评价。在这一过程中，学生通过联想对比建构解决问题的一般模型，发展了高级思维能力，较好地实现了探究目标。

（点评人：秦林）

课题 8

摩尔质量

陕西省户县一中　肖祎

一、案例研究的背景和目的

1. 研究背景

探究教学是一种强调学生自主积极探究的教学方式。陕西省户县一中进行探究教学的研究已经有接近 5 年的时间，教师和学生都基本具备进行探究性教与学的基础和条件，但是目前的探究教学主要是基于元素化合物的探究较多，在概念原理和物质结构方面的探究较少。基于这一点，户县一中选取了“摩尔质量”这一重要概念，对相同核心知识点分别在实验班和对比班进行教学设计，课后通过测验、学生访谈、问卷调查等研究探究教学如何促进学生对化学核心知识的理解与应用。这对于教师的专业发展和学生探究思维的培养具有重要意义。

2. 研究目的

强调促进核心知识理解与应用的探究教学的实施旨在改变教师长期形成的“传授式”教学方式，尤其是改变初中教师的“抄背魔法”，培养学生主动提出问题并解决问题的能力，提高学生的探究思维水平和创造力，让学生通过经历提出问题、小组讨论、分析综合、抽象概括、归纳推理等环节对摩尔质量的概念、数值、与物质的量和质量的关系的本质进行探究，引导学生学会发现问题、分析综合、归纳推理、解决问题的探究方法，使学生能够经历分析综合、归纳推理的思维过程，促进学生对摩尔质量的深刻理解与应用。

二、具体教学设计

教学环节	教师活动	学生活动	设计意图
课前准备	布置预习任务：查阅初中教材中有关相对原子质量和相对分子质量的概念，以及 ^{12}C 原子的含义。	查阅初中教材的相关资料，回顾初中知识。	通过查阅初中教材回顾相关知识，为本节的学习作铺垫，使学生从高中一开始就养成一个良好的预习习惯，体会初、高中化学之间的紧密联系。
引入摩尔质量的定义	提出总问题：怎样计量 1mol 任何物质的质量？ 布置自学任务。	自学摩尔质量的定义，认真、仔细阅读摩尔质量的描述，体会其含义。	引导学生认识摩尔质量，培养学生的自学能力，进而引导学生形成独立思考的习惯，对摩尔质量形成第一次感性认识。
探讨原因	问题 1：什么是相对原子质量或相对分子质量？	回答问题，各抒己见，畅所欲言。	初中时，由于大多数学生对相对原子质量和相对分子质量的含义并不清楚，只是把它们当作解题工具，而本节课要引导学生从本质上理解摩尔质量的含义，就必须让学生真正掌握相对原子质量和相对分子质量的含义。
	问题 2：什么是阿伏加德罗常数？	学生独立思考，然后回答问题，必要时还可以翻开教材，再次重温阿伏加德罗常数的定义。	引导学生复习上节课的内容，尤其是阿伏加德罗常数的定义，再复习相对原子质量的定义，为下一步推导摩尔质量的数值做充分的准备，使新旧知识自然衔接。
	问题 3 ：1mol ^{12}C 原子的质量是多少？	学生四人一组进行交流讨论。	使学生进一步理解阿伏加德罗常数的本质，检验学生是否真正理解并掌握了相对原子质量的含义，培养学生严密推理、交流合作的学习能力。

（续表）

教学环节	教师活动	学生活动	设计意图
	问题4：摩尔质量的数值为什么和其相对原子质量或相对分子质量的大小一致？（注：此问题是本节课要探究的核心知识，是由学生先提出质疑，然后教师才引导学生探讨）	积极思考，同桌之间相互交流并作出推理。	问题1、2、3的设计是为问题4作的铺垫，若没有问题1、2、3的设计，学生主动提出问题4的可能性不大。即使有个别人提出，也没有能力解决。教师这样做可以使学生明白：摩尔质量的数值和其相对原子质量或相对分子质量的大小一致不是人为规定的，而是有科学依据的，培养了学生严谨求实、缜密推理的科学态度。
课堂训练	布置训练任务，用投影展示题目： 1. 24.5g H_2SO_4 中含有多少个 H_2SO_4 分子？ 2. xg 水中含有 y 个氢原子，则阿伏加德罗常数为（　　）。 A. $9x/y\ mol^{-1}$ B. $9y/x\ mol^{-1}$ C. $x/y\ mol^{-1}$ D. $y/x\ mol^{-1}$	认真阅读并独立思考作答。	巩固摩尔质量的概念及其与阿伏加德罗常数之间的关系。高中知识不同于初中，知识之间的跨度相对较大，学生记住了、理解了，不等于会应用，所以，教师需布置适量的课后作业方可起到事半功倍的效果。
教学反思	通过对比教学，发现实验班学生对摩尔质量概念的掌握和理解远比对比班学生牢固，应用也比较灵活，探究意识和合作意识明显增强。		

三、教学过程

教师：大家好！上一节课我们学习了一个新的物理量——物质的量，知道它的单位是摩尔，那么，在此基础上，我们还学习了哪些重要知识呢？

学生：阿伏加德罗常数、物质的量与阿伏加德罗常数的关系。

教师：很好，谁能具体说说它们两者之间的关系？

学生有的沉默、静坐等待，有的赶紧翻课文查阅，也有的拿起笔在草稿纸上写。

学生举手并上黑板写下了 $n=\frac{N}{N_A}$，还解释了其中的含义。

教师：物质的量（n）与粒子数（N）之间的关系就是通过阿伏加德罗常数建立起来的，希望大家能熟练掌握并灵活运用。今天，我们要共同探讨一个问题：怎样计量 1mol 任何物质的质量？

学生将教材翻到第 12 页，认真阅读并思考。

教师：问题 1，什么是相对原子质量？

学生查阅提前准备的初中教材，并做必要的摘抄。

学生：以一个碳原子质量的$\frac{1}{12}$为标准，其他原子的质量与它相比较所得的数值就是该原子的相对原子质量。

学生：相对原子质量就是该原子的质量的相对值。

学生：以一个 ^{12}C 原子质量的$\frac{1}{12}$为标准，其他原子的质量与它相比较所得的数值就是该原子的相对原子质量。

教师：请同学们认真思考，哪位同学的回答是对的？

教师以氧原子为例，对学生的几种典型回答分别做了评价，并给出了相对原子质量的准确定义，解释了 ^{12}C 原子的含义，让学生把相对原子质量的定义转化为数学表达式。

教师：问题 2，什么是阿伏加德罗常数？

学生独立思考，必要时还可以翻阅教材，然后回答。

学生：12g ^{12}C 所含有的碳原子数就是阿伏加德罗常数。

学生：把 6.02×10^{23} 叫做阿伏加德罗常数。

学生：把 $6.02\times10^{23}mol^{-1}$ 叫做阿伏加德罗常数。

教师对学生的回答中出现的问题做了强调，并和学生共同复习了阿伏加德罗常数的相关知识。

教师：问题 3，1mol ^{12}C 原子的质量是多少？

学生四人一组进行交流讨论，每一组要有代表做最后发言。

学生：根据阿伏加德罗常数的定义很容易得出 1mol ^{12}C 原子的质量就是 12g。

尽管此问题较简单，但为下一步核心问题的探究作了很好的铺垫，起到了承上启下的作用。

教师归纳整理学生的答案，并适时提出核心探究问题。

教师：问题4，摩尔质量的数值为什么和其相对原子质量的大小一致？

学生独立思考，并在纸上做出推理，然后同桌相互交流讨论。

学生：以氧原子为例，由相对原子质量的定义可以得出，一个 ^{12}C 原子的质量与一个氧原子的质量之比为12比16，那么，1mol ^{12}C 原子的质量与1mol氧原子的质量之比也就为12比16，而1mol ^{12}C 原子的质量是12g，则1mol氧原子的质量就是16g，与其相对原子质量的大小一致。

学生：难怪阿伏加德罗常数要规定12g ^{12}C 所含有的碳原子数，而不是13g、14g，这才是摩尔质量与相对原子质量在数值上一致的根本原因，科学真是太神奇了！

学生：同理可以推理出1mol任何分子的质量是以“克”为单位，在数值上等于该分子的相对分子质量。

学生：假如摩尔质量的数值和相对原子质量的数值不一致，摩尔单位的引入就失去了意义，不但不能给化学计算带来方便，反而会使化学计算变得更加麻烦。科学家们真是太伟大了！我以后一定要向他们学习，为人类造福。

教师对学生的严密推理分析提出表扬，对学生崇尚科学的态度表示赞许，对学生积极进取的精神表示肯定，并鼓励学生在今后的化学概念原理的学习中多思考、多动脑、多探究。

四、案例实施策略

1. 为探究活动的开展提供必要的知识支撑

在对比班只要求学生复习上一节课的两个重要概念——物质的量、阿伏加德罗常数，让学生预习本节课的教学内容；在实验班要求学生不仅要复习这两个概念，还要预习“摩尔质量”，查阅初中的教材，回顾相对原子质量和相对分子质量这两个重要概念及 ^{12}C 的含义。教师提前布置这样的任务有利于学生开展课前预习，为本节课的探究提供必要的知识基础。

2. 通过探究任务引导学生追本寻源

在对比班，要求学生认真阅读教材，让学生记住教材中关于“摩尔质量”的定义以及摩尔质量的数值与相对原子质量或相对分子质量的数值一致这一规律，然后通过练习加以巩固。而在实验班，教师不仅要求学生认真阅读教材，还提出“为什么摩尔质量的数值与相对原子质量或相对分子质量的数值相等”的核心探究问题，引导学生进行质疑、分析讨论、严密推理、得出结论，教师进行最后评价。

在时间的分配上，非探究教学最多用十分钟完成概念的学习，而探究教学将时间充分留给学生，由学生主动提出问题。此时，如果学生没有提出，教师可以适当引导，提醒学生。这是本节课的重点，同时也是本节课的难点。之后，教师可以组织学生分组交流探讨、分析推理，充分展示自己的想法。此时，教师应在教室走动，听取每一小组的讨论过程，随时回答学生提出的问题，了解学生的思维动向，尤其是对推导存在错误的学生要给予充分的尊重，允许他们发表自己的看法，营造宽松、和谐、愉悦的自主探究学习氛围。这一过程耗时在 25 分钟左右。这也是本节课完成探究核心知识教学的重中之重。课堂最后 10 分钟，由每一组代表小结本组的讨论结果，全班选取 1 ～ 2 个优秀方案上台展示，教师作最后点评。最后，通过适当的练习检测学生对“摩尔质量”概念及数值的有关计算的掌握情况，并将其与未开展探究教学的对比班学生的成绩进行比较。

五、专家点评

本节课的探究活动针对“摩尔质量”概念的本质展开，教师提出关键问题“摩尔质量的数值为什么和其相对分子质量的大小一致”之后，引导学生进行讨论、交流、推理、论证和解释，达到对核心知识深度理解的目的，使得学生不仅能够知其然，而且知其所以然。可见，当教师能够提出直指理解概念本质的核心探究问题，并让学生充分讨论这个问题时，探究活动将非常有利于发展学生的高级思维能力。

其实，本节课的上述探究问题并无什么新奇、独特之处，学生在初次学习摩尔质量概念、被告知其数值等于式量时，稍有好奇心和求知欲的学生恐怕都会想到“为什么”的问题，只是由于课堂容量大、时间紧，学生来不及思考，只能让原本值得深入思考和探索的问题成为听讲时的“一闪念”。而本节课教师的设问则因势利导，不仅抛出了核心问题，而且给予学生充分的时间，让他们独立思考，进行小组讨论，最后集中汇报和交流。在探讨关键问题的过程中，学生经历了分析、比较、推理、论证和解释等思维过程，而这些是创新思维的重要组成部分。

同时我们还看到，无论是对比班，还是实验班，教师都组织了学生对“摩尔”“阿伏加德罗常数”“相对原子质量”和“相对分子质量”等概念进行回顾和分析，这些教学环节其实对学生解决本节课的核心探究问题作了很好的铺垫。当学生找到问题的答案并能加以解释说明时，他们对上述概念之间的内在关联也会产生新的认识，对教师安排上述教学环节的意图也会有所体会，而如果没有探究活动这一环节的话，上述概念的复习回顾活动则只是帮助学生进行更深入的概念辨析，而失去了它更为重要的价值。

本节课的教学使我们对如何设计概念原理教学中的探究活动有了一些新的启示，实验班教学的实验效果也充分说明了概念原理教学中设计探究活动、帮助学生自主建构概念间关联的重要性。因此，教师在进行概念原理教学时，不仅要引导学生关注“是什么”的问题，更重要的是引导学生关注“为什么”的问题，那些“为什么”的问题才是真正能够引起学生好奇心的问题。

（点评人：陈颖）

课题 9

过氧化钠和氧化钠

天津市宝坻区大白庄高级中学　杨怀林　于爱立　于成潮

一、案例研究的背景和目的

1. 研究背景

过氧化钠是一种比较特殊的氧化物，其氧元素化合价为 -1 价，在进行过氧化钠的性质探究教学的过程中，需要结合学校学生的实际情况进行设计，让学生在问题中思考探索，从而达到逐层深入的目的。

2. 研究目的

本节课强调创造性探究教学，旨在培养学生的发散思维。学生通过图片、实验设计以及实验现象，对过氧化钠和氧化钠的性质进行探究，在实验探究中经历假设检验、分析综合等高级思维过程，提高创造能力。

二、具体教学设计

教学环节	教师活动	学生活动	设计意图
引入课题	教师展示潜水艇和呼吸面具。	学生相互评议、讨论。	让学生思考他们的生存条件是何种物质的作用。

（续表）

教学环节	教师活动	学生活动	设计意图
探究过氧化钠的性质	教师展示一瓶过氧化钠固体。 问题讨论： 1. 根据化学式讨论过氧化钠为哪一类物质。 2. 根据化合价分析可以发生什么样的反应，可以具有什么样的性质。 问题 1： 如何验证过氧化钠不是碱性氧化物？（和氧化钠比较有什么不同之处） 问题 2： 如何检验过氧化钠与水反应生成的是氧气？（根据初中所学） 问题 3： 如何探究过氧化钠能与二氧化碳反应，并验证生成的产物以及反应的放热情况。 学生总结实验现象并讨论，教师提示重要的实验现象。	观察、总结过氧化钠的物理性质。 学生之间相互讨论。 学生分组讨论后，小组合作设计实验方案，并根据教师提供的仪器、药品分组实验，并记录实验现象，分析实验结果。 学生积极观察思考。	培养学生的观察能力。 学生进行猜想假设、分析交流，培养思维能力。 引导学生积极参与探究过程，体验探究成功的喜悦心情。 培养学生的观察能力。
回忆氧化钙的性质，推出氧化钠的性质	问题讨论：氧化钠在组成上和氧化钙相同，那么它们的性质是不是也会相似呢？ 问题 1：氧化钠是不是碱性氧化物？ 问题 2：氧化钠可以和水、酸性氧化物、酸反应吗？	学生积极思考，准备实验用具和药品，开展实验探究。教师指导并积极参与学生的探究活动。 学生积极参与观察。 学生总结分析，记录现象。	培养学生的实验设计能力。 培养学生合作交流、分析质疑的能力。
布置作业	总结本节课内容，布置作业。	自主总结，然后完成课后作业。	让学生通过完成作业进一步认识氧化钠和过氧化钠的性质以及对环境的污染。

三、教学过程

(一)核心探究 1:探究过氧化钠的性质

教师:问题 1,通过化学式大家能看出过氧化钠有什么性质?

学生:其中的氧元素为 -1 价,可以上升也可以下降,所以过氧化钠应该既具有氧化性也具有还原性。

教师:问题 2,过氧化钠是否为碱性氧化物?

学生六人一组进行交流讨论。

学生:应该不是,因为氧化钠是碱性氧化物,其中的氧为 -2 价,并且与水反应可以生成氢氧化钠,但是不知道过氧化钠是不是也可以与水反应?

教师:问题 3,对于这位同学提出的疑问,其他同学有什么想法呢?

学生:我想应该可以和水发生反应,但是不知道会不会和氧化钠一样生成氢氧化钠,也不知道还会不会有其他物质生成。

教师:问题 4,怎样设计实验进行分析?

学生:取试管然后装入过氧化钠,再用胶头滴管滴加水。

学生分组进行实验,观察并记录实验。

教师:问题 5,大家得出的结论是什么,怎样检验产物?

学生:过氧化钠和水确实反应,并且有气体产生,我们初次怀疑是氢气,用酒精灯去验证,没产生爆鸣声;之后又用带火星的木条去验证气体是不是氧气,发现木条复燃了,从而证明是氧气。

学生:我们也发现了气体,确定了是氧气,同时我们还验证了生成物中应该有氢氧化钠,我们是用酚酞检验的。当我们向反应后的溶液中滴加酚酞时,溶液开始变红,但很快就褪色了,我们能确定的是有氢氧化钠产生,但是不明白褪色是怎么回事。

教师整理归纳学生的答案,从中抽提出过氧化钠的重要性质并加以解释。补充过氧化钠还可以和二氧化碳反应,生成碳酸钠和氧气,用视频演示过氧化钠与二氧化碳的反应。解释刚才学生在验证产物氢氧化钠时酚酞溶液褪色的原因是因为过氧化钠具有强氧化性,能将指示剂漂白。

（二）核心探究2：探究氧化钠的性质

教师：问题1，大家还能回忆起氧化钙的性质吗?

各组进行讨论并简单总结在笔记本上。

学生：氧化钙属于碱性氧化物，可以与水反应生成氢氧化钙。

学生：氧化钙还能与酸反应以及和酸性氧化物反应，例如，二氧化碳。

教师：问题2，氧化钠和氧化钙在化学式上差不多，性质上会不会也差不多呢?

学生：我感觉应该是差不多，应该有很多性质是相似的。

学生：我觉得氧化钠应该会和水反应。

学生分组进行实验，验证氧化钠是否与水反应。

教师：问题3，氧化钠可以和水反应吗?和过氧化钠相同吗？

学生：不一样，氧化钠和水反应产生了碱，应该是氢氧化钠，但是没有气体产生。

学生：感觉和氧化钙与水反应差不多，没什么特别的现象，就是放出热量，然后生成了碱。

教师引导学生总结得出：氧化钠的性质符合碱性氧化物的通性，可以和酸反应，可以和酸性氧化物反应，还能和水反应。

四、案例实施策略

如何实施高水平的探究?如何在探究的过程中更好地展现和发展学生的思维，培养学生的高级思维?本课的核心探究的实施有如下策略：

（1）教师要充分备课，要对核心探究问题的内涵和外延有准确、全面的把握。比如在本节课的探究过程中，教师对于过氧化钠和氧化钠性质要十分熟悉，精心准备或者预测学生会想到的所有情况和疑问，才能在学生探究过程中给予最合理的解释，引导学生获得最有价值的结果。

（2）提出的核心探究问题要有较大的思维空间，但要将问题进行有效拆解，做好铺垫，让学生感觉到问题有很大的研究价值，但是又不难入手。例如，在设计过氧化钠和水反应实验并检验产物时，学生会有很多想法，教师在方向上给予引导，那么学生就可以朝着教材设计的路线进行思维了，就可以得出很重要的结论。

（3）在实施探究过程时，教师对于学生的探究活动要有效把控，放要放得开，收要收得准，同时增加生生交流互动的机会。

（4）学生高级思维的培养需要长期的训练。真正有价值的探究活动需要在常态教学中不断训练，也是师生共同成长的过程。

五、专家点评

“过氧化钠和氧化钠”的内容是必修化学 1 第三章第二节中的教学内容。本节课属于物质性质探究，教师在教学过程中主要设置了两个探究环节：过氧化钠性质探究和氧化钠性质探究。

在探究过氧化钠的性质的过程中，教师通过五个驱动性问题引导学生经历了提出问题、形成假设、设计方案、进行实验、收集证据、解释结论、交流表达和反思评价的完整探究过程。学生在思考过氧化钠是否为碱性氧化物的过程中需要运用演绎推理和类比推理；学生在思考同学的疑问时需要经历评判质疑的思维过程；在设计实验进行分析的过程中需要经历分析综合、说明解释的思维过程；在得出结论、提出检验方案的过程中要经历设计改进和假设检验的思维过程。同时，在获得过氧化钠不同于碱性氧化物的性质的过程中，亦是学生通过提出新颖独特的观念、解决冲突的实际学习行为来培养创新能力的过程。可以看出，教师合理地设计核心探究问题，引导学生参与探究活动，可以培养学生的高级思维能力和创新能力。

在探究氧化钠性质的过程中，教师通过三个连续性问题，让学生通过比较、联想、对比推理、分析综合来获得正确的答案，培养了学生的高级思维能力。

可以看到，本节课的两个探究环节从不同方面培养了学生的思维能力和创新能力，实现了教学目标。

（点评人：秦林）

课题 10

二氧化硫与三氧化硫

天津市宝坻区大白庄高级中学　杨怀林　于成潮　于爱立

一、案例研究的背景和目的

1. 研究背景

二氧化硫是一种典型的非金属氧化物，具有酸性氧化物的通性、漂白性、氧化性和还原性。在引导学生学习二氧化硫时，教师通过提出它所属氧化物的类型、硫元素的化合价及漂白性等问题，让学生预测二氧化硫的化学性质并设计实验方案验证，培养学生实验设计、动手操作、观察分析及归纳总结的能力。二氧化硫是一种重要的化工原料，也是一种大气污染物，通过学习本课，学生能树立环保意识，培养社会责任感。教师在教学过程中实施探究教学，关注三维目标的落实，有利于培养学生的高级思维能力和创新能力。

2. 研究目的

本节课的教学目的是让学生通过了解环境污染的原因探究二氧化硫的性质，利用所学知识解决环境污染问题，树立环境保护意识。教师在课堂上利用探究性实验引导学生发现问题、预测假设、实验验证、得出结论，使学生经历高级思维过程，提高创造力。

二、具体教学设计

教学环节	教师活动	学生活动	设计意图
引入课题	材料展示：教师播放影片《上帝的眼泪》，展示几个小组收集的二氧化硫的资料（酸雨的形成、危害）。	欣赏同学的作业，相互评议、讨论。	引导学生认识二氧化硫，激发学生的求知欲，为探究二氧化硫的性质奠定基础。
探究二氧化硫的性质	教师展示一瓶二氧化硫气体。 问题讨论： 1. 二氧化硫为哪一类氧化物？ 2. 根据二氧化硫中硫元素的化合价为 +4 价，推测二氧化硫的性质。 3. 根据图片分析二氧化硫的漂白性。 问题 1： 如何验证二氧化硫为酸性氧化物？ 问题 2： 如何判断二氧化硫既有氧化性又有还原性？ 问题 3： 如何利用实验探究二氧化硫的漂白性？	观察、总结二氧化硫的物理性质。 学生之间相互讨论。 学生分组讨论后，小组合作设计实验方案并根据教师提供的仪器、药品分组实验，记录实验现象，最后总结形成文字。	培养学生的观察能力。 培养学生的逻辑思维能力。 引导学生积极参与探究过程，体验成功的喜悦，在设计实验和实验验证、得出结论的过程中促进学生高级思维能力的发展。
增强学生环境保护的意识	问题 1：二氧化硫是大气污染物之一，我们如何回收利用？ 问题 2：我们如何有效地控制二氧化硫气体对环境、社会的危害？（教师设置角色）二氧化硫是大气污染物，我们如何将其回收利用，使其变废为宝呢？ 讲解：工业制硫酸原理。 问题：三氧化硫具有哪些性质呢？	积极思考，回答教师的提问。 分角色讨论。 积极思考，回答教师的提问。	培养学生利用所学知识解决实际问题的能力。 培养学生的合作交流能力、语言表达能力。

（续表）

教学环节	教师活动	学生活动	设计意图
延伸与拓展	布置作业： 在课外展开研究性学习，课题是“宝坻白中周边地区二氧化硫污染状况及防治措施”。	聆听，明确任务。	引导学生通过完成作业，进一步认识二氧化硫的性质以及对环境的污染。
教学反思	本节课的实验探究所用的仪器、药品都是教师事先准备的，如果有充足的时间，可以让学生到实验器材室中自己选取，这样可以锻炼学生对实验药品的取用能力。此外，“如何有效地控制二氧化硫气体对环境、社会的危害”这一问题如果有充足的时间，应让学生充分讨论。		

三、教学过程

（一）核心探究 1：对二氧化硫是酸性氧化物的探究

教师：问题 1，什么是酸性氧化物？

学生：与碱反应生成盐和水、溶于水成为酸等。

教师：问题 2，如何验证二氧化硫水溶液的酸碱性？

学生四人一组进行交流讨论，设计实验方案。

学生将二氧化硫溶于水形成饱和溶液，利用该溶液完成实验：（1）用 pH 试纸测该溶液的 pH 值；（2）向溶液中滴加紫色石蕊试液；（3）向滴有酚酞的氢氧化钠溶液中滴加该溶液。

学生记录实验现象，得出实验结论。

教师整理归纳学生的答案，总结二氧化硫的性质。

（二）核心探究 2：二氧化硫的还原性、氧化性

教师：问题 1，二氧化硫是酸性氧化物，具有酸性氧化物的通性，它与我们以前学习过的哪一个酸性氧化物性质相似？

学生四人一组进行交流讨论。

学生：二氧化硫与二氧化碳性质相似，它们都是酸性氧化物。

教师：问题 2，如何验证二氧化硫不同于二氧化碳的性质呢？

学生将二氧化碳、二氧化硫通入盛有酸性高锰酸钾溶液的试管，观察溶液颜色变化。

学生：二氧化碳不能使酸性高锰酸钾溶液褪色，而二氧化硫可以。

教师：问题3，二氧化硫的氧化性如何判断?

学生将制得的饱和溶液滴入盛有硫化氢的水溶液中，溶液变浊。

教师整理归纳学生的答案，总结二氧化硫的性质。

（三）核心探究3：二氧化硫的漂白性

学生向制得的饱和溶液中滴加品红溶液,溶液的红色褪去,加热后溶液又变红。

教师：问题1，二氧化硫漂白食品的原因是什么?

学生四人一组进行交流讨论。

教师：问题2，二氧化硫与次氯酸的漂白性比较。

学生分组讨论二氧化硫与次氯酸的漂白性。

教师带领学生总结得出：

	二氧化硫	次氯酸
漂白原理	与某些有色物质化合成不稳定的无色物质。	具有强氧化性，将有色物质氧化成无色物质。
漂白特点	不稳定，加热复原。	加热后不会恢复原色。

四、案例实施策略

1. 创设情境，引领学生积极、主动地参与探究

学习情境必须有利于学生对所学内容的意义建构。也就是说，在建构主义学习环境下，教学设计不仅要考虑教学目标，还要考虑有利于学生在建构的情境下生成问题，并把情境创设看作是教学设计的最重要内容之一。通过这种方式引起学生的兴趣，同时使学生明确本节课的学习任务，引导学生怀着悬念、开动脑筋进入下一步的学习，变被动学习为主动学习。

2. 引导启发，明确探究内容、让学生带着问题去探究

在教师的指导下，学生根据探究内容，选择实验室里提供的常见的氧化剂和

还原剂，按照“提出问题——建立猜想和假设——进行实验探究——汇报交流——归纳总结”的过程来学习知识，学生在探索知识的过程中领会到了探究过程的真谛，体验了成功的喜悦，进而激发了更强烈的学习动机，培养了科学的态度和精神，较好地实现了三维目标，体会到主动探究、合作学习的乐趣。

3. 把握主次，引导学生基于探究过程掌握核心知识的建构、理解和应用

本节课中，教师引导学生设计实验探究不同价态硫元素的化合物，通过亲手做实验探究二氧化碳和三氧化硫的性质，实现核心知识的理解、建构和应用。教师根据学生本节课所学知识留下课后思考的问题，让学生分析生活环境中的二氧化硫污染状况，体现学以致用、举一反三的思想。

五、专家点评

本节课属于物质性质探究，以环境污染问题为线索，设置了三个探究环节，分别探究了 SO_2 的酸性氧化物的通性、还原性和氧化性、漂白性。学生在三个探究环节中经历了提出问题、形成假设、设计方案、进行实验、收集证据、解释结论、交流表达和反思评价的完整探究过程。教师在教学过程中设置了课前的资料调查、课堂的性质探究、角色扮演和课后的研究性学习，其探究环境属于课内外结合的探究，探究内容丰富。

在探究 SO_2 的酸性氧化物通性的过程中，教师通过两个核心问题将探究问题进行有效拆解，便于学生入手。学生通过与酸性氧化物通性的类比推理和综合分析对验证二氧化硫水溶液的酸碱性提出了假设与猜想，并通过实验验证获得证据，培养了假设检验和说明解释的思维能力。

在探究 SO_2 的还原性与氧化性的过程中，学生以化合价、氧化还原反应、常见氧化剂和还原剂等知识为基础，通过系统假设设计了相应的实验方案，通过实验现象进行了分析论证，得出了相应的结论。

本节课也注重对学生对比思维的培养，在酸性与还原性的探究活动中关注了 SO_2 与 CO_2 性质的对比；在漂白性的探究中关注了 SO_2 与 HClO 漂白性实质的对比。

（点评人：秦林）

课题 11

化学反应速率

常州市第一中学　房宏

一、案例研究的背景和目的

1. 研究背景

随着新课程改革的深入，探究教学越来越受到重视，但现行的探究教学对元素化合物的探究较多，在概念原理和物质结构方面的探究较少，尚未充分体现探究式教学对高级思维能力和创新能力培养的价值。为此，常州市第一中学的教师积极开展化学创造性探究教学的研究与实践，改变传统的以讲授和记忆为主的教学方式，对教材进行整合处理，培养学生的科学思维能力和创新精神，以实现科学探究、高级思维、创新能力三者之间的整体协同培养。

2. 研究目的

本课题旨在研究在高中化学概念原理教学中如何开展创造性探究教学，试图探索出一种既体现对一般探究教学实践及其研究只关注过程和环节的深度突破，又体现聚焦创新能力的本质、以培养学生高级思维能力为核心的教学策略。

二、具体教学设计

教学环节	教师活动	学生活动	设计意图
激发情感，呈现目标	图片展示： “神七”飞天的照片、桂林岩溶洞的风光图片。 历史回放： 与化学反应速率相关的诺贝尔化学奖。	列举知道的快反应和慢反应，观看图片。	让学生感受到化学反应及化学反应速率与他们的生活是密切联系的。历史回放激发学生的信心，让学生感受榜样的力量，获得情感态度与价值观领域的发展。
提出假设，设计方案	提出问题： 在探究反应速率时，可以借助哪些化学反应现象定性比较反应速率的快慢呢? 提出问题： 请同学们以“镁与硫酸反应”为例来探究：什么是化学反应速率？化学反应速率可用哪些方法表示？你是怎样来测定的?	思考，回答提问。 独立思考，设计方案。	引导学生定性认识，为后面的定量研究打下基础。 让学生进行发散思维，充分调动每个学生的积极性，让每个人都参与到课堂中来。
实验探究，分工合作	布置任务： （1）你设计的方案的依据是什么? （2）请在设计的方案中任选一种进行分组实验，自主探究。	分组实验，合作探究，生成问题，积极思维，并进行二次探究。	让学生通过亲自实验增强感性认识，积极参与问题解决的过程，培养创新能力。
解释交流，评价完善	组织活动： 每组派代表解释方案，交流实验心得，并进行自我评价，其他组学习、提问、质疑、完善。	积极发言，交流讨论，相互质疑，完善方案。	引导学生通过交流、评价碰撞出思维的火花，最终得出科学、合理、可行的方案。这一过程既体现了思维的严密性、发散性，又体现了思维的收敛性，使学生体会到反应速率这一概念建立的过程和方法。
演示实验，拓展视野	演示实验： 实验 1：通过 DIS 实验测定镁与硫酸反应中 pH 值的变化并画出曲线图（利用数据采集技术）。 实验 2：用电子天平称量，动态显示出反应过程中质量的微小变化。	仔细观察。	实验数字化处理技术的应用加强了教学的直观性，既改进了教学手段，又开阔了学生的视野，大大扩展了学生设计实验方案的空间，发展了学生的思维品质。

（续表）

<table>
<tr><th>教学环节</th><th>教师活动</th><th>学生活动</th><th>设计意图</th></tr>
<tr><td>数据处理，得出规律</td><td>提出问题：
请通过上面的过程概括出化学反应速率的定义、表达式和单位。
展示实验数据，提出问题：
1. 在上述实验中我们测得 $c(H^+)$ 随时间的变化如下表所示：
<table>
<tr><td>t/s</td><td>0</td><td>20</td><td>40</td><td>60</td><td>80</td></tr>
<tr><td>$c(H^+)$ / mol·l^{-1}</td><td>0.80</td><td>0.40</td><td>0.20</td><td>0.10</td><td>0.05</td></tr>
</table>
请计算开始 20s 内用 $c(H^+)$ 表示的该反应的速率。
2. 根据另一组同学的设计，在上述实验中测得该体系质量的变化如下表所示：
<table>
<tr><td>t/s</td><td>0</td><td>20</td><td>40</td><td>60</td><td>80</td></tr>
<tr><td>m/g</td><td>74.70</td><td>74.68</td><td>74.67</td><td>74.66</td><td>74.65</td></tr>
</table>
（1）上述反应溶液体积为 50mL，请计算开始 20s 内用 $c(Mg^{2+})$ 表示的该反应的速率。
（2）如果刚才反应收集到的 H_2 体积为 50mL，那么请计算开始 20s 内用 $c(H_2)$ 表示的该反应的速率。
（3）在 20～40s 内用 $c(Mg^{2+})$ 表示的该反应的速率。
3. 上述计算的结果给你怎样的启迪呢？是否有规律可循？又有哪些该注意的呢？</td><td>学生回答，板演。

独立思考、计算，寻找规律。</td><td>引导学生亲身体验、主动建构反应速率的概念模型，使学生留下深刻印象。

将上述实验数据设计成例题，通过计算、分析和归纳，培养学生的运算能力、逻辑思维能力和演绎推理、归纳总结能力。让学生掌握通过概念求算反应速率的方法，并从计算数据中掌握规律，发现科学探索的一般方法。</td></tr>
<tr><td>当堂训练，课堂小结</td><td>当堂训练（略）。
课堂小结：
通过本节课的学习你掌握了哪些知识？获得了哪些方法？又有哪些能力的提升和情绪体验？</td><td>学生自行训练，自我总结。</td><td>当堂训练旨在帮助学生及时巩固概念，及时反馈学生的知识掌握情况，帮助教师及时调整教学。课堂小结既能引导学生进行整理、回顾，又培养了他们的语言表达能力。</td></tr>
</table>

三、教学过程

（一）核心探究1：对化学反应速率表达式的探究

教师：请同学们以镁与硫酸反应为例来进行探究什么是化学反应速率、化学反应速率可用哪些方法表示。你是怎样来测定的？先设计方案（越多越好），再任选一种进行实验探究。

学生解释方案、交流评价、相互质疑、重新设计、再次探究、补充完善。

学生4人一组进行实验探究，教师全场巡回、指导，优化设计。

学生提出的方案和质疑的问题如下：

方案1：测定单位时间内生成氢气的体积。

教师：你是如何想到用氢气来表示该反应的速率的？原理是什么？

学生：反应中氢气的变化最明显，容易测量。

教师：言之有理，我们确实可以从最直观的现象出发来解决问题。请展示你们的具体操作方案。

学生：用什么装置既可以收集氢气又能定量测出体积？

（有的学生非常得意地提出改用碱式滴定管收集并测量到了产生气体的体积，随后立即有学生尖锐地提出还必需测量气体温度，否则无法计算气体的物质的量，赢得了全场的掌声）

方案2：测定镁条消耗所需时间的长短。

教师：你们有没有想到测氢气的体积这一方法？为何排除了？而你们现在这一设计又是基于什么原理？

学生：也想到过，但考虑气体的可变性较大，不如固体稳定、容易测量，我们是想用 $v=\Delta m/\Delta t$ 来表示该反应速率。

教师：很好！同学们思路很开阔，而且知道避繁就简，当有不同的方法可以表达时，我们就是应该选择最简易行的。其他同学对此有何思考？请提出你们的想法。

学生：如何判断镁条正好消耗的那个时间点？如何预估盐酸是过量的？

方案3：测定敞开体系质量减少的快慢。

学生：既然方案2中镁条正好消耗的那个点很难控制，我们可以避开那个点，测总质量的变化会更简单些，原理也是 $v=\Delta m/\Delta t$。

教师：言之有理！一个好的方案并不是一蹴而就的，往往要经过不断的修订才能完善，所以我们提倡合作学习，实现思维的碰撞！

学生：反应前后质量改变太小，用托盘天平能测定吗？

教师：用电子天平现场演示反应前后质量的变化。

方案4：测定密闭容器内气压增加的快慢。

学生：既然方案1中可以通过气体体积变化来测量，我们猜想也可以固定收集气体的容器的体积，根据气体产生的压强变化来表示反应的速率，原理是 $v=\Delta p/\Delta t$。

教师：非常棒！想得很有道理，而且学会了控制体积不变这一方法，难能可贵！当科学研究中有多种因素影响时，我们常常会采取控制变量法，对每种因素进行分别研究。你们在实验中碰到什么困难了吗？

学生：测定密闭容器内气压时太快会爆炸，太慢误差又大，变化又不明显怎么办？

教师：同学们能想办法帮助他们解决这一问题吗？

方案5：测定 $c(H^+)$ 减小或 $c(Mg^{2+})$ 增大的快慢。

教师：你们这一设计的原理又是什么呢？

学生思路：既然该反应是在溶液中进行，我们就想到了浓度的变化，原理是 $v=\Delta c/\Delta t$

学生：如何能精确测定单位时间内 $c(H^+)$ 减小或 $c(Mg^{2+})$ 增大的数值呢？

教师用pH传感器测定 $c(H^+)$ 的变化，并动态显示出整个过程pH值变化曲线图，告诉学生还可以用压力传感器、温度传感器等进行测量，解决传统实验技术方法无法进行或处理数据的实验，学生无不为数字化处理技术所折服。

方案6：测定密闭容器内温度变化的快慢。

学生：就算可以用温度传感器来测温度变化，也要注意选用隔热装置，而且要考虑不同体积、不同材质的容器对热量的影响。

……

教师：可见，化学反应的速率可通过实验测定。广义地说，反应速率是参与反应的物质的量随时间变化的量的绝对值，原则上，与物质的量的时间变化率成正比的任何物理量随时间的变化率都可以用来表达反应速率。在科学研究和实际应用中，需要用一个统一的定量标准来衡量或比较。由于多数反应都在一定的容器或一定体积的溶液中进行，反应物或生成物量的减少或增加可以通过容器或溶液中物质浓度的增加、减少来表示。

（二）核心探究2：对化学反应速率规律的探究

问题：根据一组同学的设计，上述实验测得该体系质量的变化如下表所示。

t/s	0	20	40	60	80
m/g	74.70	74.68	74.67	74.66	74.65

（1）上述反应溶液体积为50mL，请计算开始20s内用c（Mg^{2+}）表示的该反应的速率。

（2）如果刚才反应收集到的H_2体积为50mL，那么请计算开始20s内用c（H_2）表示的该反应的速率。

（3）在20～40s内用c（Mg^{2+}）表示的该反应的速率。

问题：根据上述计算的结果，你发现这些数值之间存在着什么关系？能否再设计实验来验证你的假设和规律呢？

启发、引导学生积极思考，最后归纳总结得出：

1. 化学反应速率无论用反应物或生成物浓度的变化表示，习惯上均取正值。

2. 在同一反应体系中用不同的物质来表示反应速率时，其数值可以不同，但是这些数值都表示同一个反应速率。因此化学反应速率的表示必须说明用哪种物质来做标准。

3. 一般来说，化学反应的速率随着反应的进行可不断变化。因此某一时间段内的反应速率实际是指这一时间段内的平均速率，而不是指瞬时速率（当Δt非常小时，就是某时刻的即时速率）。

4. 用同一反应体系中不同物质表示同一速率时，其数值比一定等于化学方程式中相应的化学计量数之比。即对于反应：$a\text{A}+b\text{B}=c\text{C}+d\text{D}$

$v(\text{A}):v(\text{B}):v(\text{C}):v(\text{D})=a:b:c:d$

5. 对于有纯液体或固体参与的化学反应一般不用纯液体或固体来表示化学反应速率，因为它们不存在浓度的改变。

四、案例实施策略

1. 激发情感，呈现目标。教师要先引导学生从自己的生活经验或身边事物为出发点，让学生感受到化学反应及化学反应速率与他们的生活是密切联系的。在学生有了感性认识后，教师立即呈现目标。

2. 提出假设，设计方案。这一过程是促进学生进行积极思维、发散思维的过程，可充分调动学生的积极性，让每个人都参与课堂活动。本案例中的学生就是在教师的调动下变得非常活跃，设计出了多种方案。

3. 实验探究，分工合作。这是引导学生深入学习的关键环节。教师让学生在他们设计的方案中任选一种进行分组实验，自主探索。学生们纷纷行动，小组成员既有分工，又有合作，积极参与问题解决的过程。实践出真知，在实验过程中，学生发现原先设计的方案中还有很多不足之处，有的过于理想，有的过于烦琐，有的不够严密，有的不具有可行性，有的不是常规实验所能做到的，有的实验时又生成了许多未预料到的问题。这些问题促使他们重新进行设计、重新探究。一个问题的解决引发另一个问题的产生，这就是一个不断探索、不断深入的发展过程。

4. 解释交流，评价完善。学生通过交流、纠正、评价碰撞出思维的火花，最终得出了科学、合理、可行的方案，这一过程既体现了思维的严密性、发散性，又体现了思维的收敛性，使学生体会到反应速率这一概念建立的过程和方法，同时通过亲身实验探究，提高创新意识和创新能力。而实验数字化处理技术的应用，加强了教学的直观性，既改进了教学手段，又大大扩展了学生思考设计实验方案的空间，发展了学生的思维品质。

5. 数据处理，得出规律。将实验数据设计成例题，通过分析，使学生学会根据概念求算反应速率的方法，通过对同一反应用不同反应物或生成物表示的速率大小的比较，分析、归纳得出速率与方程式计量数之间的关系，这既是对概念的及时巩固，也培养了学生严谨的科学态度，使学生学会科学探索的一般方法。

五、专家点评

本案例中，教师为了实现学生在科学探究、高级思维、创新能力三者之间的整体协同发展，以实验“镁与硫酸反应的化学反应速率的测定”为基本素材，进行了以下三个方面的设计：

1. 将化学反应速率测定实验与化学反应速率的表示方法及其规律的探究进行整合处理，通过合理的问题设计将两个探究活动组合成一个系列探究活动。任务 1 探究化学反应速率的表示方法，不仅要求学生实施实验、获取数据，还要求学生对数据进行处理，得到具体的反应速率的值。一方面，可以对任务 1 中的假设（如何表示反应速率）进行检验；另一方面，发现用不同物质表示同一反应的速率时数值不同，继而进行第二个轮次的探究——这些数值之间存在着什么关系。

2. 将实验作为化学反应速率表示方法及其规律探究的证据素材，发挥了该实验促进学生对化学反应快慢的定量认识的功能。在教学实施过程中，教师提出了一组问题，让学生首先对如何表示化学反应速率提出理论假设，再通过实验测定实现理论假设，通过实验事实证明理论假设的可行性。然后，教师以实验测定数据为素材，让学生通过对数据的分析，发现用不同物质表示同一化学反应的速率时数据之间的关系，建构数学模型。学生在完成上述探究活动的过程中要经历联想、抽象概括、模型建构等高级思维活动，其科学思维能力得以发展。

3. 在实验方案设计与实施环节，教师设计了开放度较大的探究活动，让学生独立完成了包括提出假设、方案设计与实施在内的较为完整的探究活动。在这一过程中，学生要经历原理分析（确定要测定的物理量）、方法选择（确定测定相关物理量的方法）、试剂选择和仪器组装、方案实施步骤确定等环节，对实验方案进行系统设计，其系统思考的科学思维能力得到了训练。

4. 在探究实验后的交流讨论环节，教师组织学生进行了深入的交流讨论活动。教师不仅要求学生汇报各种实验方案，还组织学生对实验方案进行了评价和改进研讨，促使学生进行论证、批判、质疑等高级思维活动。

本案例还可以在以下方面进行改进：

1. 在教学设计与实施方面，通过提出“说明你提出假设的依据”或追问“你是怎么想到的”等问题进一步促使学生将其经历的高级思维活动外显。例如，不仅要求学生汇报方案，还要求学生汇报其假设及进行假设的依据（或思考过程），教师对学生的思考过程进行有针对性的点评、概括。

2. 在案例撰写方面，在“教师活动”部分，不仅写出教师提出的问题、布置的任务，还可以写出每个核心问题或任务完成后教师的小结和点评，以突显核心教学活动的功能和价值。

（点评人：支瑶）

课题 12

弱电解质的电离平衡

江苏省梁丰高级中学　丁浩　浦建芳

一、案例研究的背景和目的

1. 研究背景

建构主义教学理论认为，对学习内容较为深刻的理解和掌握是学生通过主动建构来达到的，而不是通过教师向学生传播信息实现的。因此，教学设计强调以学生为中心，强调利用各种信息资源来支持学生的自主学习和协作学习，强调学习过程的最终目的是完成知识的意义建构。新课程理念下的探究教学使化学课堂更为丰富多彩，江苏省梁丰高级中学的化学教师对探究教学都有着浓厚的兴趣并一直进行着课堂实践。

2. 研究目的

本节理论性较强，是理论与实践相结合的一节课，掌握方法是学好本节知识的关键。教师在具体的教学中要注意与初中和高中必修内容的衔接，增强知识的逻辑性，以化学平衡理论为指导，运用化学平衡理论描述弱电解质在水溶液中的电离平衡，通过假设检验、预测、实验、归纳引出一系列新知识点，同时，通过实验对学生加强科学方法、科学态度、实验能力和技能的培养。

二、具体教学设计

教学环节	教师活动	学生活动	设计意图
引入课题	演示实验： （1）在四个小烧杯中分别加入物质的量浓度均为 $0.1mol \cdot L^{-1}$ 的 HCl、NaOH、CH_3COOH、$NH_3 \cdot H_2O$ 溶液各 10mL，将连有灯泡、导线的碳棒分别插入溶液中。 （2）在锥形瓶中先各放 20mL$0.1mol \cdot L^{-1}$ 的盐酸和 $0.1mol \cdot L^{-1}$ 的醋酸，再投放等量的 $NaHCO_3$ 粉末，然后迅速套上气球。	观察四个灯泡的亮暗程度，思考影响导电能力的因素及产生不同实验现象的原因。 观察现象，比较反应产生气泡速率的快慢。分析原因，写出盐酸与醋酸溶液中的溶质的化学式。	引导学生通过比较相同条件的一元酸、碱溶液的导电性，判断溶液中离子浓度的大小。 让学生知道 $NaHCO_3$ 与酸反应的实质是与 H^+ 反应，速率不同即溶液中氢离子浓度不同。
理解强、弱电解质在水溶液中电离程度的差异及原因	问题 1：上述实验现象说明相同条件下醋酸与盐酸溶液中 H^+ 的浓度不同，你能解释原因吗？ 问题 2：醋酸是怎样电离的？（投影） 问题 3：上述现象体现了 CH_3COOH 在水中的电离有什么特点？ 问题 4：影响 CH_3COOH 的电离平衡的因素有哪些？怎样证明 CH_3COOH 是弱酸？	相互交流，得出强弱电解质的概念并举例说明常见的强弱电解质。 阅读课本 P59，上黑板用化学平衡的 $v-t$ 图描述 CH_3COOH 在水中的电离情况。 上黑板写出醋酸的电离方程式。 讨论得出电离平衡的特点。 分组讨论，并进行实验探究。	引导学生从醋酸与盐酸物质的量浓度相同而氢离子浓度不同的角度分析强弱电解质的本质区别。 让学生知道化学平衡移动原理也适用于电离平衡。 让学生知道弱电解质的电离是可逆的。 培养学生的科学探究能力。

（续表）

教学环节	教师活动	学生活动	设计意图
归纳出证明醋酸是弱酸的方法	实验指导：指导学生完成下列对比实验，分析实验现象及原因。组织学生交流、归纳。	探究性实验1： （1）测 $0.1mol \cdot L^{-1}$ 的 HCl 和 $0.1mol \cdot L^{-1} CH_3COOH$ 的 pH 值。 （2）在 $0.1mol \cdot L^{-1}$ 的 HCl 中加入少量的 NaCl 固体，再测 pH 值。 （3）在 $0.1mol \cdot L^{-1}$ 的 CH_3COOH 中加入少量的醋酸铵固体，测 pH 值。 探究性实验2： 速率对比实验。 在两支试管中分别加入 $0.1mol \cdot L^{-1}$ 的 HCl 10mL，在一支试管中加入少量的醋酸铵固体。再在两支试管中分别加入表面积、大小均相同的镁带，观察实验现象。	证明 CH_3COOH 溶液中存在电离平衡。 通过速率对比实验验证 $0.1mol \cdot L^{-1}$ 的 HCl 中加入少量的 CH_3COONH_4 固体会减小 H^+ 的浓度，从而说明 CH_3COOH 是弱电解质。
延伸与拓展	体验探究： 交流讨论可行方案，并用实验验证。 测 $0.1mol \cdot L^{-1}$ 的 NaOH 溶液与 $0.1mol \cdot L^{-1}$ 的 $NH_3 \cdot H_2O$ 的 pH 值。 让学生上黑板写出氯气与水反应的化学方程式并写出氯水的成分。	聆听，明确任务。	引导学生进一步理解化学平衡的适用范围，知道 HClO 也是弱酸。
教学反思	本节课中，学生在教师的启发引导下充分动脑、动口、动手，主动积极地参与学习，充分体现出学习的自主性和积极性。整堂课有教师的演示实验、学生动手的小组探究实验，学生通过观察、思考、讨论这些实验，对弱电解质的电离平衡有了新的认识，并且在掌握知识的过程中，观察能力、思维能力、表达能力、动手能力得到了全方位的提升，同时也培养了合作学习精神。		

三、教学过程

（一）核心探究 1：弱电解质的电离平衡

教师演示实验 1：在四个小烧杯中分别加入物质的量浓度均为 $0.1mol \cdot L^{-1}$ 的 HCl、NaOH、CH_3COOH、$NH_3 \cdot H_2O$ 溶液各 10mL，将连有灯泡、导线的碳棒分别插入溶液中，让学生观察灯泡的明暗。

教师演示实验 2：在锥形瓶中先各放 20mL$0.1mol \cdot L^{-1}$ 的盐酸和 $0.1mol \cdot L^{-1}$ 的醋酸，后同时投放等量（均过量）的 $NaHCO_3$ 粉末，然后迅速套上气球，让学生观察气球的膨胀速度。

学生观察、讨论。

教师：问题 1，同浓度的四种溶液通电后，灯泡的亮度有何不同？为什么？

学生：盐酸和氢氧化钠溶液中的灯泡亮，而醋酸和氨水中的灯泡暗。

学生：明暗程度不同是因为盐酸和氢氧化钠分别是强酸和强碱，而氨水和醋酸分别是弱碱和弱酸。

学生：盐酸和氢氧化钠是强电解质，而氨水和醋酸是弱电解质。

学生：强电解质在溶液中完全电离，而弱电解质在溶液中不完全电离，离子浓度小，导电能力弱。

教师：问题 2，碳酸氢钠与同浓度的盐酸和醋酸反应，有什么现象发生？说明原因。

学生：与盐酸反应的气球膨胀速度比醋酸快。

学生：因为盐酸是强电解质，醋酸是弱电解质，离子浓度不一样。

教师：什么离子的浓度不一样？

学生：氢离子浓度不一样，盐酸中氢离子浓度为 $0.1mol \cdot L^{-1}$，醋酸中氢离子浓度小于 $0.1mol \cdot L^{-1}$，根据离子方程式，实际上反应的离子是氢离子和碳酸氢根离子，所以盐酸的反应速率快，放出二氧化碳的速率快，气球膨胀得快。

学生：气球一样大了。

学生：刚才还是盐酸的气球大，现在怎么会一样了呢？

教师：同学们可以从化学平衡的角度分析，由于醋酸中的氢离子不断地反应，使得醋酸的电离平衡不断正向移动，不断地电离出氢离子，因为碳酸氢钠过量，所以最后醋酸全部反应，生成的二氧化碳一样多，所以气球一样大。

（二）核心探究2：浓度、温度等条件对电离平衡的影响

教师：问题1，从化学平衡的角度分析影响CH_3COOH电离平衡的因素。

学生讨论、抢答。

学生：影响醋酸的电离平衡的因素有浓度、温度和压强。

学生：只有浓度和温度。由于电离平衡是在溶液中，压强改变对物质浓度没有影响，所以压强不会影响电离平衡。

教师：问题2，请列举影响电离平衡的因素，并判断平衡移动方向。

学生思考、讨论、抢答。

学生：可以加入少量氢氧化钠，减小氢离子浓度，使得电离平衡正向移动。

学生：加入金属镁，减小氢离子浓度，使电离平衡正向移动。

学生：可以升高温度，由于电离是吸热反应，升高温度，电离平衡就会正向移动。

学生：加水，电离平衡会移动，但是我不会判断移动方向。

教师：非常正确，电离平衡也是化学平衡的一种，也可以用化学平衡理论解释。

学生：加入醋酸钠溶液，增大醋酸根离子的浓度，平衡逆向移动。

学生：不对，加入醋酸钠溶液，由于增加了水，平衡会正向移动，又增大了醋酸根离子的浓度，使平衡有逆向移动的趋势，所以无法判断，应该加入醋酸钠固体才行。

学生：醋酸钠固体溶于水显碱性，加醋酸钠固体溶液酸性减弱，无法说明一定是由于增大醋酸根离子浓度使得平衡逆向移动引起的。

教师：同学们分析得非常好，由于醋酸钠本身溶于水显碱性，所以我们需要加入一种显中性的并能提供醋酸根离子的物质，这种物质是醋酸铵，醋酸铵溶于水显中性。

学生在$0.1mol \cdot L^{-1}$的CH_3COOH中加入少量的醋酸铵固体，测加入醋酸铵前后溶液的pH值。

四、案例实施策略

1. 在教材处理上结合苏教版、人教版的特点，重点分析弱电解质的电离平衡。教师创设问题情境，从对比实验入手，引导学生分析实验现象不同的原因，再通过阅读课本了解醋酸和盐酸在水中的电离情况，让学生小结强弱电解质的本质区别。教师通过设计科学探究实验、交流与讨论，归纳证明醋酸是弱酸的方法，以帮助学生理解电离平衡的移动。

2. 发展学生的解释推论能力。教师在实验中通过展示预测和实测的不一致使学生产生认知冲突，激发学生的求知欲。如演示实验 2 在锥形瓶中先各放 20mL $0.1mol·L^{-1}$ 盐酸和 $0.1mol·L^{-1}$ 醋酸，后同时投放等量（均过量）的 $NaHCO_3$ 粉末，然后迅速套上气球，让学生观察气球的膨胀速度。学生对气球膨胀的大小产生了困惑，有强烈的探究欲望。

五、专家点评

本案例属于选修课化学概念原理的探究。经过必修模块的学习，学生积累了较为丰富的化学知识，同时经历了一些探究学习过程和高级思维活动，具备了一定的探究能力和联想、比较、分析综合、抽象概括等高级思维能力，为选修模块进行化学概念原理的探究奠定了基础。

在本教学设计中，核心探究活动 1 是侧重发现问题和假设预测的探究活动。教师为学生提供了较为丰富的实验事实（导电性实验和同浓度盐酸和醋酸与碳酸氢钠反应实验），供学生发现问题、提出假设，即发现盐酸与醋酸中氢离子浓度不同，进而提出“醋酸分子在水溶液中部分电离”和“醋酸分子的电离与氢离子和醋酸根离子的结合同时存在”等假设。在这类探究活动中，学生会经历联想、想象、比较、论证、系统思考等高级思维活动。

从案例实施过程可以看出，教师利用问题让学生经历了联想、想象、论证等高级思维活动，但是，由于教师没有让学生进一步论证其假设，使学生失去了进行系统思维训练的机会。此外，在教学设计中，教师希望可以充分利用盐酸、醋酸分别与碳酸氢钠反应一段时间后“气球一样大”这一现象，让学生进一步假设，联想可逆反应、化学平衡移动等过程，提出“电离平衡”的假设，但是通过教师对案例实施过程的描述可见，这一目标在教学中并未实现。由此可见，在这类探究活动中，教师需要及时参与学生的讨论，通过追问等策略保证讨论的方向，不断将讨论引向深入。

核心探究活动2是侧重方案设计的探究活动。在探究活动的实施过程中，教师为学生提供充分的时间和空间，鼓励学生进行批判、质疑（如关于加入醋酸钠溶液对醋酸电离平衡的影响）。在这一过程中，学生经历了发散、质疑、类比等创造性思维活动。教师在讨论影响电离平衡的因素后，设计了探究问题“怎样证明醋酸是弱酸（存在电离平衡）”，这一问题的解决将使学生经历系统思考这一高级思维活动，但遗憾的是，这一问题在实施过程中并未落实。可见，保证探究活动有效实施的教学策略仍是需要解决的问题之一。

（点评人：支瑶）

课题 13

对盐类水解的实质和规律的探究

福州高级中学 戴红盛

一、案例研究的背景和目的

1. 研究背景

著名的教育家、儿童心理学家朱智贤教授曾指出，思维的批判性品质来自对思维活动各个环节进行调整、校正的自我意识，这种批判性思维品质在创造性活动和创造性思维过程中是不可缺少的因素。福州高级中学进行探究教学的研究已有近 10 年的历史，教师和学生都具备进行探究性教与学的基础。但以往的中学化学探究性教学在设计层面和理论研究上比较重视科学探究的环节和要素，对高级思维能力的培养方面关注不够；具体实践过程存在表面活动较多、开展高级思维活动较少，总结归纳式探究较多、解释论证式探究较少，批判式探究更少的现象。在福州高级中学开展培养学生质疑与批判性思维能力的教学策略研究对于教师的专业发展和学生创新能力的培养具有重要意义。

2. 研究目的

本节课通过对于不同盐溶液所呈现不同酸碱性以及同类型盐溶液所呈现的酸碱性强弱不同的成因探究，使学生经历反思论证、质疑批判的高级思维过程，学习假设猜想、反思论证的探究方法。

二、具体教学设计

教学环节	教师活动	学生活动	设计意图
引入课题	Mg 能与 NH_4Cl 溶液反应吗？ 演示实验：将金属 Mg 加入 NH_4Cl 浓溶液中，发现有气泡产生，通过爆鸣实验，证明是氢气。 指导学生分组实验：各取少量 CH_3COONa、NaCl、NH_4Cl 三种晶体分别溶于三支试管中，用 pH 试纸检验三种溶液的酸碱性。	1. 思考实验产生氢气的现象，并猜测溶液中有 H^+。 2. 进行实验，用 pH 试纸测出 CH_3COONa、NaCl、NH_4Cl 三种溶液分别显碱性、中性、酸性。	通过实验现象让学生形成认识上的差异，引发学生的好奇与质疑。
对盐类水解的实质的认识	问题 1： CH_3COONa、NaCl、NH_4Cl 三种溶液都是盐溶液，为什么表现出不同的酸碱性？你能解释 CH_3COONa 溶液显碱性的原因吗？请你利用所给试剂（CH_3COONa 晶体、水、乙醇、酚酞等）设计实验方案验证你的想法。 指导各小组对得到的实验事实进行分析讨论，引导学生结合各自的事实和已有的相关理论知识对解释进行论证。 指导学生上台辩论：每组派一名代表对原因进行解释和论证。引导其他学生评价各代表的解释。	学生围绕溶液显酸碱性的原因，对 H^+ 与 OH^- 的来源以及它们浓度不相等的原因进行假设、分析，并设计实验方案。 学生进行实验验证并在学习小组内讨论。 学生代表对现象进行解释，并提供证据加以说明。其他同学仔细聆听，同时进行反思、评价。	引导学生通过对问题的分析、假设猜想形成初始方案，从而培养学生的实验设计和探究能力，并使学生的质疑能力得到锻炼。 让学生通过小组讨论对自己的设计和思考进行反思、批判和修正，使思维经历从“发散”到“收敛”的过程，培养学生的质疑、批判等高级思维能力和创新能力。 通过师生之间、生生之间的交流与评价，促进学生对自己的设计进行反思和批判，培养学生的批判性思维能力。

（续表）

教学环节	教师活动	学生活动	设计意图
	反思、质疑：盐溶液显酸性或碱性真的都是这个原因吗？ 问题2： 与 $NaHSO_4$ 同样是酸式盐的 $NaHCO_3$ 溶液，同样能电离出 H^+，为什么它的水溶液显碱性？ 组织学习小组再次进行讨论，并参与各小组的讨论，注意聆听他们的意见，必要时，提供一些问题或建议让他们进一步思考。 指定学生代表进行解释。	学生提出异议，并以 $NaHSO_4$ 溶液为例进行反驳，还有学生提出：同样是酸式盐的 $NaHCO_3$ 溶液同样能电离出 H^+，但却显碱性。 学生讨论的问题主要集中在以下几点： 1.$NaHSO_4$ 与 $NaHCO_3$ 的电离方程式为什么不同？ 2.HSO_4^- 与 HCO_3^- 有什么不同？ 3.$NaHCO_3$ 溶液中的 OH^- 是从哪来的？ 学生小组代表对自己小组的假设进行说明论证，并展示收集到的证据。	学生通过对问题的独立思考与分析，培养发散性思维能力。 围绕对问题的分析探究以及对假设的论证，进一步锻炼学生的质疑、批判等高级思维能力和创新能力。 培养学生的表达能力。
引导学生建构盐类水解的规律	提问：相同浓度的同类型盐溶液的pH值或酸碱性有强弱之分吗？ 指导学生分组实验：用pH计测定0.1mol/L CH_3COONa、$NaHCO_3$ 的pH值，比较两者的pH值大小。 问题3：同类型盐溶液的酸碱性为什么有强弱之分？导致出现酸碱性强弱的原因又是什么？ 指导学生对结论进行反思交流，并指定学生进行解释论证。	1. 学生实验。 用pH计测0.1mol/L CH_3COONa、$NaHCO_3$ 的pH值，发现虽然显碱性，但碱性的强弱不同。 2. 独立思考，由于受前面 $NaHCO_3$ 溶液酸碱性的启发，学生很快作出解释，并有学生提议用相同浓度的 Na_2SO_3 和 Na_2CO_3 溶液的pH值来验证。 学生代表展示收集的证据，并对现象进行解释。	通过对前面知识的迁移及对问题的解释与论证，培养学生的综合、归纳、应用能力。 使学生的思维再次经历从“发散”到“收敛”的过程。

（续表）

教学环节	教师活动	学生活动	设计意图
教学效果评价	思考与练习： 1. 说明 NH_4Cl 溶液显酸性的原因。 2.NaCl 在水溶液中能否水解？说明理由。 3.CH_3COONH_4 溶液能否水解？若能水解，你能否预测其溶液的酸碱性？ 4. 请判断下列盐溶液的酸碱性：$CuSO_4$；$FeCl_3$；Na_2S；KNO_3；$BaCl_2$；Na_2SO_3。 5. 请按 pH 值增大的顺序排列下列盐溶液（物质的量浓度相等）：Na_2SO_4、H_2SO_4、$FeCl_3$、Na_2CO_3、Na_2SO_3。	学生当堂完成检测题。	检验学生的实际学习效果。
教学反思	给出实验事实，让学生去发现问题，通过假设猜想设计实验，收集理论证据，进行自主探究，解释问题，再经过辩论、质疑批判、反思评价得出结论。由于受课堂时间和空间的限制，实验设计受仪器、药品的限定，因而不够开放。学生的课堂汇报时间也不易控制，课堂辩论的深度也不够，学生的探究性实验设计能力有待提高。		

三、教学过程

（一）核心探究 1：盐类水解的本质探究

教师：金属 Mg 能与 NH_4Cl 溶液反应吗？

学生：不能。

教师演示实验。将金属 Mg 加入 NH_4Cl 浓溶液中，发现有气泡产生，通过爆鸣实验，证明是氢气。

教师：为什么会产生氢气？

学生：NH_4Cl 中应该有 H^+。

学生分组实验，分别取少量 CH_3COONa、NaCl、NH_4Cl 三种晶体溶于三支试管中，用 pH 试纸检验三种溶液的酸碱性。

现象：CH_3COONa、$NaCl$、NH_4Cl 三种溶液分别显碱性、中性、酸性。

教师：问题 1，CH_3COONa、$NaCl$、NH_4Cl 三种溶液都是盐溶液，为什么表现出不同的酸碱性？

学生：它们在水中会电离。

教师：它们在水中能电离产生 H^+ 和 OH^-？

学生沉默了一会，回答：不太可能，从结构上看不可能。

教师：H^+ 和 OH^- 究竟出自何处？同样为盐溶液，CH_3COONa、$NaCl$、NH_4Cl 三种溶液为何表现出不同的酸碱性？

学习小组（前后桌 4 人）进行组内讨论交流后出现了以下几种答案。

学生：水能电离出 OH^-，使溶液显碱性。

学生：盐本身有些具有碱性，有些有酸性。

学生：有些盐能与水反应，其生成物具有酸碱性。

教师：问题 2，以 CH_3COONa 溶液显碱性为例，给你 CH_3COONa 晶体、水、乙醇、酚酞等试剂，你能解释 CH_3COONa 溶液显碱性的原因吗？

学生先独立思考，然后四人一组，进行假设，设计实验方案，并对方案进行小组内交流讨论。

学生每组委派一名代表对原因进行解释和辩论。

得出结论：H^+ 和 OH^- 来源于水，由于 H^+ 或 OH^- 的减少，导致水的电离平衡移动发生，从而使溶液产生酸碱性。

教师：盐溶液显酸性或碱性都是这个原因吗？

学生：不一定，前一节提到的 $NaHSO_4$ 溶液显酸性是由于自身电离产生了 H^+。

教师：那么 $NaHCO_3$ 溶液又显什么性？

学生：碱性。

教师：问题 3，同样是酸式盐的 $NaHCO_3$ 溶液，同样能电离出 H^+，为什么它的水溶液显碱性？

学生讨论的问题主要集中在以下几点：

1. $NaHSO_4$ 与 $NaHCO_3$ 的电离方程式为什么不同？

2. HSO_4^- 与 HCO_3^- 有什么不同？

3. $NaHCO_3$ 溶液中的 OH^- 从哪里来的？

学生指定代表对原因进行解释和论证。

教师指导学生对盐类水解的本质进行归纳、总结。

（二）核心探究 2：盐类水解的规律

教师：相同浓度的同类型盐溶液，如 0.1mol/L 的 CH_3COONa、$NaHCO_3$ 溶液，都显碱性，但它们的碱性强弱是否相同？

学生用 pH 计测定 0.1mol/L 的 CH_3COONa、$NaHCO_3$ 的 pH 值，比较两者的 pH 大小。

现象：虽然都显碱性，但强弱不同。

教师：问题 4，同类型盐溶液的酸碱性为什么有强弱之分？导致出现酸碱性强弱的原因又是什么？

学生四人一组进行交流讨论。

学生学习小组派代表上台交流辩论。

有学生提议用相同浓度的 Na_2SO_3 和 Na_2CO_3 溶液的 pH 值来验证（由于教师事先没有预料到学生会有这个想法，因此，把该验证实验安排到课后的实验室开放时间，供有兴趣的学生自主完成）。

得出结论：相同浓度时，对应的酸的酸性越弱的，其酸根离子结合水电离出 H^+ 的能力越强，水的电离程度越大，碱性越强。

教师指导学生结合前面的探究结果和现在的探究结论归纳盐类水解的规律："有弱才水解，无弱不水解，越弱越水解。"

四、案例实施策略

根据高中学生的思维特点和现有高中化学教材的特点，如何依托化学探究教学培养学生的质疑和批判性思维能力？从本案例中可以总结出如下策略：

1. 确立一课一中心的策略。教师要围绕中心，整合教学内容，依据主干知识和学生的实际设计驱动性问题，并围绕驱动性问题引导学生进行探究，通过多轮次的"收敛——发散——再收敛——再发散"的思维活动过程，培养学生高级思维能力。

2. 在驱动性问题的设计和提出方式上，教师要认识到学生的认知差异，以引导和启发学生发现和提出驱动性问题，启迪学生的思维。教师要充分利用化学实验，从实际生产生活、实验事实中引导及启发学生发现并提出问题，让学生在自身所产生的疑惑的牵引下有序探究，启迪学生的思维。

3. 教师应该以课堂探究活动的参与者的身份深入各实验小组中，了解学生完成探究任务的情况。在整个参与过程中，教师只对学生实验操作的错误给予纠正，对学生的设计方案不作评论。在学生探究遇到困难时，教师可提出一些建议或提供一些参考数据和资料，供学生参考。对于问题的引导，只能点到即可，不能预设好问题与思路，让学生按预定的线路去思考。同时，教师要注意从学生的错误回答以及探究活动出现的问题中捕捉到探究教学资源，并从其中选择恰当的资源，作动态生成的“课眼”。由于课堂探究教学时间有限，教师要时刻关注学生的探究活动，及时组织学生完成探究过程的各个环节。有时受时间限制，教师可以根据前面的走访和了解的情况选择具有代表性的实验小组，让学生依据实验的结果对问题作出解释与论证，并说明理由和提供证据，其余小组有不同意见的再作补充。

4. 要鼓励学生大胆质疑、提出问题、共同协作，进而分析、研究、解决问题。指导学生对小组成员进行分工，组长负责安排组员的任务以及组内工作的组织与协调，组长只有在对设计的方案进行深入细致的组内讨论，确定可行后，方可组织组员进行实验并及时记录现象。在问题提出后，教师要给予足够时间让学生经历“独立思考——假设猜想——设计初始方案——小组讨论——确定最终方案——收集证据——交流汇报——总结评价”等环节，把主动探究的权利还给学生。

5. 注重搭建展示平台，鼓励学生展开课堂辩论。在汇报交流时，教师可以将学生小组代表汇报的结果逐条以板书的形式写在黑板上，以便于全班讨论。还可以将学生的方案和实验现象、得到的结果、讨论的结论用实物投影仪进行展示。辩论可激发学生的好胜心，促使学生主动、积极地进行思考，让学生学会从多方面思考，从而更好地培养学生的批判性思维。教师在课堂上要鼓励学生展开辩论。

五、专家点评

本案例属于概念原理类物质变化规律的探究，探究问题来源于实验事实。在探究水平上属于定量实验探究和局部探究。

本课中，教师以实验事实引入课题，设计的核心探究点主要有 2 个：①导致不同的盐溶液表现出不同的酸碱性的根本原因；②同类型盐溶液的酸碱性存在强弱之分的原因。围绕 2 个核心探究点，教师在引导学生对 2 个知识点进行科学探究的过程中，通过对实验事实质疑、假设，对假设进行反思、批判，促进学生对核心知识的理解，提升学生的质疑批判能力。

在对核心探究 1 进行分析的过程中，教师提出两个驱动型问题，并给予学生充分的时间由学生提出假设、分析论证并建构盐类水解的模型。教师指导学生上台辩论，引导学生对解释进行评价，指导学生对盐类水解的本质进行归纳。通过师生之间、生生之间的交流与评价，促进学生对自我认识进行反思和批判，培养学生的批判性思维能力。该探究过程培养了学生的假设创造、系统设计和模型建构的高级思维及批判质疑的精神，使学生经历了思维发散和收敛的过程。

（点评人：高杰）

后 记

本书是科技部“探究学习与创新人才培养实验研究”国家级重大项目的子课题之一“创新人才培养：化学探究活动开发与指导”的课题成果。

本书在对化学探究教学研究与实践的现状进行经验总结和问题反思的基础上，侧重阐释探究教学与发展高级思维和创新能力的内在关系，提出探究教学的系统分析框架，并基于此对现有探究教学资源进行分析和研究，对高中化学教材上以及近年来化学教育类核心期刊上发表的化学探究教学主题资源进行了系统分析，并辑选了部分高质量案例资源进行探究过程阐释和案例点评；对近年的中、高考试题中的多项探究教学主题资源进行了深入分析和点评；与数十所项目学校的老师一起设计和实施了多个现场探究教学主题案例资源。

从本书的案例点评中可以了解到本书所倡导的化学探究教学的理念和宗旨，体现化学探究教学的一些最新发展趋势，也反映了本书中化学探究教学主题案例资源的特点。希望能够对广大一线教师更好地开展化学探究教学有所启示和帮助。

本书的主编是“化学探究活动开发与指导”课题负责人、北京师范大学化学教育研究所的王磊教授，刘东方博士担任课题秘书，参加本书编写的核心作者有王磊、黄燕宁、支瑶、刘东方、杨光、高扬眉、高杰。下篇的案例作者有毛宣、高杰、胡冷、朱浩遐、袁静如、殷婕、曹涓、蔡红霞、韩春蓉、徐红玲、赵智荣、马少春、许璠、周辰剑、丁浩、浦建芳、房宏、杨怀林、于爱立、于成潮、李建强、蒋海燕、李桂林、薛东方、王海燕、胡静、戴红盛、肖祎、尚学福、佟威、支瑶、秦林、孔德靖、金山、王爽、刘京津。下篇的案例点评作者是支瑶、陈颖、高杰、黄燕宁、秦林、姜言霞。项目学校探究教学案例统稿为支瑶、王磊。全书统稿人为王磊。提供探究教学主题案例资源的项目学校包括北京四中、南京师大附中新城初中、东莞中学初中部、南京市第二十九中学、宁夏吴忠市第一中学、江苏省海州高级中学、江苏省梁丰高级中学、江苏省常州市第一中学、天津宝坻区大白庄高级中学、上海莘格中学、北京师范大学（珠海）附属高级中学、齐齐哈尔一中、福州高级中学、陕西省户县一中。北京市第三十五中学、北京市回民中学、北京市第一五六中学、北京二十中学、北京市丰台区第二中学。感谢大家对本书的贡献。

感谢教育部基础教育课程教材发展中心的有宝华处长、付宜红处长、何成刚博士和曾莹对本课题研究以及本书的编写工作所给予的指导和帮助。感谢江苏教育出版社为本书的出版所付出的努力。

由于时间和能力水平有限，本书一定会存在许多缺陷和不足，敬请大家批评指正。

王　磊

北京师范大学化学教育研究所

2012 年 7 月 8 日